本书为海南省哲学社会科学规划课题“海南近现代史料整理与研究——以罗斯文库为中心”的最终成果【项目编号：HNSK（JD）13—58】

南海德图

海南近现代社会图史

——基于罗斯文库的研究

胡素萍　张一平　著

人民出版社

目　录

前 言

海南岛地处中国南疆，孤峙于南海之中，是一个周围环水的独立地理单元，呈相对孤立的状态，这种地理独立性对其发展有很大的影响。自汉代以后，海南岛被纳入中国的版图，由于远离中国政治中心，历代中央政府总体上对海南岛的关注不多。海南岛近邻国家或地域皆属于不甚发达的地区，在这样的环境之下，千百年来海南岛的政治、经济、文化的发展水平比中国许多地区要滞后，由于缺乏相应的推动力，直到清代海南社会发展缓慢的状态依然没有改变。

海南岛社会发生根本性的变化是从清末开始的。列强入侵造成的民族危机提醒了国人的海防意识，不平等条约便利了西方势力大举进入中国各个领域，海南岛如同中国其他地方一样，在沦为半殖民地的同时也开始了近代化的过程。从清末到民国时期，有几种力量成为推动海南社会变迁的重要因素。其一，琼州开放为通商口岸，海南岛被纳入到世界经济循环体系；其二，清末到民国，中国社会的剧烈变革波及边陲海岛，海南岛与外界联系空前增加；其三，民国时期海南岛的地位和价值得到了国人的重视，引发海南岛开发的热潮；其四，海外华侨投资海南兴办实业为海南社会注入不可忽视的经济力量。在这些内外因素的共同作用之下，海南社会在民国时期各个领域有了实质性变化，一直影响至今。

近代研究海南历史的著作最早出自20世纪40年代日本学者小叶田淳，一部《海南岛史》影响学术界研究多年。同时期国内的学界不乏对海南的调查研究活动，但这些调查研究的结果基本上限于对资源调查或黎族社会的调查，没有上升为系统的历史研究。民国时期两部著名的地方史著作《海南岛志》和《海南岛新志》对当时海南自然和社会各个领域都有详细的介绍，在内容选取上与旧方志完全不同，但是也并未从历史研究的角度入手，仍然是地方志的编撰模式。半个多世纪以后，海南岛本土学者林日举先生《海南史》的问世才将海南历史研究提升到一个新的高度。

关于海南社会历史的研究成果中，专题研究有不少的亮点，比如对黎族社会文化的研究、对琼崖纵队的研究以及相关史料的发掘和整理等。不过这些研究在相当程度上着重于海南社会发展中的政治史研究，侧重于海南人民反帝反封建斗争的研究，而与海南社会发展密切相关的社会经济、社会结构、民间组织、社会文化及其变迁等问题却鲜有研究。2008年，“海南历史文化大系”100种的编撰出版，在很大程度上改变了这种状况，如《海南文化史》、《民国时期的海南岛》、《海南古代书院》等著作，选题取材和研究视角令人耳目一新。

清末至民国是海南社会发生重大变迁的时代，其影响甚至绵延至今，但总体而言，学界对此研究比较薄弱，其中一个重要的原因是囿于资料不足，另一个原因便是习惯于孤立地研究海南岛历史问题，未将注意力放在清末民国时期国内整体形势对海南岛的影响，忽略国际形势的变化与海南岛的关系，忽略海南岛与周边国家和地区关系的研究。

近年来，笔者致力于整理和研究清末至民国时期海南岛历史文献资料，在此基础上展开对这一时期海南岛历史的研究。笔者的研究缘起于偶然查阅民国时期意大利外交官兼藏书家罗斯先生的大型文献宝库“罗斯文库”。罗斯在华三十多年，收藏了为数众多的珍贵中外文书籍，其中的海南岛史料内容宏富，具有重要的史料价值。罗斯收集的海南岛资料大致分为《海南岛史料》、《海南乡土人物》和《剪报》三部分。其中《海南岛史料》共355册，包括海南历代政治、经济、军事、地理、文化、民族、华侨、卫生、名胜、物产、人物、民俗、宗教等方面，内容极其丰富。

《海南岛史料》对研究海南历史文化颇具参考价值。例如，其中有关海南民族的《琼崖岛民俗志》、《黎族婚姻制的演变》、《游野人国——琼崖黎民生活的实地写真》、《海南人刻木为信之研究》、《儋州蛋族》、《阐究海南岛民族风情》和《黎族志》等文章，可供研究海南岛少数民族问题的参考；英文《琼州商务年报》、《琼海关贸易季册》是研究清末民初海南商业、海关、贸易的重要外文资料；西南沙群岛的资料则对于我国维护南海诸岛主权和南海开发建设提供了重要依据。

罗斯收集的这批资料来源十分广泛，有中外文的图书、期刊、报纸、图片、档案、票据，以及各种机构组织的图章钤印等，就搜罗之宏富、内容之丰厚便具有极高的史料价值。据不完全统计，仅中文报刊一项就将近100种，其中有清末的《赏奇画报》、《两广官报》、《新宁杂志》、《京话时报》等，民国初年的《广东公报》、《商权报》、《广东财政月刊》等，20世纪20年代的《广东建设公报》、《广东教育会杂志》、《筹赈月刊》、《农工旬刊》、《地学杂志》、《道路月刊》、《公路年报》,40年代的《琼农月刊》、《广东省银行月刊》、《实业部月刊》、《新广东》、《统计汇报》、《国货月刊》、《审计处公报》、《文华月刊》、《广东司法月刊》、《越华报》、《香港工商日报》和《华字日报》等。外文期刊、报纸来源达70种之多，语种包括英、法、意、日、俄、德文，其史料价值不可低估。

罗斯搜集整理的这套《海南岛史料》，集档案、图书、杂志、报刊、图片资料于一体，实属罕见，是研究清末到民国时期海南政治、经济和社会状况不可多得的文献。十分遗憾的是，目前国内学术界还很少有人使用这套资料。

整理罗斯文库更重要的意义在于利用这些珍贵的资料开展进一步的研究工作。本书在调查和研究罗斯文库的基础上，利用《海南岛史料》，深入研究和再现清末到民国海南的历史与社会，并借此拓展研究的领域，推动海南历史研究向纵深发展，这也是罗斯先生收集海南岛史料的初衷和愿望。

在这部史料集中，含有大量的历史照片，由于它们具有极强的写实性和说明性，其史料价值绝不在文字史料之下，它们从另一侧面更形象地再现了近现代海南社会的方方面面，反映了当时的社会状况和普通人民的生活，其中有相当部分照片已成为当今难觅之珍品。

当笔者整理研究罗斯先生这套资料时，内心总有难以抑制的激情。罗斯当年将这套资料赠与海南人民，期待有助于海南文化的建设。笔者不揣浅陋，期望以绵薄之力，通过对罗斯资料的整理，以文字资料与图片相结合的方式，用形象、写实的照片来诠释文献所记载的历史，融史料性与可读性于一体，延伸海南近现代史的研究空间，弥补海南近现代史研究的一项缺憾。以一部图史著作揭示清末到民国时期海南的历史变迁，并期待能引起更多学者关注罗斯《海南岛史料》的价值，从而研究海南社会历史发展中的诸多问题，这便是本书的目的所在。

第一章　导论：罗斯与罗斯文库

一、鲜为人知的意大利藏书家

近代以来，收集中国图书文献的欧洲人以早期居留中国的外交官和传教士为主，如曾任英国驻华公使的威妥玛，英译《四书》、《五经》的苏格兰传教士理雅各①，澳大利亚出生的英国人莫理循②等都被中外人士所熟知。但精通中国图书的意大利驻华外交官朱塞普·罗斯（Giuseppe Ros，1883—1948）却鲜为人知。罗斯在华三十多年，收藏了为数众多的、珍贵的中文书籍，其中的海南岛史料内容宏富，具有重要的史料价值。罗斯不仅是一位藏书家，是欧洲人里收集中国图书的佼佼者，也是一位精通中国图书的汉学家。

---

① 威妥玛（Thomas F. Wade，1818—1895），返国后任剑桥大学第一任汉学教授。理雅各（James Legge，1815—1897），1875 年在牛津大学开设汉学讲座。两者的藏书身后分别捐赠给所执教的剑桥大学和牛津大学。

② 莫理循（George Ernest Morrison，1862—1892），曾任《泰晤士报》驻华首席记者和中华民国总统政治顾问，他的私人图书馆收藏了有关中国和亚洲的图书、杂志、地图等文献 2 万多册，被称为“莫理循文库”，1917 年被日本收购，成为日本“东洋文库”的前身。

（一）罗斯的汉学教育背景

1883 年 8 月 12 日，罗斯出生于意大利那不勒斯，祖先在 18 世纪后半叶从西班牙来到意大利。那不勒斯（又译那波里）位于意大利南部，是著名的历史名城，也是地中海最著名的港口城市。

罗斯曾就读于意大利那不勒斯东方学院，即今那不勒斯东方大学的前身。那不勒斯东方学院成立于 1732 年，是欧洲最早的汉学研究机构、意大利汉学研究中心，具有深厚的语言文化研究传统。那不勒斯东方大学创办者马国贤（Matteo Ripa，1692—1745），1710 年来到中国，1711 年以画家身份进入宫廷，在中国生活 20 多年。1723 年马国贤带 4 位中国学生回意大利，在奔走 8 年以后，教皇格利门十二世批准马国贤在那不勒斯创办了“圣家书院”，以招收中国留学生为主，教授他们意大利的语言文化，故又名为“中国学院”，学生毕业后，可获得旅费资助回中国。18、19 世纪时，这是一所非常重要的学院，因为有许多欧洲人也来此学习东方语言。1868 年意大利统一后，学校收归国有，并改名为“皇家亚洲学院”，既培养传教士，又进修东方语言培训。1888 年意大利政府将学校更名为“东方学院”。之后，学校停止了传教士培养，获称“那不勒斯东方大学”。

罗斯自这所大学毕业时，已具备良好的汉语和汉学教育背景，他曾在 1908 年出版过关于东方研究的著作，题为“从土耳其斯坦东部到晋朝的国家”①，书中征引了大量的中国典籍文献。

1905 年，罗斯毕业后进入意大利外交部工作。1908 年 3 月通过外交翻译官考试，受到意大利总领事馆赏识，1910 年派赴上海，开始在中国的外交生涯，担任意大利驻华公使馆的专业译员。

---

① Giuseppe Ros. Gli Stati Turkestan Orientale al Tempo della Dinastia, Chin. Estratto dal Bessarione——Rivista Orientali. Anno Ⅻ , Serie 3a,val. Ⅲ . fase.97－99.Roma, Tipografia del Cav. V. Salviucci, 1908.

◆ 那不勒斯东方大学创办者马国贤和他的中国学生

第一次世界大战结束后，出于对子女教育问题和不太融洽的夫妻关系的考虑，罗斯举家返回意大利，在处理完与妻子分居事宜后，于次年再度到上海，后娶了一位中国妻子。他与前妻所生的长子取中国名“沪生”，即出生于上海，一直随母亲在意大利生活，后来也成为一名外交官，著有回忆录《美好记忆》。他在书中回忆自己因长期未与父亲一起生活，以致多年后他到中国与父亲见面，两人都感觉生疏，只是像陌生人一样握手寒暄。①

1921—1924 年间，罗斯担任意大利驻汉口领事，1924 年 3 月改

① Hertbert Spencer Ros, It Is So Nice to Remember, Vantage Press,1978.

派北京意大利驻华使馆。1926 年任中国治外法权研究国际委员会意大利代表助理，1931 年任上海中日停战监视军民委员会意大利委员，1936 年底改派意大利驻广州领事，1942 年升任总领事。除了能够讲一口流利的北京话和广东话以外，他还能够看懂汉文，书写汉字。

◆ 上海意大利驻中国总领事馆，罗斯曾在此任职①

罗斯于 1946 年退休，1947 年到私立海南大学任教授，教授昆虫学及拉丁语，兼任图书馆馆长，其夫人任图书馆馆员。1948 年 6 月 18 日罗斯病逝于海南大学附设的海南医院，享年 65 岁。其中国籍夫人及儿子继续留校，直至 1950 年才离校赴香港。

（二）精通中文的外交官和收藏家

罗斯是一位学者型的外交官，伴随其外交生涯的是从事汉学研

---

① 图片来源：[意] 罗斯辑：《海南岛史料》第 14 册，民国年间，活页装，粘贴本。

究和长期的图书收藏。1911 年到上海不久，他就撰写了题为《上海和意大利殖民地》[①] 的小册子，由《北华捷报》社出版。罗斯 1917 年发表于《皇家亚洲协会北华分会刊》的《中华民国钱币》一文[②]，对 1911 年以后民国政府制造的各种钱币作了系统的分类和说明。此文首创用照相制版，从而打破了中国延续千年的传统拓图方法，是钱币研究领域具有重要参考价值的权威之作。1921 年罗斯又写了名为《吉林银两币》[③] 的小册子，此书未公开出版，国内吉林图书馆有收藏记录。

前述收集中国图书文献的欧洲人，在身后都将藏书捐赠给了学术研究机构。威妥玛和理雅各的藏书分别捐赠给所执教过的剑桥大学和牛津大学[④]。莫理循的私人图书馆收藏了有关中国和亚洲的图书、杂志、地图等文献 2 万多册，被称为“莫理循文库”，1917 年被日本收购，成为日本“东洋文库”的前身。与他们相比，罗斯收集的图书毫不逊色。但是，由于罗斯作为职业外交官主要在外交界履职，最后客死在中国，其藏书并不为当今中国和意大利学界所熟知。笔者追踪“罗斯文库”多年，从只鳞片爪的资料中爬梳蛛丝马迹，逐渐拨开遮蔽“罗斯文库”的层层面纱，认识这位民国年间闻名于外交界的藏书家。

罗斯收藏了为数众多的、珍贵的图书和标本，早在 19 世纪 20 年代就在业内广为人知，其藏书被称为“罗斯文库”。日本著名学者神田喜一郎的有关论述描绘了罗斯部分藏书的大致情形。1944 年神田喜一郎为罗斯藏书准备转让给台湾总督府一事，奉命对文库进行调

① Giuseppe Ros, *Shanghai e la Sua Colonia Italiana*. Shanghai, North China Herald, 1911.

② Dr. Giuseppe Ros, Coins of the Republic of China, Journal of the North China Branch of the Royal Asiatic Society, XLVIII Shanghai, 1917.

③ Giuseppe Ros, A Tael Coinage for Kirin.

④ 威妥玛返国后任剑桥大学第一任汉学教授，牛津大学于 1875 年为理雅各开设汉学讲座。

查，并撰有简单的报告，他的调查报告是唯一记载罗斯文库的文献。下面就神田喜一郎的报告择要叙述：

◆ 罗斯藏书票，上面的内容为：海南书集，那不勒斯人·G. 罗斯藏书①

罗斯在华三十多年期间苦心收集了很多东西，主要是图书和标本。大部分的图书都是汉文书籍，大概有七八万册，连同一些小册子和零散的单页装订本，算起来大约有十多万册。罗斯文库的价值主要在于那些图书，标本是其次的。汉文书籍的内容非常广泛，涉及经史子集四部，史类图书占了相当分量。罗斯文库有几个主要的特点：

第一，有关广东、广西、云南三省的材料特别多，不管是从数量

① 图片来源：[意] 罗斯辑：《海南岛史料》第 97 册。

上还是质量上来讲都是非常罕见的。罗斯曾在 1936 年赴海南岛作调查，随后于当年年底被派往广州担任意大利驻广州领事。罗斯对中国西南少数民族及昆虫学有高度兴趣，自从在广州居住以后，注意搜集广东、广西、云南三省的东西，所收集的地方志、少数民族图谱等非常丰富，这是他藏书中最耀眼的部分。特别是广东地方志收集的非常完备，有很多是难以到手的珍贵资料。如《连阳八排风土记》，而《粤海诗海》和《文海》，可谓从古至今广东人诗文的集大成之作，是前所未有的。由广州掌管监察事务的官衙编写的《粤鹾辑要》写本，也是独一无二的。此外有关海南岛的文献也很详尽，连一些非常小的册子也收罗进去了，形成了同类研究所无法匹敌的大宝库。

第二，很多关于苗族、猓猡和磨些等少数民族的文献非常有趣。罗斯文库有新旧数十部色彩艳丽的介绍民族风俗的图谱和图释，比如《云南永顺镇营制总册》，非常生动形象，还有《苗疆题补》写本也是独一无二的。罗斯对中国南部少数民族给予了极大的关注，藏书中关于海南的文献整理有序。

第三，罗斯文库中最为珍贵的文献是为数十二册的《华夷译语》，它们格外引人注意。《华夷译语》是外语和汉语互译的词典，在明朝曾几度编纂改写，有好几个种类。罗斯文库中的版本形式为中间是外语，右边为汉语译文，左边是汉字音译，另外还附有一个小册子，是外国朝奉给中国朝廷的表文和汉文翻译对照，称之为《来文》。罗斯文库中的十二册分别是《缅甸馆译语及来文》、《新罗馆译语及来文》、《西天馆译语》、《百夷馆来文》、《西番馆来文》、《高昌馆来文》、《回文馆来文》、《八百馆来文》等。①

---

① 参见［日］神田喜一郎：《罗斯图书馆》，载《神田喜一郎全集》第 3 卷，日本：同朋社 1997 年版。

神田喜一郎是日本著名的汉学家，在报告中，他说罗斯是西方人士中少有的精通中国目录学的人，所收书目之多难以一一列举，他对自己收藏的珍贵图书如明朝玉欗草堂初印本《辍耕录》、明万历年麻城梅园桢著《西征奏议》、清代雍正《鄂公平・奏疏》印本、清代蒙古旗人延清的《巴里客馀生诗集》印本是颇为自豪的。神田认为：“在意大利，能够称得上是优秀的汉学研究者的人可谓是凤毛麟角，而罗斯是当之无愧的一流汉学研究者。”①

罗斯藏书远不止这些。20 世纪 20 年代就有不少学者慕名前去查阅罗斯文库，然而毕竟是私人文库，能有幸一览文库全貌的人并不多。因为职务变动和时势动荡等原因，罗斯曾几度忍痛割爱，将文库的一部分珍藏转卖出去。

罗斯一生先后有几次出让部分藏书，第一次在他任汉口领事的时候，时值 1924 年 3 月，他被改派北京意大利驻华使馆，当时政治局势纷乱，因担心殃及爱书，曾有意将藏书捐赠给意大利政府，但墨索里尼“认为从公务员处接受如此丰厚的捐献不妥”而拒绝了②，于是罗斯把书带到北京，后被北京图书馆买下。1928 年 12 月，北京图书馆公布购得罗斯部分藏书，证实了这部分藏书的下落。

罗斯还有一部分藏书是他任意大利驻广州领事时收集的，即神田喜一郎在广州见识过并高度评价的文库。前已述及，1944 年罗斯欲将部分藏书转让给台北总督府，神田喜一郎事前奉命对文库进行调查，然而，此后神田喜一郎再未提及图书转让的后续事宜，这部分藏书的下落遂成业界之谜。日本学者高田时雄认为，转让之时临近“二战”尾声，神田喜一郎来不及完成此事战争就结束了，所以转让一事

① ［日］神田喜一郎：《罗斯图书馆》，载《神田喜一郎全集》第 3 卷，日本：同朋社，1997 年版，第 71 页。

② ［日］高田时雄：《罗斯文库》，《文学》2001 年第 5—6 期，岩波书店。

不了了之①。那么未转让的图书后来下落何处？意大利学者图莉安认为藏书于“1943 年被日本人没收，在运往日本途中，船被美国潜水艇击中而沉没”。② 但此说并未出示足够的证据，就 1943 年这个时间而言也有错误，与神田对文库进行调查的时间不相符合，因此罗斯这部分藏书的下落仍然是一个悬念。

因为某些机缘，罗斯还将少量藏书让与其他图书馆。罗斯在 1930 年成为台湾“中央研究院”社会科学研究所特约研究员，为支持他所关注的民族研究，他不仅同意民族学组使用他的藏书，显然还捐赠了部分藏书。台湾“中央研究院”历史语言研究所里所藏的少数民族图谱《番社采风图》、《黔苗图说补》、《龙胜五种图》、《黔苗图说》，档案记录系 1935 年 2 月入藏，由“意人罗斯赠予民族学组”。这些也只是罗斯藏书的一部分。

罗斯还收藏了大批珍贵的中国舆图。1929 年 1 月，罗斯因被内定为民国政府的顾问而辞去意大利公使馆的一等书记官职务，移居南京，为此要卖掉手中的藏书。满铁大连图书馆馆长柿沼介获悉后立即与精通中文典籍的松崎鹤雄一起赶赴北平，先会见日本“对支文化事业委员会”干事濑川浅之进，希望濑川能去探听并劝说他的朋友罗斯将图书转让给大连图书馆。经濑川介绍，翌日他们造访罗斯，以 3000 日元一次购入罗斯收藏的约六百种珍贵的舆图。柿沼介后来在他的一篇回忆录中写道：“在罗斯的指引下，我们参观了他的书斋，果然是出类拔萃的藏书！尤其是中国舆图，相当丰富。弥足珍贵的是，约有六百幅清朝初期的手绘图，其多数在今天是很难到手的。更有许多是未经裱装，卷束而藏的舆图，故不能一一查看。”他

---

① ［日］高田时雄：《罗斯文库》，《文学》2001 年第 5—6 期。

② ［意］图莉安：《意大利汉学研究的现况——从历史观点》，《汉学研究通讯》2006 年第 3 期。

赞叹“罗斯先生是一个不同寻常的藏书家，他在中国30年间所收集的典籍、舆图具有相当高的收藏价值”。① 这批地图于4月2日运抵大连，很快做好了目录，并于1930年在大连图书馆展出，其中康熙十三年南怀仁编的《坤舆全图》、乾隆勅撰的《满汉文战迹舆图》立即引起日本专家的高度关注②。同批购入的还有中国陆军测量局制作的1∶100000至1∶50000的中国各省区地图，数量达两千件以上③。除了上述舆图之外，柿沼介还从罗斯手中购买了有关回教的书、图画等360余件，以及其他各种珍贵资料。

日本战败后，苏联军队进驻大连接管满铁，大连图书馆改称中长铁路大连图书馆。苏联人管理期间，将一批珍贵图书和相当数量地图运走，其中有《皇舆全图稿本》、《坤舆全图》、乾隆铜板《平定台湾战图》、《平定苗疆战图》等，现在它们可能仍在俄国某图书馆内。

（三）最早的中国机制币收藏研究者

在中华民国成立之前，罗斯以外交官身份来华，汉学背景使他很自然地对中国文化产生极大兴趣。清末民初中国社会正处于从传统向近代变迁的转型时期，近代工业的兴起带来了造币方式的变革。19世纪末中国仍是以浇铸方式造币，清末开始引进机器制币，各省纷纷自行造币。为统一币制型式，清廷户部设置了造币总厂。在统一币制的过程中，造币总厂曾于宣统二年（1910年）依照《币制则例》颁布后的型制，试制标示为“宣统年造”与“大清银币”或“大清铜币”，单位为圆、角、分、厘系列的标准国币。时任意大利驻华使馆参赞的罗斯很快成为集币爱好者，他很敏锐地意识到民国初年机制币的未

① ［日］柿沼介：《回忆购书二三事》，《书香》1937年第101号。

② ［日］福田收作：《中国地图展览会及以后之事》，《书香》1931年第23号。

③ ［日］柿沼介：《回忆购书二三事》，《书香》1937年第101号。

来价值。他与同是来自意大利的雕刻师路易奇·乔奇（Luigi Giorgi）有直接往来。[①] 乔奇在 1910 年应聘担任清朝天津造币总厂总雕刻师。辛亥革命期间，天津造币厂被毁，乔奇从 1912 年起担任新建天津造币厂首席设计师及总雕刻师。乔奇在华期间的作品，有民国三年袁世凯七分脸像、共和纪念币、小飞龙币、民国五年发行的铜币等，且均有签名版存世。在他任职期间曾培养 6 名中国工程师学成了雕刻技术，直至 1920 年才返回意大利。

罗斯有意对近代中国钱币作深入研究，在国人尚未开始对机制币研究的时候便亲自到各主要造币厂收集硬币及资料，以他外交官的身份，常能获得外界无法得知的资料。他认为，中国人热衷布币、刀币和方孔钱，却没有认识到今日的通货乃明日之珍品，许多七八年前随处可见的银币或铜元现在已消失无踪。民国初年，他便发表过若干文章，论述民国钱币，还在汉口出版小册子《近代中国钱币》及《吉林厂平银两币》，亦在《北华捷报》英文报刊发表有关北洋机器局库平一两及十两铜质样币的论述，[②] 其中《中华民国钱币》一文最为重要。在这篇文章中，罗斯将民国硬币及资料作系统的分类和整理，这些资料现成为考证许多民初中国硬币的依据。如：他关于五星孙中山像开国纪念银币及袁世凯像十文铜元的正确制作地点及时间的记述，宣统年造系列币模的来源，开国纪念币十文铜元归属问题，等等，并首创在中国钱币学术性论述中，以照相制版而非传统的描绘或拓印方式发表图片。[③] 在罗斯收藏的资料中，还有大量中国古钱币的印模。可

① 孙浩：《李伯琦〈中国纪念币考〉手稿中的民国初年金银纪念币》，《中国钱币》2007 年第 1 期。

② Eduard Kann, *Illustrated Catalog of Chinese Coins*, 2006, p.331.

③ Dr. Giuseppe Ros, Coins of the Republic of China, *Journal of the North-China Branch of the Royal Asiatic Society*, XLVIII, 1917.

惜罗斯对中国近代钱币进行系列写作的工作并未继续下去，已发表的部分文章未汇集整理成书出版也未译成中文，尔后他的兴趣主要集中于收藏中国图书。

二、罗斯文库的流散及现藏

罗斯有深厚的汉学背景，谙熟中国典籍，在华期间致力于收藏西方的汉学研究著作和中国的文献典籍，其藏书宏富，不仅数量惊人，且具有重要的学术价值和文化价值，罗斯亦因其藏书闻名于当时。这些藏书在民国动荡年代几经周折，辗转流散，罗斯亦因职务变动或战乱几次转让藏书，因此其下落至今仍有许多未解之谜。笔者调查罗斯文库多年，根据罗斯文库流散的经过，以及相应期间相关图书馆的收藏记录和档案，基本可揭示文库的原貌和现藏地点。以笔者之见，罗斯藏书分为五个部分：早期藏书以西文为主，现存北京国家图书馆；文库中的中国地图部分存留大连图书馆；罗斯广州旧藏幸存广东台湾两地；其专藏海南岛史料现藏广州中山图书馆；罗斯藏书部分流转海外，详情尚待考证。

（一）罗斯早期藏书售存北京国家图书馆

由于职务的便利和擅长图书鉴识，罗斯来华后通过各种途径很快收集了各类珍贵的图书，到 1924 年已经有为数不少的藏书。这年 3 月罗斯由意大利驻汉口领事被改派到北京意大利驻华使馆，由于职务变动，加上当时中国政局纷乱，罗斯将书随迁到北平。几年后罗斯因事离平，于 1928 年将这部分藏书全部让与北平北海图书馆（今国家图书馆）。关于这批藏书的情况，彭福英在《国家图书馆馆藏罗斯藏书考》一文中有详细论述。罗斯转让的这批图书共 2100 余种，约 2700 余册①，当时的馆务报告记载：“罗氏旅华二十年，搜罗宏富，其中颇多罕见之书，至足珍贵。而所购书之中，皆西人研究中国问题之著作也。有定期刊物约 80 种，内中如一八六八年至一九一一年之《字林西报》，一八七二年至一九一〇年《上海工部局年报》，均属不易购得者。”② 此为罗斯藏书入藏国家图书馆的明确记载。北海图书馆购入罗斯藏书后，在下护页加盖了“G.Ros”字样，故其藏书可考。由于诸种原因，且分藏各组，确切的数字已难以统计。

从罗斯转让的时间和北海图书馆馆务记载可以判定，这是罗斯早期的一批藏书，它们有如下几个特点：

其一，全部是西文著作和报刊，有拉丁文、意大利文、法文、英文、德文等语种。意大利文图书有早至 1624 年于罗马出版的穆提奥·维特莱的《中国大事记：1619—1621 年》③，作者为意大利人，耶稣会会长，该书实际是在华耶稣会发回欧洲的通信集，这些通信集中反映了 1619—1621 三年间中国发生的大事。法文初版《巴黎外方传教会致教皇信札》④，由巴黎外方传教会负责人之一的路易·蒂贝编辑，其中收录有关 17—18 世纪中西礼仪之争的材料，具有很高的史料价值。英文藏书有西方传教士的中国游记，如普鲁士传教士郭实腊

① 彭福英：《国家图书馆馆藏罗斯藏书考》，载《国际汉学研究通讯》（五），北京大学出版社 2012 年版。

② 李致忠：《中国国家图书馆馆史资料长编》，国家图书馆出版社 2009 年版，第 84 页。

③ Mutil Vitelleschi, Relation delle Cose piv Notabili ne gli Anni 1619, 1620 & 1621 dalla Cina: al Molto Reu. In Christo P. Mutio Vitelleschi, *Preposito generale dalla Compagnia di* Giesv.

④ Louis Thierge, *Lettre De Messieurs Des Missions étrangères Au Pape, Sur Les Idolatries Et Les Superstitions Chinoises*.

所著《1831—1833年在中国沿海三次航行》①，美国传教士娄理华的《秦国之地》②。德文著作有尤利乌斯·海因利希·克拉普罗特的《御书房满汉书广录》③，是汉学的书目著作。

其二，藏书中西方关于汉学研究的著作引人注目。北海图书馆馆务记载所购罗斯藏书“皆西人研究中国问题之著作也”，其作者主要是在华多年的传教士和开放口岸的职员。传教士是入华最早的西方人，他们兼备人文和科学素养，学识渊博，除了从事传教活动，还注重观察中国历史、文化、语言、宗教、地理等各个领域，在华多年，纷纷著书立说，留下了大量关于中国研究的著作，学界称之“传教士汉学”。如杜赫德《中华帝国全志》1736年的法语版④、冯秉正《中国通史》⑤等。传教士还是最早将中国经典著作译成西文介绍到西方的人。罗斯藏书中有1687年柏应理编辑的《西文四书直解》的意大利语译本《中国贤哲孔子》⑥、法国汉学家儒莲翻译的《孟子》⑦。英国著名汉学家理雅各1886年将多部中国经典译成英文出版，以《中国经

---

① Charles Gutzlaf, *Journel of Three Voyage Along the Coast of China, in 1831, 1832, & 1833*, with Notice of Siam, Corea, and the Loo-Choo Islands, 1834.

② Walter Macon Lowrie, *The land of Sinim: or an Exposition of Isaiah XLIX .12,* Together with a Brief Account of the Jews and Christians in China.

③ Julius Heinrich Klaprot, *Verzeicderhniss der Chinesische und Mandschu-tungusischen Bücher und Handschriften der Königlichen Bibliothek zu Berlin;* eine Fortsetzung des im Jahre 1822 erschienenen Klapoth's chen Verzeichinisses, 1840.

④ Jean Baptiste du Halde, *Description Géographique, Historique, Chronologique, Politique, et Physcique de L'empire de la China et de la Tartarie Chinoise, Enrichie des Cartes Générales et Particulieres de ces Pays, de la Carte Générale & des Carte Particulieres du Thibet, & de la Corée.*

⑤ Joseph-Francois, *Storia Generale della Cina:Ovvero Grandi Anndi Cinesi Tradotti dal Tong-Kien-Kang-Mou.*

⑥ Philippe Couplet, Morale di Confucio, Filosofo della China, 1822.

⑦ Stanislas Aignan Julien, *Men Tseu vel Mencium inter Sinenses Philosophos, Ingenio, Doctrina*, Nominisque Claritate Confucio Proximum, 1824—1826.

典》为书名陆续出版，共28卷，在西方引起轰动，使西方人得以了解东方文明和中国文化，至今仍被公认为英译的标准译本，罗斯的早期藏书中便有中国经典“四书”、“五经”的英译本。藏书中不乏西方人关于中国某个城市特别是开放口岸史地的专著，如美国长老会来华传教士杜步西的《魅力苏州：江苏首府——苏州手册》①，是介绍苏州的专著；麦克李阑的《上海历史：自开埠以来》②是早期海外上海研究的代表作；雷穆森撰写的《天津插图本史纲》③则是西方人研究天津的重要著作，作者详细记载了九国租借设立到20世纪20年代的历史，涉及了诸多近代历史事件的细节，资料丰富，论述翔实，具有较高的历史研究价值。

其三，罗斯早期藏书中刊物种类多，有较高参考价值。藏书中定期刊物约80多种，如北海图书馆馆务记载的《字林西报》④和《上海工部局年报》等，均为近代西方人在华办理的西文报刊。《字林西报》前身为《北华捷报》，曾经是在中国出版的最有影响的一份英文报纸，发表大量关于中国内政的报道，主要读者是外国在中国的外交官员、传教士和商人，1951年3月停刊。上海工部局是由上海租界的外国人在1854年7月11日组成的自治行政机构，类似于政府的体系，进行市政建设、治安管理、征收赋税等行政管理活动，并出版工部局年报。这两份报刊记录了近现代中国社会变迁和上海租借内部的运作和

---

① Hampden Coit Dubose. *Beautiful Soo: a Handbook to Soochow, the Capital of Kiangsu*, Shanghai: Kelly & Walsh, 1911.

② J.W.MacLellan, *The Story of Shanghai: from the Opening of the Part to Foreign Trade*. *Shanghai*: North-China Herald Office, 1889.

③ Rasmussen, O.D., *Tientsin: an Illutsrated Outline History*, Tientsin: Tientsin Press, 1925.

④ 又称《字林报》，英文名North China Daily News，其前身《北华捷报》，英文名North China Herald。

管理，为研究近现代中国社会和租借史提供了重要参考。

（二）罗斯所藏中国地图部分存大连图书馆

罗斯熟悉中国舆地文献，其最早的著述《从土耳其斯坦东部到晋朝的国家》是一篇史地研究论文，其中征引大量中国典籍文献，如《大唐西域记》、《元和郡县图志》、《大清一统志》等。他在中国任职期间，倾注大量的热情搜藏中国地图，这些地图在罗斯文库中占有相当重要的地位。

前已述及，1929 年 1 月，罗斯因被内定为民国政府的顾问而辞去意大利公使馆的一等书记官职务，移居南京，为此要卖掉手中的藏书。此时日本在军事入侵和经济掠夺中国的同时大肆搜掠汉文典籍，驻东北的满铁拨出 10 万元购书经费由大连图书馆收购存藏中国古籍。满铁大连图书馆馆长柿沼介获悉罗斯欲出售藏书的消息后，立即与精通中文典籍的松崎鹤雄一起赶赴北平访见罗斯，以 3000 日元一次购入罗斯收藏的约 600 种珍贵的中国舆图。这批舆图于 4 月 2 日运抵大连，并于 1930 年在大连图书馆展出。为了配合展览，满铁大连图书馆很快做好了目录，编者在《凡例》中特别说明："所载入的支那地图大部分为伊太利公使馆员罗斯氏在中国三十年间所收集，本馆于昭和四年购入。"① 在展出的地图中，康熙十三年南怀仁编的《坤舆全图》、乾隆勅撰的《满汉文战迹舆图》立即引起日本专家的高度关注②。同批购入的还有中国陆军测量局制作的比例尺为 1∶100000 至 1∶50000 的中国各省区地图，达两千件以上。

① ［日］南满洲铁道株式会社大连图书馆：《支那地图目录》，昭和五年（1945 年），凡例。

② ［日］福田收作：《中国地图展览会及以后之事》，《书香》1931 年第 23 号。

满铁大连图书馆购入的地图中，最早的当属明嘉靖年间的手绘图，还有满文和汉文合璧的地图、战迹图、海口要隘图，均世所稀见。此外，康熙十三年南怀仁编的《坤舆全图》、乾隆四十一年铜板《盛京吉林黑龙江等处标记战迹舆图》、道光至同治间《皇舆全图稿本》（20册）以及《奉天各海口大小炮台图说》、《八省沿海全图》、《中国海道图说》、《海口要隘水陆远近形胜全图》等都是珍品。但是，这批地图并没有完全存留在大连图书馆，有关回忆录记载，“二战”结束前，苏军进驻东北大连接管满铁，大连图书馆改称中长铁路大连图书馆。苏联人管理期间，将一批珍贵图书和相当数量的地图运走，其中除了上述地图，如《皇舆全图稿本》、《坤舆全图》等，同时运走的还有乾隆铜板《平定台湾战图》、《平定苗疆战图》、《平定伊犁回部全图》等，现在它们可能仍在俄国某图书馆内，笔者未亲眼目睹，只能是一种推测。

（三）罗斯广州旧藏幸存广东、台湾两地

1936年底罗斯改派意大利驻广州领事，1942年升任总领事，此后直到退休都在广州任职。罗斯在广州也收集了大量图书，大部分都是汉文书籍，涉及经史子集四部，史类图书占了相当分量，大概有七八万册，连同一些小册子和零散的单页装订本，大约有10多万册。1944年罗斯有意将这批藏书转让给日本驻台湾总督府，日本著名汉学家神田喜一郎为此奉命对文库进行调查，并撰有关于罗斯文库的简单报告。然而，此后神田喜一郎再未提及图书转让的后续事宜，此事便成为扑朔迷离的悬念。日本学者高田时雄认为，转让之时临近“二战”尾声，神田来不及完成此事战争就结束了，所以转让一事不了了之。意大利学者图莉安认为罗斯的这些藏书于“1943年被日本人没收，在运往日本途中，船被美国潜水艇击中而沉没”①。但是，幸运的是，这批藏书并未像海藻一样消失于海底，而是藏于广东、台湾两地。台湾郭明芳博士对此的考述颇为翔实，② 笔者多有参考，限于篇幅，在此作一简要论述。

日据台湾时期，台湾总督府于 1940 年设立“南方资料馆”，专门从事南方资料的搜集与研究，为“大东亚战争”作准备。所谓南方包括港澳在内中国的南方各省、东南亚以及澳新在内的大洋洲。1944 年 2 月神田喜一郎造访罗斯书库并洽谈购买事宜后，“南方资料馆”决定收购罗斯广州旧藏，并很快派樋口末廣至广东处理具体出售事宜，完成交易。4 月又派山下隆吉整理罗斯文库相关藏品。同月，《南方资料馆报》报道了购入罗斯文库的消息和将视整理情况分批运台计划。③ 资料馆收购的罗斯藏书经过整理后第一批运抵台湾，但这只是运到台湾的罗斯广州旧藏的一部分，只占罗斯文库的四分之一，那么为何只有一部分运台？其余的落在何处呢？

第一批罗斯藏书运抵台湾后，“二战”临近结束，战事转变使日本继续操办罗斯文库运台一事变得困难，押运人山下隆吉将其余图书押运到香港九龙后便离港，因此未及装运的图书滞留在香港。战后英国政府重新接管香港并冻结了原来日本所有资产，而接管台湾的则是新的统治当局。1946 年上半年，原台湾总督府购买罗斯文库的有关文档和滞留香港仓库的藏书被人发现，于是几方就藏书的归属开始了交涉。一方是“台湾行政长官公署”要求广东方面发还被香港政府扣

① ［意］图莉安：《意大利汉学研究的现况——从历史观点》，（台湾）《汉学研究通讯》2006 年第 3 期。

② 郭明芳：《“罗斯文库”广州旧藏流散考述》，（台湾）《古典文献与民俗艺术集刊》2013 年第 2 期。

③ 刘满子：《本馆成立经过与概况》，《图书季刊》1946 年 1 卷第 1 期；转引自郭明芳：《“罗斯文库”广州旧藏流散考述》，（台湾）《古典文献与民俗艺术集刊》2013 年第 2 期。

留的“罗斯文库”，并电请外交部协调办理，还派出专员至香港调查处理。经协调，外交部复电明确说明该批图书可以运回台湾。当时在台湾省图书馆任职的刘满子在一文中亦陈述这批图书，“日本在未投降前以五十万台币向罗斯买来，钱已付清，且有四分之一装运到台，其余三万册被香港政府扣留，现经政府交涉结果可以运回……”①

但是这批图书并未运回台湾，其原因在于当台湾与广州和驻香港的机构公函往返协商运返事宜之际，广东方面正在积极追讨被日本窃据的资产，包括古籍文献。《广东文献通讯》即有记载在香港查获图书文献准备交还广东各馆情形：

> 三、接管文件……（一）档案文件。日寇陷粤后，搜劫全省图书文物，为数甚多，分类装置数百箱，原拟尽行运往台湾总督府。不意尚在香港待运时，敌已投降。经香港大学平山图书馆主任陈君葆（1898—1982）先生之努力，先后在太古货仓发现书籍文件三百二十箱。广东省政府得报后，即派姚教育厅长宝猷（1901—1905）与港政府交涉，卒能全部收回，运返广州，并准由各图书馆或学校分别领回战前原有物。②

这 320 箱书籍文献便包括罗斯广州旧藏。出版于 1946 年 6 月的《中华图书馆协会会报》一篇名为《广东省立图书馆及中山大学图书馆近在香港查获》的文章也明确说明罗斯藏书就在这 300 余箱之中：

---

① 广东省文献委员会：《工作会报（由三十五年三月至三十七年三月）》，《广东文献通讯》1948 年第 1 期；转引自郭明芳：《“罗斯文库”广州旧藏流散考述》，（台湾）《古典文献与民俗艺术集刊》2013 年第 2 期。

② 广东省文献委员会：《工作会报（由三十五年三月至三十七年三月）》，《广东文献通讯》1948 年第 1 期；转引自郭明芳：《“罗斯文库”广州旧藏流散考述》，（台湾）《古典文献与民俗艺术集刊》2013 年第 2 期。

> 最近香港政府公报载九龙仓库有书籍三百箱由港敌产管理处招商开投，该二馆闻讯即前往调查，开箱检验，发见多系省市图书馆之物。随后又在永源货仓发见书籍一百七十余箱，系中山大学图书馆之图书。查中大此批图书中，有善本书一万二千余册、志书一万三千余册、碑帖三万张，均系无价之宝。现该二馆正派人前往接洽取回。闻该批图书曾被日敌以一百五十万元军票转售台湾总督府，今台湾政府要求港政府准予提取运台，故该二馆接收尚有困难，正在交涉中。①

在《广东文献通讯》创刊号的另一篇文章中述及这批书籍处理的情形：

> （二）三十五年春，据报有图书一批，存香港太古仓内，正待拍卖，后查得是批图书悉系本省市各学校机关所珍藏，前于广州沦陷时期被敌伪掠夺，欲装运出口者，经派员向香港政府交涉收回，计三百三十九箱，内除一部系本省省府及西南政务委员会旧卷外，多系中山大学、岭南大学及省立图书馆市立图书馆及仲元图书馆藏书，经交由省图书馆分类整理，其盖有各校（馆）章记者，悉交还各该校（馆）使用，其他二七四六六册，则交省图书馆整理供阅。②

---

① 《广东省立图书馆及中山大学图书馆近在香港查获》，《中华图书馆协会会报》1946年20卷第1、2、3期；转引自郭明芳：《“罗斯文库”广州旧藏流散考述》，（台湾）《古典文献与民俗艺术集刊》2013年第2期。

② 广东省文献委员会：《工作会报（由三十五年三月至三十七年三月）》，《广东文献通讯》1948年第1期；转引自郭明芳：《“罗斯文库”广州旧藏流散考述》，（台湾）《古典文献与民俗艺术集刊》2013年第2期。

这300余箱藏书中，除发还省市各馆（校）外，有27466册是无所属图书，交归省图书馆管理，其数量与台湾所记购入三万罗斯藏书的数量接近，因此极有可能就是罗斯广州旧藏，《广东文献通讯》的记载证明广东省立图书馆接收了这批藏书。

> ……其次，接收敌台湾总督府经购未及运出图书二七四六六册，内多为南方资料。……该馆辟有广东史料室，收藏书刊共计一六二三〇。其中大部分为没收前意大利领事罗斯者。……①

在粤港双方的努力之下，在香港九龙货仓查到日本未及运台的300余箱图书均归还广东，其中的罗斯旧藏由广东省立图书馆接收。何观泽在《广州香港各图书馆近况》明确指出了具体的归属情况：

> （五）广东省立图书馆
>
> ……并于卅五年三月在香港收回前意大利领事罗斯以军票五十万售与台湾总督府之“广东专藏”凡一百箱后，馆藏为之充实不少。……②

由此可知，罗斯广州旧藏在1943年售与台湾总督府后，一部分于1945年运抵台湾，存在“台湾总督府图书馆”。“二战”结束后，该

① 广东省文献委员会：《工作会报（由三十五年三月至三十七年三月）》，《广东文献通讯》1948年第1期；转引自郭明芳：《“罗斯文库”广州旧藏流散考述》，（台湾）《古典文献与民俗艺术集刊》2013年第2期。

② 何观泽：《广州香港各图书馆近况》，《中华图书馆协会会报》1946年20卷第4、5、6期；转引自郭明芳：《“罗斯文库”广州旧藏流散考述》，（台湾）《古典文献与民俗艺术集刊》2013年第2期。

馆改组为“台湾行政长官公署图书馆”（以下简称“台湾图书馆”或“台湾省立台北图书馆”）。由于文献记载不一，且未设专藏，分散于各书库间，其数量难以作出准确的判定。另一部分未及运往台湾者，于 1946 年从香港九龙仓库运返广州后，交由“广东省立图书馆”，即现在“广东省中山图书馆”，当时接收罗斯藏书的数量为 27466 册。下文将论及藏于“广东省中山图书馆”之罗斯广州旧藏中另一部分的来历。

（四）罗斯专藏海南岛文献的下落

罗斯在广州任职期间，曾经两次游历海南岛搜集图书和标本，在其藏书中有一部分专藏图书，即关于海南岛的文献。罗斯的藏书数量巨大，基本未做整理，唯有关于海南岛的文献是专门用一个书柜陈列着。1943 年神田喜一郎奉命调查罗斯文库时，见“有关海南岛的文献很详尽，连一些非常小的册子也收罗进去了，形成了同类研究所无法匹敌的大宝库”。① 藏书中关于海南的文献整理有序，是因为罗斯对中国南部少数民族给予了极大的关注，曾计划开展对海南少数民族的研究。罗斯未将这批专藏与其他藏书一同售给台湾总督府，此后这批珍贵的藏书历经曲折，罗斯伴随着这批爱书度过了他在华的最后岁月。查广州市国家档案馆一批卷宗，明确记载了罗斯海南文献的下落，笔者据此论述如下：

“二战”结束后，作为轴心国的战败国，意大利驻广州领事馆欲全部迁出沙面，身任总领事的罗斯遂将一批图书文献装入 29 只木箱中，与广州市民胡弘成先行存入意大利使馆的另一批古玩家杂物件共

① ［日］神田喜一郎：《罗斯图书馆》，载《神田喜一郎全集》第 3 卷，日本：同朋社 1997 年版，第 74 页。

53 箱寄存于沙面德商孔士洋行仓库。战后，广东方面在追缴敌产时查获这批图书。经开箱点查，一时难以定性箱内物件，遂暂时扣留候审。档案记载如下：

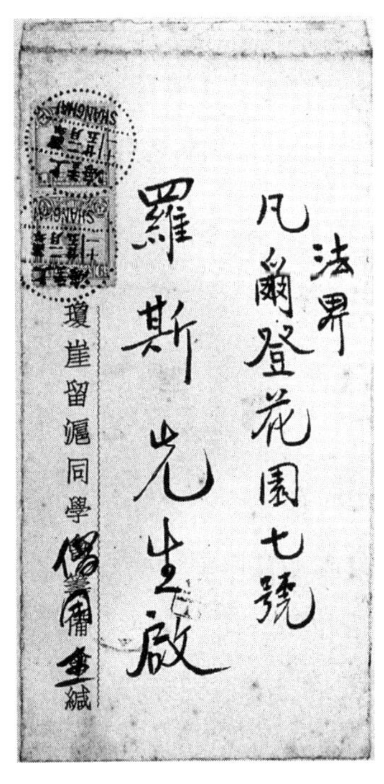

◆ 上海琼崖留沪同学筹备会致罗斯的信函①

窃职等奉命会同胡弘成代表开箱点查用胡弘成名义寄存孔士洋行 B 仓库内物品，遵于本日清点完竣。查核该批物品共分装五十三木箱，内唱片、瓷器、古玩及家具杂物二十四箱，核与该胡弘成所呈报及其代表人所称尚属相符。

① 图片来源：[意] 罗斯辑：《海南岛史料（地志、社会教育）》第 129 册。

至其余各箱均系中英法意等文书籍、图册、词典、画册、古籍、自然社会科学等，其中不少系属于海南岛物产及舆地之著述、报告、杂志，并有琼崖各地机关、意大利领事等□□案卷，且有少部分书籍盖有仲元图书馆、学海书院、Canton Club、意大利领事馆及他人名字之印章或签字。奉令前因理合，将清册随文呈请查核。是否将该古玩等二拾四箱准先行具保领回，其余暂予留候审查之处，仍候核示。祇遵。谨呈。特派员林。

附呈清册乙份。

职伍朝卓　吴敬慈合签

卅四年十二月卅一日①

据此案卷可推论，所指“其余各箱”便是罗斯的29只木箱，罗斯所收藏的海南岛文献亦在其中。同时存入的胡弘成24箱物件因核查与仓库存根所载数目相符，属于私人物品，予以具保领取，而29只木箱因无明确所属暂时被扣留。罗斯此时仍留在广州，他先后两次致函“粤桂闽区敌伪产业处理局”，并由胡弘成出具证明所属请求发还。因罗斯的木箱是以胡弘成名义入存，且含有海南岛舆地资料，因而引起怀疑，兹有档案记载：

意领事罗斯请发还书籍图册文鉴案要点：

一、不用自名存仓，在日本宣布投降后（卅四、八、十五）混入胡弘成内寄存有蓄意取巧隐匿避人耳目。

① 《关于发还胡弘成寄存孔士洋行书籍案》，全宗号37，卷号137，民国36年，广州市国家档案馆。

> 二、以一外国领事身份专意研究有军港价值（榆林军港）之中国领土琼崖，且曾受日人聘为高等顾问，被索取海南岛资料（此系罗斯自供），该项册籍现虽未经详细审查，不无含有特务工作之情报资料作用。①

对此，罗斯作出解释并由胡弘成证明个人私有书籍系错置于胡弘成箱内，请求予以发还，而含有海南岛资料有涉敌嫌疑问题经罗斯解释也得以消除。罗斯表示愿将这批图书转赠与海南岛人民。1946 年 8 月 6 日，罗斯在报章刊登赠书声明，表明其数十年收藏图书的目的和愿望，兹择录其要点如下：

> ……此是收集苟有益人生、富于哲理、补于教育、裨于文化、助于世道人心者，尤为不遗余力。……琼崖孤悬海外，形势险要，气候温和，物产丰富，民族优秀。苟以高深之教育培之、良好之文化孕之，即必发扬固有之道德精神，以保东亚和平，而谋人类幸福以为世界放以异彩。可惜教育落后，文化过低……本人数十年所搜藏之文化典籍，扫数赠与琼崖全体人士，以为振兴该属教育文化之助力而为贡献人类之需。……所有奉送之典籍类件一一详列于目录表册，请琼属人士哂而纳之，不负鄙人爱护琼崖而爱人类之微意是感。惟□言无凭，特书本函告为证。此致，琼属人心公鉴。
>
> 罗斯敬奉
>
> 1946 年 8 月 8 日②

① 《关于发还胡弘成寄存孔士洋行书籍案》，全宗号 37，卷号 137，第 87 页。

② 《关于发还胡弘成寄存孔士洋行书籍案》，全宗号 37，卷号 137，第 8 页。

该声明后盖有“罗斯”精美印章。1946年8月14日，粤桂闽区敌伪产业处理局收到一份罗斯关于赠书的文件，内容如下：

> 敬启者：兹因偿愿起见，允将前向贵局请求发还鄙人财产中之书籍等赠与海南岛人民，已由本市琼崖同乡会会长陈策将军正式代表接受。职是之故，特函请准该会授权代表接受该书籍等为荷。此致粤桂闽敌伪区产业处理局
>
> 罗思启
>
> 中华民国三五年八月十四日①

署名“罗思”者即是罗斯无疑，其请求很快得到回应。8月16日“粤桂闽区敌伪产业处理局”批复意见：“可予将该项书籍核查后列单函送琼崖同乡会。”②

同一时期，意大利驻广州领事馆被裁撤，按照我国处理敌伪外交人员条例，罗斯在战后应被遣返回国。当罗斯收到遣返回国通知时极为伤感，他向外交部提出请求，让他继续留居中国，其理由是自己久居中国，生活习惯皆已中国化，视中国为第二故乡，对本国意大利情感反见生疏，不愿返国。消息传出，琼崖旅京同乡会立即电请外交部，准予罗斯继续留居中国，并将其赠与琼崖的书籍拨还。择录其中电文如下：

> ……本会同人等为深切敬爱罗氏琼崖研究之热诚，并同情其不愿反国之至，感谢善意捐收、赠拨典籍之余，拟请钧

① 《关于发还胡弘成寄存孔士洋行书籍案》，全宗号37，卷号137，第83页。

② 《关于发还胡弘成寄存孔士洋行书籍案》，全宗号37，卷号137。

> 座俯察今后琼崖文献绝续问题及经济文化建设上贡献有关，准予令饬闽粤区敌伪产业处理局迅将扣留罗斯氏赠与私有之书籍予以拨还，并分饬外交部特别通融，准予罗氏居留我国，俾便同人等群起筹募资金，创办琼崖文献馆，将该批书籍保管，供观众阅览，并聘罗氏为馆长及建设琼崖顾问。……①

这份电文经过南京行政院、外交部、闽粤桂敌伪产业处理局的层层批复，最终罗斯被允准继续留居中国，29 箱图书则拟派员“会同省立图书馆派员检验后，将此项书籍送还各图书馆，其余属罗斯所有者则照转送琼崖同乡会”②。当广东省立图书馆派员检验箱内图书时，发现其中有多种关于广东的史料，馆长杜定友立即致函敌产处理局要求将其交由省立图书馆保存，称：“本馆职司本省史料之典守，以供省政府及各界人士之参考，对该批有关本省史料，拟请贵局悉拨本馆珍藏，以供众览。”③1947 年 1 月这批图书得到最终处理：“盖有仲元图书馆、学海书院图书馆、中山大学图书馆、Canton Club 及其他省内图书馆等图记者统交广东省立图书馆接收保管，其余书籍与物品全数移交琼崖同乡会接收。”④1947 年 1 月 10 日，敌产处理局会同杜定友、琼崖同乡会代表、胡弘成代表及罗斯按照检验所列书籍进行移交。杜定友接收图书后于 1947 年 2 月 27 日将《粤桂闽区敌伪产业处理局检验封存孔士洋行书籍清册》⑤3 册交给敌伪产业处理局，其亲笔文件如下：

---

① 《关于发还胡弘成寄存孔士洋行书籍案》，全宗号 37，卷号 137，第 94 页。
② 《关于发还胡弘成寄存孔士洋行书籍案》，全宗号 37，卷号 137。
③ 《关于发还胡弘成寄存孔士洋行书籍案》，全宗号 37，卷号 137。
④ 《关于发还胡弘成寄存孔士洋行书籍案》，全宗号 37，卷号 137。
⑤ 《粤桂闽区敌伪产业处理局检验封存孔士洋行书籍清册》，全宗号 37，卷号 214（二），民国 36 年，广州市国家档案馆。

兹送上本馆接收前贵局封存孔士洋行图书清册叁本，请查照复为荷。

此致 中央信托局粤闽桂区敌伪产业清理处司长赵

杜定友启

卅六年式月廿七日 ①

现广州市国家档案馆查有《粤桂闽区敌伪产业处理局检验封存孔士洋行书籍清册》，据此可查索该批图书细目。广东省立图书馆接收这批图书后，特辟“广东史料室”，收藏书刊共计 16230 册，其中大部分是接收而来的罗斯藏书。② 接收这批藏书后，加上前文所述从香港九龙仓库运回的图书 27466 册，广东省立图书馆共接收 43696 册，其中大部分是罗斯广州旧藏。

罗斯将藏书捐赠给海南，获得海南各界的欢迎，由此与海南结下情缘。琼崖同乡会接收罗斯海南岛史料后，在 1947 年海南大学成立时交由该校保管。同年罗斯到该校任拉丁语教授兼图书馆馆长，与爱书为伴，准备专注海南岛研究，但是，一年后便病逝于海口。1949 年海南大学解散，其藏书被新建立的海南师范学院（即现在的海南师范大学）接收。据说，20 世纪 50 年代，广东省立图书馆到各地征调图书，这批图书被调拨到该馆，作为专藏。所以罗斯赠与琼岛的专藏大部分未留在海南岛，现只有少量存于海南师范大学图书馆，有的钤有“罗斯先生遗赠之书”印记或有罗斯藏书票。海南省档案馆有 10 个卷宗，题为“敌伪海南资料”，实为罗斯旧藏，笔者推测属于琼崖

① 《关于发还胡弘成寄存孔士洋行书籍案》，全宗号 37，卷号 137。

② 广东省文献委员会：《工作会报（由三十五年三月至三十七年三月）》，《广东文献通讯》1948 年第 1 期；转引自郭明芳：《“罗斯文库”广州旧藏流散考述》，（台湾）《古典文献与民俗艺术集刊》2013 年第 2 期。

同乡会接收而来，但如何转藏到档案馆尚难以查证。

中山图书馆征调入藏海南岛资料后，专藏为“罗斯资料”，在该馆的旧卡片箱可查到以“罗斯资料”为题的卡片目录，共447册，经笔者检阅，大部分是图书报刊剪贴本，内容涵盖清末到民国时期海南岛舆地、物产、民俗、政情等。这447册“罗斯资料”加上原接收的两批罗斯藏书43696册，中山图书馆收藏的罗斯广州旧藏数量约为44143册。

罗斯文库闻名于20世纪20至40年代，却很少有人亲睹其全貌，在动荡年代几经辗转流散，不复存在，现大部分散存于国内各图书馆。其流散经过，可呈现出文库的总体原貌和现藏地点：罗斯早期藏书以西文为主，主要是西方关于汉学研究的书刊，现存北京国家图书馆；罗斯文库中的中国地图一部分存留于大连图书馆；罗斯广州旧藏主要典藏于中山图书馆，其中关于中国南方的资料弥足珍贵，另一部分藏于台湾省立图书馆。台湾“中央研究院”历史语言研究所傅斯年图书馆亦有少量罗斯藏书，系罗斯赠予所得，此不赘言。

此外，罗斯文库有部分藏书流转到海外，其详情尚待考证，大致情形如下：“二战”结束前，苏联人从大连满铁图书馆运走部分罗斯售与该馆的图书和珍贵的舆图，现存俄国某图书馆；1926年罗斯将一批中国古地图转让给意大利地理协会，该协会所藏中国古地图大部分来自罗斯收藏，其中部分盖有罗斯印章。有学者称，美国国会图书馆亦有罗斯藏书，此系“二战”结束后，“罗斯文库”部分文物辗转移送到华盛顿文献中心，后来转移到美国国会图书馆的。

罗斯在华三十多年，以其独到的眼光收藏大量的图书，其藏书之宏富，令人叹为观止。那段时期正是中国时局最为动荡的年代，罗斯挚爱藏书，却无法时时与爱书为伴，因时局变化或职务变动，数次售卖、转让或赠送藏书，因此，罗斯文库流散到国内外各处。但是罗斯藏书并未销声匿迹，它们在某个图书馆的书架上，静候着追踪者来拂去身上的尘埃。

三、《海南岛史料》的分类与价值

罗斯文库因为藏书量大，整理工作很困难，很多书都是杂乱地堆放在书库，只有关于海南岛的文献是专门用一个书柜陈列着。神田喜一郎描述文库中“有关海南岛的文献很详尽，连一些非常小的册子也收罗进去了，形成了同类研究所无法匹敌的大宝库”①。藏书中关于海南的文献整理有序，是因为罗斯对中国南部少数民族给予了极大的关注，曾计划开展对海南少数民族的研究。

罗斯1936年对海南岛做过调查，由于公职上的便利，他通过各种渠道搜集到不少海南岛方面的资料。著名图书馆学专家杜定友评价罗斯说：“留华四十余年，对于我国图书文物，造诣湛深，所藏关于海南岛资料尤为丰富。……西沙群岛之资料，大部分为报纸杂志剪裁，肆意搜罗，数十年如一日，先生诚有心人也。”②后来，罗斯把海南岛研究作为项目定下来，并做了大量的资料整理工作，在1939年已经有了相当的规模。这一年，他受聘参与日本南方民族研究组，计划开展对海南少数民族的研究，希望与台北帝国大学教授共同研究，并将自己的藏书提供给南方民族研究组以为研究之用。随着太平洋战争的爆发，研究工作未能继续下去。

罗斯1946年退休，次年得知私立海南大学筹备创设，自愿捐献

① ［日］神田喜一郎：《罗斯图书馆》，载《神田喜一郎全集》第3卷，日本：同朋在1997年版。

② 杜定友：《东西南沙群岛资料目录》，第72页。

有关海南岛的文史资料30余箱及大量动植物、矿物及昆虫标本予该校，并任昆虫学及拉丁语教授，兼任图书馆馆长，准备专注海南少数民族的研究。但是，罗斯一年后便病逝于海口，他所关注的海南岛研究，事业未竟，令人惋惜！海南岛史料成为目前已知的罗斯藏书中唯一比较完整保存下来的资料。许多学者深感研究海南岛近代历史资料匮乏，罗斯的《海南岛史料》可谓集各种文献、资料、档案之大成，是研究清末到民国时期海南政治、经济和社会状况不可多得的文献，可惜至今未被人详知和利用，有必要作一概述。

◆ 罗斯辑：《海南岛史料（琼崖风土志）》封面①

① 图片来源：作者摄于广东省中山图书馆特藏部。

（一）《海南岛史料》的编辑和分类

罗斯捐赠的这批图书包括中西日文书籍及杂志共615册[①]。新中国成立后，海南大学解散，其藏书被新建立的海南师范学院（即今海南师范大学）接收，后大部分调拨广东省中山图书馆，经整理装订成《海南岛史料集》。这套资料大致分为《海南岛史料》、《海南乡土人物》和《剪报》三部分[②]。

《海南岛史料》共355册，包括海南历代政治、经济、军事、地理、文化、民族、华侨、卫生、名胜、物产、人物、民俗、宗教等方面，内容极其丰富，对研究海南历史文化颇具参考价值。例如，罗斯收藏的1916年广东琼山县印模、1930年琼山县苏维埃准备委员会印模都是十分珍贵的档案材料。

《海南乡土人物》共48册，来自海南方志及有关古籍，分乡土和人物两部分。乡土之部又分地名（古迹）、动物和植物三部分。地名之部辑明、清至民国时期海南书院、庙宇、牌坊、古塔等共4295处的修建情况，汇订成25册；动物之部收131种；植物之部收1030种，汇订成7册。人物之部，收录自宋代以来历朝至民国初年海南名人2959人的资料，汇订为16册。

《剪报》部分共46册，主要根据20世纪30—40年代的各种报纸剪贴而成，除其中两辑为《南海诸岛材料》、《海南岛风土人物及传教士资料》外，其他内容多超出海南岛范围，属海南岛的文献不多。

---

① 苏云峰：《私立海南大学——近代中国高等教育研究》，（台湾）“中央研究院”近代史研究所1990年版，第4页。

② 参见倪俊明：《广东省中山图书馆馆藏旧海南地方文献述略》，载《琼粤地方文献国际学术研讨会论文集》，海南出版社2002年版，第583—601页。

◆ 1930 年琼山县苏维埃准备委员会印模①

（二）研究海南历史文化的重要参考资料

《海南岛史料》对研究海南历史文化都是重要的参考资料。例如：

《海南岛史料》中有关海南民族的《琼崖岛民俗志》、《黎族婚姻制的演变》、《游野人国——琼崖黎民生活的实地写真》、《黎人口琴之研究》、《海南人刻木为信之研究》、《儋州蛋族》、《阐究海南岛民族风情》和《黎族志》等文章，可供研究海南岛少数民族问题的参考。

利用 20 世纪 20—30 年代的《粤盐关税》及有关档案汇辑成的 9 辑《盐务》材料，是系统了解民国时期海南盐业发展的原始素材。

英文《琼州商务年报》、《琼海关贸易季册》是研究清末民初海南商业、海关、贸易的重要外文资料。

琼崖抚黎专员公署的公文档案，有关海南各县长任命、选举、侨务的公文档案，有关海南药房、书局、工厂、机关、学校、军队的票据、印鉴等，更是难得的珍贵档案材料。

① 图片来源：[意] 罗斯辑：《海南岛史料》第 175 册。

西沙群岛的资料则为我国维护南海诸岛主权和南海开发建设提供了重要依据。例如，1945 年抗战胜利后，广东省政府从侵占南海诸岛的日本人手中接管该地，南海诸岛的领土主权和开发问题受到重视，广东省遂成立《西南沙群岛志》编纂委员会，罗斯受聘为顾问，著名图书馆学专家杜定友受聘为该委员会委员，并负责资料组的工作。杜定友在其所编《东西南沙群岛资料目录》编后记中记载："西沙群岛问题发生后，读者纷纷来馆索阅参考材料，时馆中仅有《调查西沙群岛报告书》及《西沙岛东沙岛成案汇编》二书，内容尚嫌简略，对于该岛史料，尤感缺乏。彷徨无以为对。幸遇友人 G.ROS 先生，承示所藏西沙资料 12 辑。凡单行本 3 件，日报及杂志论文剪贴资料 117 件，阅之既感且惭。"① 他评价罗斯说："留华四十余年，对于我国图书文物，造诣湛深，所藏关于海南岛资料尤为丰富。……西沙群岛之资料，大部分为报纸杂志剪裁，肆意搜罗，数十年如一日，先生诚有心人也。"② 罗斯所收集海南岛史料之丰富由此可见一斑。

（三）《海南岛史料》的重要史料价值

罗斯收集的这批资料来源十分广泛，有中外文的图书、期刊、报纸、图片、档案、票据，以及各种机构组织的图章钤印等，就搜罗之宏富、内容之丰厚，便具有极高的史料价值。据不完全统计，仅中文报刊一项就将近 100 种，其中有清末的《赏奇画报》、《两广官报》、《新宁杂志》、《京话时报》等，民国初年的《广东公报》、《商权报》、《广东财政月刊》等，20 年代的《广东建设公报》、《广东教育会杂志》、《广东清党旬刊》、《筹赈月刊》、《农工旬刊》、《地学杂志》、《道路月刊》、

① 杜定友：《东西南沙群岛资料目录》，第 54 页。

② 杜定友：《东西南沙群岛资料目录》，第 72 页。

《觉觉杂志》、《公路年报》,40 年代的《琼农月刊》、《广东省银行月刊》、《四路军月刊》、《实业部月刊》、《新广东》、《统计汇报》、《国货月刊》、《审计处公报》、《文华月刊》、《广东司法月刊》、《越华报》、《实报》、《上海报》、《香港工商日报》和《华字日报》等。外文期刊、报纸来源达 70 种之多，包括英、法、意、日、俄、德文，其史料价值不可低估。

罗斯搜集整理的这套《海南岛史料集》，虽然是尚未成型的正式出版物，且存在分类不当、缺乏系统等问题，但它集档案、图书、杂志、报刊、图片资料于一体，实属罕见，是研究清末到民国时期海南政治、经济和社会状况不可多得的文献，具有重要的文化价值和史料价值，值得有志于海南研究者重视。

身为外交官的罗斯在华数十年间，以个人兴趣和特有的眼光，通过各种渠道苦心收集大量中文图书。然而，那些令人叹为观止的藏书在动荡年代几经辗转出让，现在已难以看清全貌，这是他不被中外学界熟知的重要原因。虽然罗斯大部分藏书已散落各处，研究海南岛的愿望亦未能实现，但是他对汉学倾注的热情，那曾经广为人知的“罗斯文库”和他留下的《海南岛史料》都是不应被遗忘的。

第二章　清末海南岛概貌

海南岛自汉代以后被纳入中国的版图，由于远离中国政治中心，总体上历代中央政府对海南岛的关注不多，主要是认为这个岛屿可以提供的税赋不丰，物产资源价值不高。需要明确的是，在古代，“海南”这一称谓有时并不仅指海南岛这一岛屿，而是包括南海海域的国家，即使在一些官方文件也有同样现象。只有在近代，“海南”的称谓主要指“海南岛”这一岛屿，本书所用的“海南”一词也主要指海南岛，而不包括周边岛屿或海域。

海南岛近邻国家或地域皆属于不甚发达的地区，在这样的环境之下，千百年来海南岛的政治、经济、文化的发展水平比中国许多地区要滞后，由于缺乏相应的推动力，直到清代海南社会发展缓慢的状况依然没有改变。

一、自然地理和环境

（一）地理位置和轮廓

海南岛的地理构造原是华南古大陆的一部分，属于华夏断块区华南断坳中的南海隆起区。海南岛与雷州半岛原属一体，当勾漏山脉从广西境内一直延伸至海南岛，被称为海南屋脊的五指山就是这座山脉的尾端。早更新世末，由于地壳变动，雷州洼地中部断裂陷落，形成琼州海峡，遂使海南岛与雷州半岛分离，成为一个孤岛，屹立于大海之中，宛如一颗漂浮于万顷碧波中的璀璨明珠，成为一个独立的地理单元。常隆庆、杨鸿达所著《中国地质学》认为："琼州海峡约陷在第四纪，但有些地质学家认为时代尚难确定，然海南岛北部有广大地区绝大部分，以为火山喷出岩（玄武岩凝灰岩等）所成。"① 由此知道，雷琼之间的沧桑巨变是由于火山爆发、地壳运动所造成的。雷州半岛南部和海南岛北部，分布着火山群，系我国著名的古火山分布地区之一。这些火山的岩石，主要是一种称为玄武的火山喷出物。而琼州海峡地层存在红色风化石，两岸的玄武岩也是同样的。"自海北徐闻之石门，其脉穿海底而南，即苏子所谓地脉，何曾断者?"② 这充分说明远古时代海南岛与雷州半岛是原属一体的。

在清代，海南隶属于广东省的一个府——琼州府，是中国大陆最南端的一部分，自东北向西南延伸约 440 里，南北约 980 里。北部地区是平原，其中有一些隆起的山地。岛上其余大部分是山地，自东北向西南矗立着黎母山和五指山，五指山是岛上最高山峰，位于岛上南半部中央地带，最高处海拔约 1860 米，上面覆盖着茂密的森林。

（二）海岸线、港湾、岛屿

海南岛北部是含沙土的平地，东北部有一称为七星岭的岬角伸入海中约 30 公里，在清末，最北部地区一座醒目的灯塔构成了该处地标。沿海岸线 24 公里坐落着老虎山（或称抱虎山），紧邻老虎山南部的是铜鼓岭，高 1600 米，位于海南岛的最东端。大部分海岸平缓，

① 转引自秋泓：《海南沿革史话》，载《海口文史资料》第七辑，琼准印字第 20002 号。

② （明）丘濬：《丘濬集》，海南出版社 2006 年版，第 4360 页。

东南部和南部的海岸非常险峻，山脉延伸入海。岛的南端高峰耸立，普遍草木稀少，但是在内陆地带却长满树木。西南海岸线逐渐变低，山峰逊色于内陆，海岸是宽阔的沙地。西部和西北海岸高低错落，间有几个海湾。

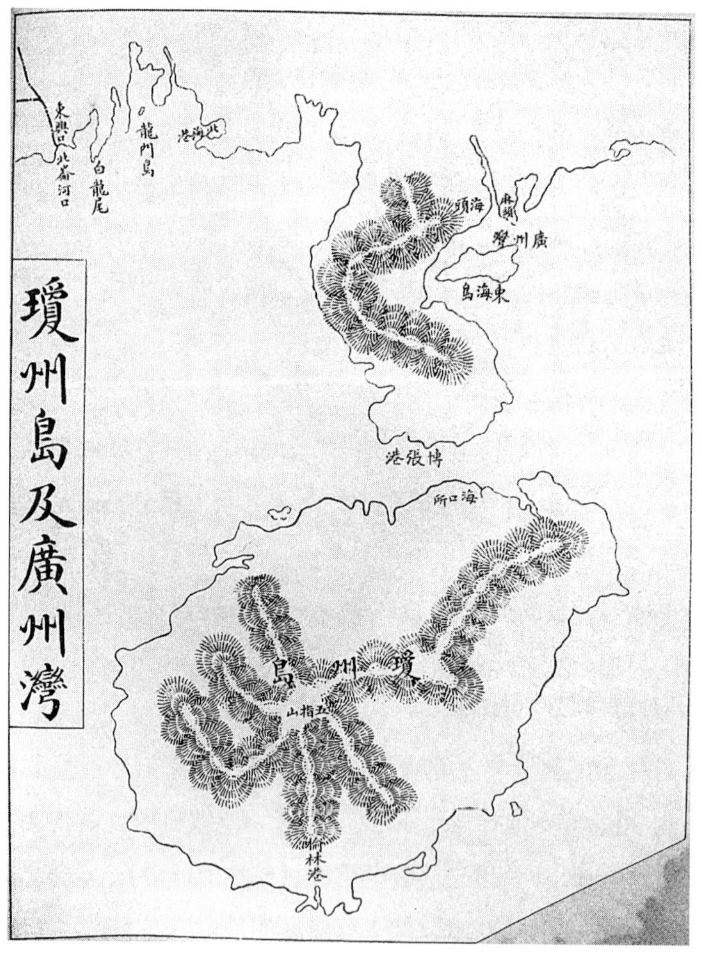

◆ 琼州岛及广州湾舆图①

① 图片来源：[意] 罗斯辑：《海南岛史料（烟政、税务、地志）》第 347 册。

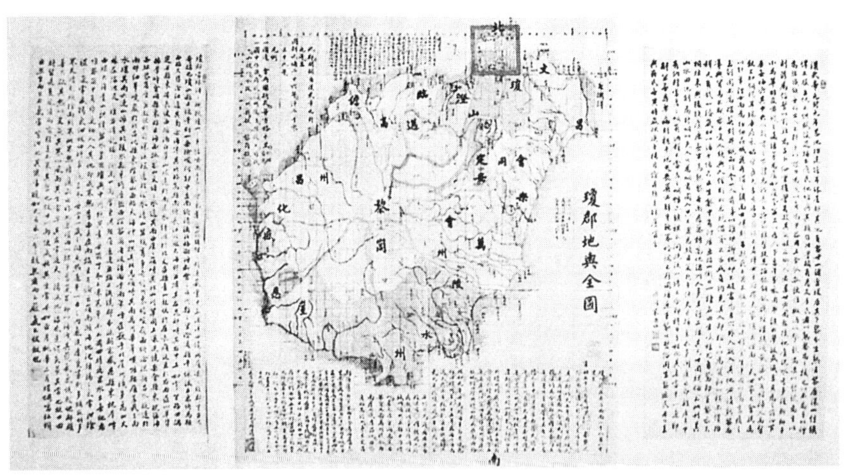

◆（清）琼郡地舆全图，绘于 1900 年[①]

清末海南最主要的港湾是位于北部海岸的海口所，是海南的主要城市。海口港是一个低缓的沙湾，位于北部和东北部，抛锚处距离城市大约 5 公里，海湾很浅，在低潮时，即使是小船也很难进入。东部有清澜港、博鳌港。东部海岸铜鼓岭以南是会同县的一部分，嘉积是位于岛上贸易第二位的城镇。往南的陵水湾是优良的港湾，还有几个优良的海湾锯齿般地位于南部海岸地，在季风期提供了优良的避风港，经常是船只驶离中国海岸的理想之地。位于崖州的榆林港、三亚湾也是重要的港湾。西部和西北海岸有几个未开发的港湾，可以作为躲避季风的避风港，但是当时还鲜为人知。

环海南岛周围有几个小岛，七洲岛是由 7 个岛礁组成的群岛，位于北纬 20 度以南，距离海南岛的东海岸 24 公里处。鸡冠山和西岛是东南海岸的两个岩石小岛，还有几个小岛紧贴着南部海岸。

① （清）《琼郡地舆全图》，大连图书馆藏。

◆ 海湾众多，海岸平缓 ①

（三）河流、湖泊、泻湖

在清代，海南岛的海岸尚有许多未知的地带，内陆在当时也有许多未知的地方，传统的舆图由于缺乏科学性和精确性，不能准确反映地理方位。岛上的河流几乎都从高耸的山间流出，除了一般的地方，河流的长度、水道和适航性都无从准确判断，所有河流的河口都非常浅，有些只有在涨潮时船只才能进入。海南最大的河流南渡江在海口的东部注入海中，除了南渡江，这条河流在当时有各种称谓，如黎母河、建江、博冲河，有些河段小船可以逆航而上。岛上大部分城镇都位于小河岸。有几个小湖位于海南岛平坦的北部，但是人们对其自然性状和面积都一无所知。海南岛的东南边有几个面积相当大的咸水湖，一个在万州，一个在陵水，其中之一构成了榆林港湾。第二个湖有一条狭窄的河渠流入，延伸到内陆四五公里的距离，河道很浅，河流上游与另一条河流交汇。城镇就位于交汇处，船只可以从此进入，躲避风暴的袭击。

① 图片来源：[意] 罗斯辑：《海南岛史料（物产、风土、人情）》第 107 册。

◆ 海南岛内陆多山地貌①

（四）气候、盛行风、台风

海南岛气候炎热，与南洋群岛气候相似。夏季温度在 32.2—37.8 摄氏度之间，冬季最低至 11—9 摄氏度。地势北低南高。最北部因为地势低平，岛内的高地阻挡了来自西南的季风，地势较高的南部则面向东南季风的强劲吹拂。自古在官方的文书里，海南就被形容为“瘟疫气候”和“瘴疠之地”。乾隆三年（1738 年），因两名官员到海南就任几个月便死于水土不服，朝臣便上书皇帝，要求委任生于邻近省份且能适应当地气候的官员到海南就职。皇帝准奏，于是在乾隆十九年（1754 年），从前的一条法令即军事官员在海南服役 5 年后可晋升到其他职位也开始推行到民政官员。夏季是海南的潮湿季节，春季干燥，三四月间经常打雷，非常潮湿的气候是导致生病的主要原因。

① 图片来源：[意] 罗斯辑：《海南岛史料（物产、风土、人情）》第 107 册。

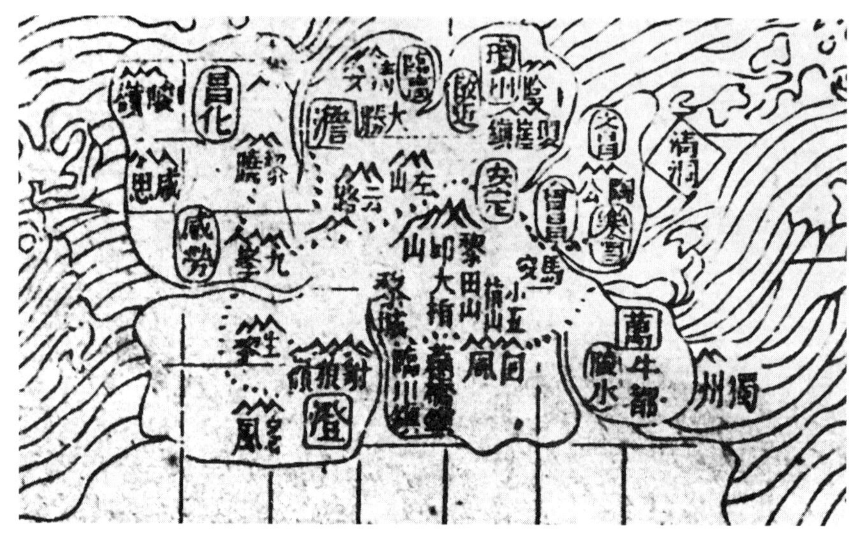

◆ 古代海南舆图①

二、资源和物产

海南北部有很多火山运动的痕迹，许多用于铺路和建房的石头采自山上，那是一种坚硬的蜂窝状的粗面岩，被分解进红色的沙土中。沿着海岸的山都是粗糙易碎的花岗岩石，被大自然逐渐风化，像沙石一样被河水冲下，沉积在浅浅的河床中，在河口形成沙洲。琼山有一种叫“琼”的浅红色的大理石，产于离城不远的一座山，琼山便因此得名。岛的中部发现有金矿和银矿，清代以前汉人和住在岛内腹地的人之间有大量的交易，而到清末，政府采取阻止开采贵金属的政策，限制范围很大，因此开采量非常有限。

① 《读史方舆纪要》卷二，广东十三，广雅书局印，载［意］罗斯辑:《海南岛史料（烟政、税务、地志）》第347册。

◆ 海南蝴蝶品种繁多①

（一）植物和动物

海南的植物有明显的热带特征。岛上盛产椰子和槟榔，椰子树遍布东部海岸，椰子的纤维可用于生产绳索和其他物品。在海南岛的东部和南部，棕榈树生长茂盛，岛上还有一种小种的榴莲，但是不产柑橘。鹰树因为其气味芳香被视为珍品，土著人从深山老林里采集而来，只有通过以物易物的方式才能从他们手中得到。其他的观赏植物也是以同样的方式才能获得，其中最多的是黄花梨，这是一种坚硬的木材，有黑色的大理石般的纹理，常被加工成各种雅致的物件。

海南岛地处热带，物种丰富，动植物品种繁多，是动植物的天堂。蝴蝶品种多达280种，山野丛林毒蛇出没，眼镜蛇、髯蛇、扁蛇、五头蛇等毒蛇品种令人生畏。岛上很少大型凶猛的动物，山中常见的是鹿，森林里生活着猿类和猴子，有大量的热带鸟类，比如鹦鹉。在冬

① 图片来源：[意] 罗斯辑：《海南岛史料（动物材料一）》第56册。

天，野鸭、鹬鸟、沙锥鸟经常栖息在一些河口的泥滩上，西部海岸常常能见到仙鹤。各种鱼类大量的在海岸跳跃，是人们重要的食物，很多较低等级的小鱼含有丰富的钙质，被渔民大量捕捞制成鱼干。

◆ 海南蜥蜴①

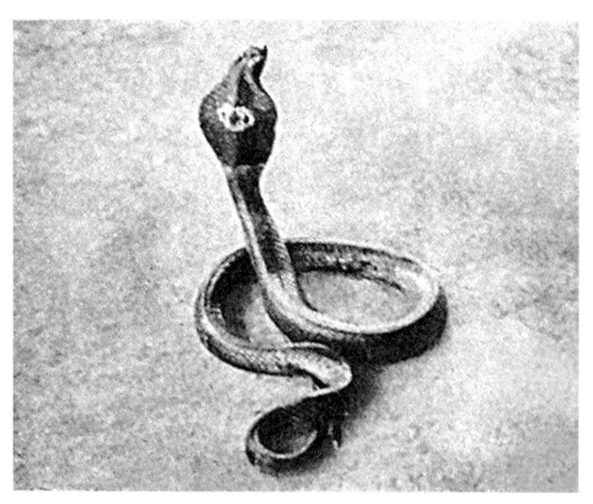

◆ 海南岛上毒蛇种类很多，这是眼镜蛇②

① 图片来源：[意] 罗斯辑：《海南岛史料（动物材料一）》第56册。

② 图片来源：[意] 罗斯辑：《海南岛史料（动物材料一）》第56册。

（二）土壤、农业、物产

海南岛的居民绝大部分从事农业。北部和东部土壤部分是沙地，西部土壤肥沃。全岛低地都种植大米，但是产量不能满足全岛的需要，需要从岛外输入粮食。北部三个地区琼山、澄迈、临高主要种植甘蔗。花生种植广泛，可用于榨油，如同小块糕点状的残渣常被用作甘蔗的肥料，在华北则被用于生产豆饼，因此被大量地运往中国大陆的港口。为了榨油，海南岛也种植芝麻。甘薯、山药和豆类是主要种植的食物品种。除此之外，在崖州种植一种小型的植物蓖麻，这一地区也种植槟榔、棕榈，那是一种高直优雅的树木，成熟的果实簇拥在一起，呈橘黄的颜色，紧靠在叶冠下，农舍和田地常常围着厚厚的树篱替代栅栏。

◆ 海南的犁具①

① 图片来源：［意］罗斯辑：《海南岛史料》第 17 册。

海南岛有一些珍贵的物产，如沉香、笺香、燕窝、石花等。沉香、笺香属于香料，沉香又称土沉香，据《桂海虞衡志》记载，“少大块，其次如蟹栗、如附子、如芝菌、如茅竹叶者佳，至清薄如纸者，入水亦沉香之节，因久蛰土中，滋液下流，结而为香。采时香面皆在下，其背带木性者乃出土上环岛，四郡界皆有之，悉冠诸番所出，又以出万安者为最胜。”而笺香则“如蝟皮、栗蓬及渔蓑状，盖修治时雕镂费工，去木留香棘刺森然，香之精种于刺端，芳气与他处笺香尤别，出海北者聚于钦州，品极。”① 燕窝也是海南岛的特产，清代崖州海上有一石岛，岛上有一玳瑁山，燕子喜欢在山中石洞里筑巢，“燕大者如鸟，啖鱼，辄叶涎沫，以备冬月退毛之食”，这便是燕窝。当地人常冒险攀岩采集燕窝。当地还有一种物产叫石花，“出崖州海港中，三月采取，过期则成石矣。”② 清代广东人养殖一种白蜡虫，孵卵后放在菁柚树上，虫吃树汁后吐出的唾液黏在嫩茎上化为白脂，到秋天取出，用水煮融过滤后成蜡，莹白如石膏。据记载，“此白蜡琼州最多，以之为炬，大者为五六觔。”③

清代海南岛生活着一些独特的动物，如山牛和山马。山牛有两只红色的眼睛，常常是几十或上百头成群，见人呦呦叫唤但不躲避。眼睛上方有两撮旋毛，看上去像有四只眼睛。山马形状像鹿，体型较大，几百头成群，角向内弯曲无分叉，眼睛下方还有两眼，日闭夜开，喜欢钻荆棘丛中，不识者往往误为山牛。黎人捕获山马，用皮换布，皮可以用作卧具，抵御潮气。

---

① 《桂海虞衡志》，载［意］罗斯辑：《海南岛史料》第107册。

② 《粤东笔记》卷十六，载［意］罗斯辑：《海南岛史料》第107册。

③ 《广东新语》卷二十四·虫语，载［意］罗斯辑：《海南岛史料》第107册。

◆ 海南岛的山牛①

（三）森林和矿藏

海南地势多山，气候炎热，适于植物生长。因为峙立于海中，常受台风袭击，所以树质坚细。指经、石枳、苦枳、坡橘、天料、荔枝、胭脂等树木被称为千年不朽木材，岛上的居民将山岭内古老的森林视为鬼神栖居之所。感恩、昌江两县一带的山岳，崖县各个山岭，陵水、万宁、定安交界处的钓罗山（亦称吊罗山），定安与乐会交接的黎母岭、何思岭和五指山一带，都是茂密的森林地带。

海南岛由雷州半岛山脉南走崛起而形成，以五指山为中心，其支脉向四方分布在岛的南部。古代称“琼崖矿多”，确实不错，岛上各处富有各种矿产，尤其以金属矿产为多，金矿、铜矿、铁矿、铅矿、

① 图片来源：[意] 罗斯辑：《海南岛史料》第156册。

锡矿资源亦非常丰富，与云南、贵州、湖南、广东各省有一脉相通之点。

三、建置沿革与人文景观

（一）汉代至清朝海南岛的建制

历史上，海南岛有珠崖、崖州、琼台、琼州、琼崖、琼岛等称谓，在清末则称为琼州岛或琼崖。远古时期，岛上土著居民耳环垂肩为饰，故称“离耳国”，有“点其面，画体为鳞采”者，称“雕题国”。离耳，即“儋耳”，作大耳解；雕题，即绣面纹身之意，这是指海南土著先民的习俗。因此，“离耳国”和“雕题国”，也是海南岛最早的称谓。

唐虞三代，海南岛属于“百越之地”①，称为“南服荒檄”②，意为荒远的边地。春秋战国时期为扬越地。秦始皇统一中国后，极力开疆拓土，巩固边地，公元前 214 年遣将率兵平南越，先后在岭南设南海、桂林和象郡，但因大海所阻，秦军并未进入海南岛，故将其划归象郡遥领，称为“象郡外檄”。

汉武帝元封元年（公元前 110 年），派遣马伏波将军路博德入琼，在海南岛上设立珠崖、儋耳两郡，当时北置珠崖，南置儋耳，自此，海南岛开始纳入中国版图。《汉书·地理志》序：“自徐闻南入海，得大洲，方千里，元封元年略以为珠崖儋耳郡。”《汉书》云：“郡在大海崖岸之边，出珍珠，故曰珠崖。”而“儋耳”即由大耳种族名而来。

① 百越，种族名，古代长江以南多系越民族所居，诸种越族，统称百越。时海南岛之民称骆越，是百越民族的一支。

② 《正德琼台志》，海南出版社 2006 年版，第 43 页。

两郡最初由郡县吏卒管理，在伏波拓边大军撤退之后，海南黎民不服当时汉王朝的统治，连续进行侵扰和反抗，使汉王朝不得不采取收缩政策，汉昭帝始元五年（公元前 82 年），废除儋耳郡设置，将其并入珠崖郡。汉元帝初元三年(公元前 46 年)，朝臣贾捐之作《罢珠崖对》，认为琼崖“独居一海之中，雾露气湿，多毒草虫蛇水土之害，……又非独珠厓有珠犀玳瑁也，弃之不足惜。”① 因此，朝廷将珠崖郡并入合浦，为都尉治。东汉时光武帝派遣伏波将军马援平定南方叛乱，汉军再度进入海南，恢复对海南岛统治，重设珠崖县，隶属于合浦郡。

三国时期，岭南统称交州，琼崖为吴国地，吴赤乌五年（242 年）在岛上复设置珠崖郡，属交州。西晋灭吴以后，撤销珠崖郡，置朱卢县统全岛，后又改朱卢县为玳瑁县，隶属于合浦郡（广西合浦县），后又改属交州统领。晋末，中国南北分裂，形成南北政权对峙局面，史称“南北朝时期”，海南岛先后隶南朝的宋、齐、梁、陈。元嘉八年（431 年），宋文帝刘义隆加强对南越的统治，在徐闻复设珠崖郡，统雷、琼两地，岛上复设朱卢、朱官二县。不久，又废珠崖郡，改隶越州合浦郡管辖。但是，由于南北战争连年不断，对海南岛的统治是极不稳定的，因此，到了南齐、梁初，又基本放弃了对海南岛的统治。至此，自汉昭帝始元五年（公元前 82 年），海南岛改隶于合浦郡“遥领”，至南梁初整整六百年中，海南岛的政局是不稳定的，建制时置时弃，时复时罢。公元 535—546 年，南越著名女首领冼夫人“请命于朝”，在海南岛设置崖州，治所在儋州义伦，崖州之名自此始。此后，中央王朝对海南岛的统治日益加强，建制也不断发展壮大。

隋文帝重新统一中国之初，海南因袭这一行政建制。隋炀帝时期，全国改州为郡，大业三年（607 年）改崖州为珠崖郡，下设 10

① （东汉）班固：《汉书》（中）卷六十四下，上海古籍出版社 2003 年版，第 2001 页。

个县，郡治设在儋县中和，海南岛的行政建制比前朝更为完善，除中部深山外，环海四周都已设立县级建制。

唐代是我国历史上的盛世，武功文治卓越，对海南开拓较广，设县也较多。唐武德五年（622 年），改郡为州，珠崖郡改为崖州，全岛共设三州，即崖州、儋州、振州，分领十二县。到唐代贞观元年(627 年)，把全国分为十道，海南属于岭南道，设道之制自此始。崖州设置都督府，督率崖、儋、振三州军事。贞观五年，从崖州分设出琼州（琼州之名自此始)。唐天宝元年（742 年），又改州为郡，将崖州改为珠崖郡，琼州改称为琼山郡，万安州改为万安郡，儋州改为儋耳郡。唐肃宗乾元元年（758 年)，复改郡为州。直到唐末，海南设有五州二十一县，这是海南岛历史上行政建制设立州县最多的时期。隋代以前，海南岛的政治、经济、文化中心以岛西的儋州为中心，唐代已移到以岛北崖州（近琼山县）为中心。

安史之乱后，唐朝国力衰弱，变乱四起，最终于天祐四年（907 年）灭亡。此后中原大乱，中国分裂为“五代十国”（907—960 年）的混乱局面，是时海南归属于南汉政权，县数大为削减，全岛行政区划收缩为五州十三县，即崖州、琼州、万州、儋州、振州。

宋朝对海南各州县进行调整，开宝五年（972 年)，将崖州（治于琼北舍城）并入琼州，将振州(治于今三亚市崖城镇）更名为崖州，这时全岛共设四州十三县。宋朝熙宁四年（1071 年)，将琼州治地迁往今府城镇，仍称琼州，六年设“安抚使”统领全岛，琼州总领海南全岛自此始。时废州为军，直到南宋末年，海南岛共置一州、三军、十二县，其中琼山、澄迈、文昌、临高、乐会五县属琼州，万安军、南宁军、吉阳军分辖七县。

元朝中央政府设中书省，地方设行中书省，行省之制自此始。当时全国设置十一个行省，琼州隶属于湖广行中书省。省下设宣慰司，统路、府、州（军）、县。至元十七年（1280年），立海北海南道宣慰司，琼州划归海北海南道管辖。至元三十年，改置琼州路军民安抚司。元天历二年（1329年），又改称为琼州乾宁军民安抚司。元末至正九年（1349年），广西省成立，琼岛又改隶于广西行中书省。至此，琼州路乾宁军民安抚司下辖四军、一州、十二县。

到明初，将元时琼州乾宁军民安抚司改为“琼州”，洪武三年（1370年）升琼州为府，以儋、万、崖为属州，隶属于广东布政使司。清代沿用明朝建制，“琼州府”仍是海南岛最高的行政管理机构，沿用明末儋、万、崖三州十县。不久改府为道，琼州府改为“雷琼兵备道”，下辖本岛三州十县。光绪三十一年（1905年），因崖州黎民暴动，清廷为了加强统治，遂将雷琼道改为琼崖道，升崖州为直隶州①，自此，并称海南为琼崖，民国初期仍设琼崖道，民国十年（1921年）废除道制。

海南岛由于远离中土，孤悬海中，交通不便，历朝历代被视为化外之地，其地位不受重视。清代何绛云：“得其地不足益国家分毫之赋税，得其人不足当一物之用。”直到清末，列强环视中国，海南岛的地位和重要性才引起国人的讨论和关注。

（二）人口、语言、民族

历代海南岛的确切人口是无法知道的，因未做过统计，所有的数字都只是推测。海南岛在汉代划入中国版图，据《汉书》记载：“儋耳、珠厓郡皆在南方海中洲居，广袤可千里，合16县，户二万三千余”②，推测当时人口数量为23000户。南北朝时期，据北魏郦道元《水

① 直隶州：明、清地方基层政权，以直隶于布政司而得名，与一般隶属于府、州的不同。

② （东汉）班固：《汉书·贾捐之传》卷64下，中华书局2012年版，第245页。

经注》载：时海南人口“有十余万家”①。而隋统一后，社会相对稳定，促使海南岛的经济发展，人口也不断增长，据《隋书·地理志》载：隋统一后全国的户口统计，海南岛有一万九千五百户。到宋代（960—1268年）元丰年间，全岛计有一万零三百一十七户②，如每户以五口计算，约有五万多人。此后人口数量逐渐上升，《正德琼台志》载：元朝海南约有九万二千二百四十四户，166257人。

明朝（1368—1644年）在统一全国之后，为了征收赋税和徭役，于洪武十四年（1381年）开始在全国进行户口登记和土地调查。据海南岛史志记载，海南岛的户口登记是洪武二十四年才开始的，比全国落后了十年，当时全岛有68522户，或人数为298030人，人口比元朝增长了85%以上，到了明永乐年间，由于社会稳定，经济发展，人口迅速增长，全岛总人口将近四十万。

清代经历“康乾盛世”之后，社会安定，经济发展，人口增长迅速，尤其是海南山区黎族归附者日众，据嘉庆《大清一统志》记载，时海南岛计有1492609人，比明朝最发达时期增加近三倍。清道光十五年（1835年），在海南岛进行了临时人口调查，当时全岛人口为1250854人。民国十七年（1928年），除去岛内腹地的黎苗不算，户口为272900户。民国二十二年（1933年）绥靖公署再次调查，全琼户数为426829，人口2160203人。

琼州各地语言有所不同，大致分为琼州话、临高话、军话、客家话和黎话五种。琼山、文昌、澄迈、定安、琼东、乐会、临水、万宁、感恩各县人民操琼州话，这种话音调短促，略似福建漳州、泉州地区的口音，但实际不是。临高话是散居临高、儋县及昌江、墩头北

---

① （北魏）郦道元：《水经注》卷36，中华书局2009年版，第300页。

② 《宋书·地理志》。

部居民习用的语言，似乎是由粤语、官话、客家话三种语音混合而成。军话为散居儋城、王五长坡及昌江、崖县县城人民所习用，土人称之为官话，大概因其类似普通话。客家话是从广东东江迁来的客家人使用的语言。黎话是土著人语言，操用者多环居在五指山麓。上述语言中，说琼州话的最多，而琼州话中，则以海口语音为纯正。海南岛的居民大部分是移民的后裔，岛上的方言保留了很多原来语言的痕迹，比如有的地方与福建省的民族很少有语言理解上的障碍。

在清朝，海南岛汉族占了十分之九，多半由福建、广东、广西各省迁移而来，其余是黎族。近海四周地带都由汉人居住，北部平原地带人口稠密，南部山区地带人口较为稀疏。腹地山区则由黎族人居住，黎族分为“侾”、“杞”、“本地”、“美孚”、“加茂”五个方言区，总称黎。关于黎族的起源无从考证，黎族人如果不是土著人也是比汉族更早的一批移民后代，一般认为是百越族的分支，传说他们的先祖曾经被雷带到岛上，存放在山里，生出一个女子，她长大后，一个寻找香料的人来到岛上，遇上这个女子，便向其求婚，女子接受了请求，于是他们有了很多后代——黎，所以这女人被称为“黎母”，或黎族人的母亲。岛上一片主要山区也因此命名为黎母山。

黎族人与汉人的身体特征基本相同，比较容易区别的是他们棕色的皮肤，总体外貌近似马来人或东南亚及临近岛屿的棕色人种，高颧骨，棱角比汉人明显。头发是黑的直发，不修剪。男人头顶前面部分的头发扭成一个结，用一木制的、骨头的或金属的插子从中穿过固定，其余头发则在脖子后拧成一个更大的发结系着。

黎族人装束简单，大部分男人仅仅在腰部简单地裹一块三角形的布，但有少数再加一条长布缠在腰间。然而有些长期居住在汉人中间的黎人穿着与汉人同样的服饰，宽松的长裤子和短上衣，不过通过肤色和特征仍然很容易将他们与汉人区别开来，也可以通过独特的头发式样辨别。

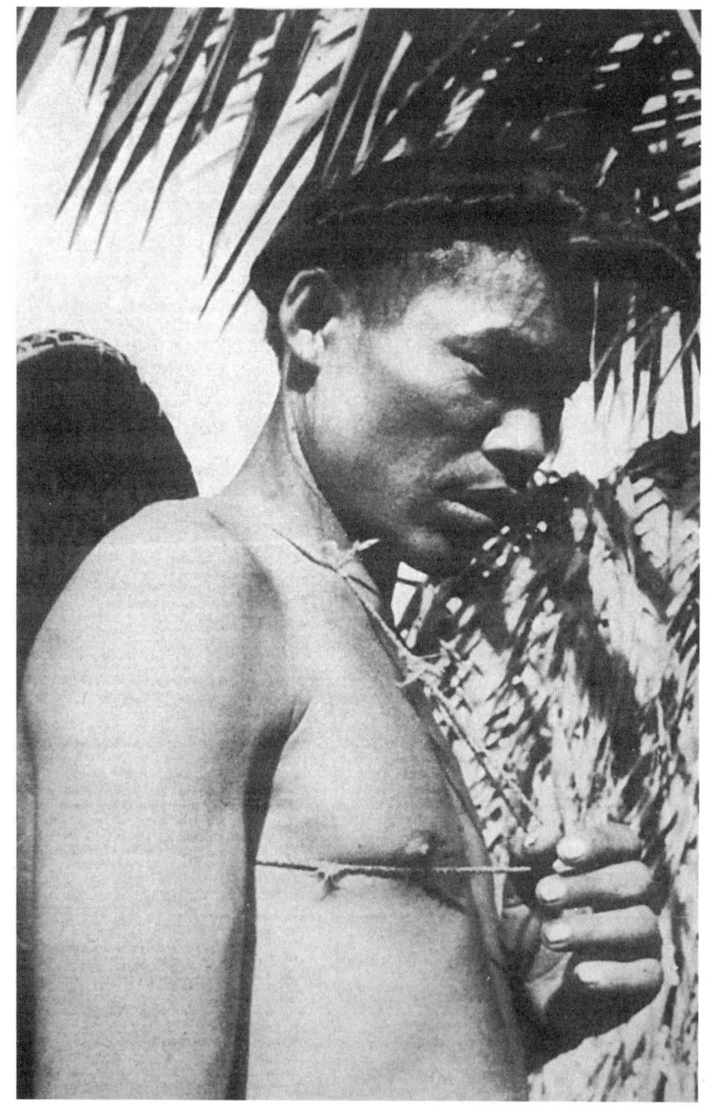

◆ 晚清的黎族男子①

① 图片来源：[意] 罗斯辑：《海南岛史料》第 156 册。

◆ 黎族男子的发式①

◆ 黎族妇女的发式②

---

① 图片来源：[意] 罗斯辑：《海南岛史料》第156册。

② 图片来源：[意] 罗斯辑：《海南岛史料》第156册。

黎族人看上去性格沉郁，除了受到刺激或者受自我保护的驱使，他们一般不主动进攻，但是如果受到侵害或者受到压制，他们会迅速反击。

◆ 准备射箭的黎族猎手①

黎族人分成两类，生黎和熟黎，生黎居住在五指山中，是尚未接受汉人官府统治、不与汉族居民往来的黎族人。生黎大部分以打猎为生，他们的武器具有原始部落的工艺特点，主要有矛、棒、弓和盾，盾牌用藤条制成，能操持弓箭的被视作能手，所用箭镞是木质或竹质的，有时候带着骨质的尖头，偶尔带上毒药。熟黎包括那些已经部分开化，承认官府管理范围的黎族人。熟黎耕作土地，从事一些与汉人的贸易，他们聚集在山里，往来于一些小镇之间，出售大米、木柴、木料和几种贵重的木材。他们用一种经过加工、图案整齐的布和一些其他物品，换得烟草、棉花和一些杂货。为了贸易，汉人进入到熟黎管理的山区已经有一个世纪。

黎人的居所并不固定，只要有水草和可耕种的地方就可居住，耕

① 图片来源：[意] 罗斯辑：《海南岛史料》第156册。

地选在有林木的山坡，不懂得施肥，在移动耕种前必须放火烧山，把山上所有草木烧尽，然后从事耕种，等地力消耗之后，举族迁移，再另外选择相同之地进行同样的烧山耕种。

◆ 屋檐是苗族人休息的场所①

海南岛居住的人口中有少量苗族，是明代朝廷从广西等地作为士兵征调而来，撤防后一些苗族士兵落籍海南，其子孙散居在山谷，主要分布在海南中部山区，以种山稻为主，一年一移，居无定所。苗族男子头上裹布，穿无领右襟上衣，着短裤。妇女头顶束发，包扎一块绣有图案的方巾。苗族女子的衣着很朴素，上身穿无领、右开襟、长及膝盖的长衣，仅有一纽扣，腰间系一条绸带，下穿短裙。苗族传统

---

① 图片来源：[意] 罗斯辑：《地理材料（海南游记、札记）》第7册，民国年间，活页装，粘贴本，中山图书馆藏。

居住在长而窄的金字形茅草屋，屋檐较长，檐下走廊是休息的地方。

◆ 苗族村落①

◆ 苗族猎手②

---

① M.M. Moninger, Hainanese Miao, *Journal of the North-China Branch of the R.A.S,* Vol. LII 1921. 载［意］罗斯辑：《海南岛史料》第 179 册。

② 图片来源：［意］罗斯辑：《海南岛史料》第 156 册。

◆ 用竹筒挑水的苗族妇女①

◆ 苗族妇女服饰的图案②

① 图片来源：[意] 罗斯辑：《海南岛史料》第 156 册。

② 图片来源：M. M. Moninger, Hainanese Miao, *Journal of the North-China Branch of the R.A.S.*, Vol. LII 1921. 载 [意] 罗斯辑：《海南岛史料》第 179 册。

◆ 苗族妇女①

（三）清末的名胜古迹

海南岛远离中土，孤悬南海之中，交通不便，向来被视为恶土，唐宋以后，戴罪朝臣往往被贬谪到此，唐朝李德裕有诗云："一去一万里，千之千不还，崖州在何处，生度鬼门关。"诗中把琼崖视作鬼门关一般可畏，此种偏见不但唐代如此，即使到了宋代还是如此。一代文豪苏轼被贬至昌化军，感叹："并鬼门关而东骛，浮瘴海以南迁，生无还期，死有余责。"②甚至在明清，海南岛仍然被当作逐臣亡命之所，清代有崖云居士文云："琼崖僻处天南，其人民被发文身，不足与中土先进之民齿比。其地斥卤不毛，有多瘴疠疾病，中土人民视为畏途，为罪徒谪戍之地。"人们不但视琼崖为畏途，而且极其轻视之。

---

① 图片来源：［意］罗斯辑：《地理材料（海南游记、札记）》第 7 册。

② （宋）苏轼：《到昌化军谢表》，载《苏轼文集》（第二册），孔凡礼点校，中华书局 1986 年版，第 707 页。

◆ 海瑞像①

虽然琼崖的经济和文化进步比较迟缓，然而却拥有优美的风景，丰富的物产，自唐以来被贬官员在海南留下了许多文化遗迹，迁客骚人在海南多有传扬中原文化之功，不少遗迹即为缅怀贬官在海南的事迹所建，成为海南独特的人文景观。海南岛的乡土人物则以明代大学士丘濬（丘文庄公）和海瑞（海忠介）为最知名。

全岛的名胜，若以类划分，可归为下列八类：

1. 山岭　以定安的五指山、黎婺山、文昌七星岭、铜鼓岭，琼东的多异岭、乐会白石岭、圣石峰，临高的毗耶山，儋县的松林山、龙门山、石船山，昌江的峻灵山、九峰山，感恩的黎虞山，崖县的南山岭、迴风岭，陵水的小五指山，万宁的东山岭等最为著名。

2. 岩洞　琼山的鹤山洞、龙岩洞，澄迈的仙洞，儋县的那细山洞，感恩的钟鼓岩，崖县的落笔洞与大、小洞天，陵水的石室，万宁

① 图片来源：[意] 罗斯辑：《海南岛史料》第 81 册。

东山岭的三十六洞等最为著名。

◆ 苏文忠公笠屐图拓片①

3. 水泉　有琼山的清水湖、雷公滩、浮粟泉、海公泉，定安的清潭、泵井、双水廉（帘）、瀑布水，琼东的赵湖，乐会的泮池、温泉，澄迈的内、外水帘、水曲泉，临高的百仞滩、美陇滩、澹庵泉、冷热泉，儋县的银塘、白马井、茹泉、相泉，昌江的神泉、仙井，感恩的温汤泉、老马井，崖县的热水池、镜湖，万宁的白石湖、热汤泉，等等。

4. 洲屿　如琼山的白庙墩，乐会的莲花墩，感恩的鱼鳞洲，崖县

① 图片来源：[意] 罗斯辑：《海南岛史料》第 156 册。

的东、西玳瑁洲，陵水的木棉墩、双女屿，万宁的独洲山，等等。

5. 祠庙　最为著名的当属琼山的苏公祠、五公祠，定安的冼太夫人庙，儋县的东坎庙，昌江的峻灵祠，崖县的李德裕祠，等等。

6. 亭阁　如琼山的望阙廷、望沙亭，定安的建江楼，临高的茉莉轩，儋县的桄榔庵，等等。

7. 名墓　如琼山的丘公墓、海公墓，定安的王忠铭公墓，昌江的赵公墓，等等。

8. 古迹　如琼山的丘公宅、海公宅，定安的王忠铭公宅，忠州故址，临高的买愁村，崖县的还金寮、烧旗沟，等等。

◆ 海公泉名胜①

① 图片来源：《旅行杂志》1937 年，载［意］罗斯辑：《海南岛史料》第 124 册。

其中被贬官员在海南留下的文化遗迹，留存到清末的有：(1) 宋朝赵鼎墓，在昌江县东南。(2) 海山楼，在琼山县城南，宋代陈瓘有诗记载。(3) 通潮阁，在澄迈县治以西，宋代苏轼被贬琼州后，常到此地，并留下诗句。(4) 六瑞堂，在琼山县南进楼下，为郡守王光组所建。(5) 载酒堂，在儋县城南，儋州人黎子云的居所，由苏轼为其题名。(6) 尊贤堂，在儋县东边，为苏轼居所，郡守为祭祀苏公而建此堂。(7) 洞酌亭，建于琼山县东北双泉上，苏轼有诗题于泉上。(8) 鑑亭，在万宁县城东，为元代邱世杰所建。(9) 桄榔庵，在儋县城南，为宋朝苏轼所建。(10) 明朝丘濬墓，在琼山县城西五原都水头村。(11) 明代海瑞墓，在琼山县西滨崖村。

◆ 丘濬故居内堂①

① 图片来源：[意] 罗斯辑：《海南岛史料》第 81 册。

清夜無塵月色如銀酒斟時
須滿十分浮名浮利休苦勞
神似隙中駒石中火夢中身
雖抱文章開口誰親且陶陶
樂取天真幾時歸去作箇閑
人背一張琴一壺酒一溪雲

底事來往如梭待閑看秋風
洛水清波好在堂前細柳應
念我莫剪柔柯仍傳語江南
父老時與曬漁蓑
元祐六年十月二日
眉山蘇軾書

◈ 苏东坡墨迹①

① 图片来源：[意] 罗斯辑：《海南岛史料》第 161 册。

第三章　清末海南社会

清代因袭明朝建制，海南岛建制为琼州府，隶属广东提督管理，下分13个辖区，即3个州和10个县。琼州府主要的城镇都位于或靠近海岸，从东部的府城开始，依次有琼山县、定安县、文昌县、会同县、乐会县、万州、陵水县、崖州、感恩县、昌化县、儋州、临高县和澄迈县。这些辖区一般位于沿海，向内陆延伸40至70公里，剩下的地区由黎族人或土著人居住。

琼州府的府治位于距海口5公里处的内陆，一条旅客常常经过的道路通向平缓起伏的乡村。这个地区人口很少，但有小规模的贸易在进行，总体方面显得破烂和衰败。岛上最南端的崖州是中国最南端的城市，仍然处于未开发的状态，城墙内的大部分地方都是荒地，草木丛生。13个辖区的府治是地方行政官员的居住地，官员隶属于琼州府管理，后者则隶属于道台或巡道，又称雷琼道，住在府城，其管辖范围超过对面雷州半岛的雷州府。1738年海南道改称雷琼道，官员称为道台，由于巡视的地方偏远，因此比一般的地方官员有更大的权限，还负责岛上的税收，而不必移交给广东省司库。岛上的军事力量由在府城的镇台掌控，他还管理为数众多的汉人居住地边界的黎务官员。海南每年向朝廷进贡黄金、珍珠和玳瑁等。海南岛的海关税收由粤海关所辖的海口总口负责征收，由琼州府的下级官员海防同知监管，在海岸的不同地点设有 9 个较小的关卡，称署税口。

一、未开发的处女地

清朝末期，琼州府的海口在海南岛居主要贸易地位，许多船只聚集在港湾里，城市显示出相当明显的贸易迹象，主要与广州、澳门和潮州（汕头）进行贸易。外国的棉制品、原棉、粗糙的本地纸、陶器、大米、食盐、汉人的杂货用品和其他日用品是主要的输入品，鸦片的进口量与其他进口货物一样不大，主要输出的商品是糖，其次是花生油和花生麸，再就是芝麻油和槟榔果，最好的槟榔果从东海岸的陵水输出。此外，可可、藤条和一些贵重木材、少量黄蜡、木炭和木柴以及其他货物也在输出货物之列。

鸦片战争前，海南的出口额和进口额基本持平。鸦片进口量每年在 600—700 箱之间，其价值约为 350000 银两。自清朝道光年间鸦片输入后，海南岛逐渐变得贫困，其结果鸦片消耗了大量的资金。贸易和农业的收益过去用于管理民众和改善社会条件，到清末却被到处充斥着的鸦片嗜好所消耗，到处是贫苦的人民和贫困的现象。

晚清时期海南岛流通一种与广州同样的钱币，那是一种劣质钞票。普通的墨西哥元也是流通货币，但有 4%或 5%折扣。清末海南岛有少量的手工制造业，但是与上面所提到的出口商品并无多少关联。琼州府以椰壳雕刻出的漂亮茶壶、杯子和碗出名，也有木雕的珠子和装饰品。岛上有许多优质木材，有记载东印度公司罗斯船长在 1817 年航行到海南岛东南海岸，看见很多属于这个岛的渔船，船的木料坚硬厚重。

海南岛东南海岸有很多渔船，远洋的渔民每年驾船出海捕鱼两个月，到离家 700 至 800 海里的地方，设法获得玳瑁、鱼翅，由此，他们发现了位于中国东南海域大量的暗礁和浅滩。渔民的捕捞活动从 3 月开始，他们先到达一些岛屿，留下几名船员和一些新鲜水产后，船队继续航行到靠近婆罗洲的一些大渔场，捕捞持续到 7 月上旬。返航的时候，沿途接上之前留在小岛上的船员和他们的收获物。这样的渔业方式直到清末依然存在。

在冬季的几个月里，海南岛附近水域会有大量的鲸鱼出没，每条鲸鱼有 3 至 25 吨，渔民们组织小船队追捕它们。50 艘或略多一点的小船组成船队直接驶向鲸鱼，船头的一个渔民将鱼叉插到鲸鱼背上，然后拖拽到浅滩。这种方式显然很危险，但比一个沉着和老练的渔民操纵着小船捕鱼的方式得到的回报要大得多。

◆ 牛车是海南岛常见的交通工具①

海南岛过去有海盗出没，如在陵水，有几艘大的出海平底船，这些船用不同于岛上渔民所用的一般方法建造而成，高高地停泊在礁湖

① 图片来源：[意] 罗斯辑：《海南岛史料（文艺、风俗、边务、糖业）》第 98 册。

岸边干燥的陆地上和附近的小村庄。当有外来船只靠近时，便有几个满脸疑问的人上前盘问，首先问来船是否是炮艇，显然这些人有过遭遇炮艇的经历。事实上，岛上居民中没有多少人从事海盗行当，相反，临近的大陆流传着对海盗的咒语，反映出当时海上贸易是极其危险的，这种危险经常扩展到沿海地区，贸易活动常常遭受不法海盗的劫掠。海南岛北部东京(广州）湾曾经是欧洲人贸易的一个重要地点，一个半世纪以来，猖獗的海盗出没于这片海域，海上劫掠摧毁了从前的生计，毁掉了赖以兴旺的物资来源。

在海南岛临海地区，不同地区之间的往来大部分依靠平底小帆船，小船沿着海岸从一个地方到另一个地方。像华南大部分地区一样，陆上道路状况不好。岛上有两条大路连接琼州府和崖州，一条沿着东海岸，一条则沿着西海岸。两条大路穿过位于两地之间的各个城镇，东线虽然比西线要短些，但是旅行更困难，因为在南段是连续的险峻陡峭的小路。一般的旅行办法是骑马和坐独轮车（手推车）。那种马是一种在南方省份常见的马，比北方的马要小，但强壮结实。独轮车一般用于旅行和运送货物。上层人物一般乘轿椅旅行。简陋的小型牛车在农业区域是常见的一种交通工具。

二、西方人视野中的天堂

1858 年，清政府与英、法等国签订《天津条约》，增开牛庄、登州、营口、琼州等九处为通商口岸，琼州开始引起世人关注。1860 年《天津条约》正式换文生效，之后，清廷分别与德国、丹麦、比利时、西班牙、意大利、奥地利等西方国家签订条约，条约均规定琼州为通商口岸。开放琼州极大地方便了外国人进入海南岛活动，一些西方人士为了不同的目的陆续进入海南岛，留下了许多关于海南岛的著述，从西方人的视角展示清末海南社会的状况。

（一）欧美学者对海南岛的考察

清末先后到达海南岛的欧美人主要是外交官、军人、学者、传教士和旅行家，他们的身份不同，来琼的目的各异。外交官因公务而登岛；学者主要是为了考察海南岛自然、资源及人文地理，其中的人类学家、民族学家是为了研究当时学界尚未重视的黎族；传教士则热衷于传教，或通过医疗和教育活动让更多的人信奉基督教。

最早来琼考察的英国人是史温侯，此人为英国外交官和博物学家，他于1868年来到海南岛，考察岛上的动植物[①]。阿林顿（L.C.Arlington）是美国的一位汉学家，1880年曾经到海南岛作短暂停留。美国的新教传教士香便文（Benjamin Couch Henry，1850—1901）和美籍丹麦裔传教士冶基善（Carl C.Jeremiassen，1847—1901）分别于1880年和1881年进入海南岛，由于两人志同道合，一起筹划了一次穿越海南岛的行程，于1882年10月到11月间在海南岛进行了为期45天的考察[②]。几年后的1885年，另一个美国传教士纪路文（Rev. Frank Patrick Gilman，1853—1918）被美国长老会派到海南岛，协助冶基善进行传教活动。纪路文在海南进行传教的过程中对黎族人的方言和族源问题产生了兴趣。英国博物学家约翰·怀特黑德，在1899年为了躲避战乱从菲律宾来到了海南岛，目的是采集动物标本，他于这年3月5日从香港抵达海口，同年5月24日在山中采集动物标本中不幸感染痢疾而亡，死后葬于海口公墓。

---

① ［美］香便文：《海南纪行》，辛世彪译注，漓江出版社2012年版，第4页。

② ［美］阿林顿：《海南岛漫游》，《东亚》1941年第4期，载张红霞：《黎族藏书》（外文部），海南出版社2012年版，第418页。

◆ 西方学者在海南岛上发现的珍稀植物①

1. 学者眼中的自然之岛

19 世纪，由于细胞学说的创立、进化论的发表和遗传定律的发现，生物学在西方国家获得蓬勃发展。生物学研究动物、植物和微生物的生命物质结构和功能、它们各自发生发展的规律、生物之间以及生物与环境之间的关系，成为许多人热衷的一门学科。海南岛地处亚热带，阳光和雨水充沛，植物繁茂，到清末尚未开发，无疑是一处动植物的天堂，吸引了许多域外科学家探寻的目光。

英国人史温侯于 1868 年来到海南任琼州领事，在任期间他到各地进行动物标本采集，主要在陵水、三亚榆林港、儋州等地对鸟类进行考察和研究，是第一个在海南采集鸟类标本的西方人。从 1869 年

① 图片来源：[意] 罗斯辑：《地理材料（海南游记、札记）》第 7 册，（民国）活页装，粘贴本，中山图书馆藏。

起，他开始报道海南鸟类和兽类的情况，发表了第一篇关于海南鸟类的科学论文，题为《海南岛鸟类学论》，成为研究海南鸟类的先驱，他采集到的每件标本都成为最早的记录，甚至是第一次被描述的新物种。1900 年，同为英国人的怀特黑德发表了题为《约翰·怀特黑德的海南日记》，文章来自于他 1899 年在海南考察和采集动物标本时写下的日记，记录了在海南岛各地的一些见闻，包括当地的气候状况以及所见到的各种动物，如鸟、蝴蝶、鹿等，其中也记述了经过黎族村庄时所见黎人的发饰、服装、食物。

继英国人之后，美国人也进入海南岛从事考察。香便文是美国新教传教士，也是植物学爱好者。在 1882 年 10 月和 11 月间，他从广州到海南，与同是新教传教士的冶基善一同在海南岛进行了为期 45 天的徒步考察。两人从海口出发，顺西线经过琼山、澄迈、临高，从儋州南丰进入黎区，再沿黎母山西侧向南翻越白石岭，到达今琼中县的红毛镇。因途中受商人蒙骗，不得不掉头向北返回海口。他们一路调查当地民俗和人文风情，观察自然地理和动植物，收集植物标本，还医治病人，完成了艰难的考察旅行。香便文于 1886 年在伦敦出版《岭南纪行》一书，后半部分《海南纪行》记录了 1882 年考察海南岛的经历，真实详尽地反映了当时海南岛的社会状况，其行文简洁、流畅和优美，不仅具有历史学、人类学和博物学价值，也具有很高的文学价值①。香便文回到广州后，把在海南岛收集到的植物标本全部赠送给了当时在香港的植物学家汉斯博士（Dr.Herny Fletcher Hance，1827—1886）做研究，汉斯将这些标本分类整理，发表于专业杂志《植物学报》。可以说，欧美学者出于学术研究的目的进入海南岛，对于他们而言，海南岛是具有

① 辛世彪:《法国人萨维纳和他的〈海南岛志〉》，载［美］香便文:《海南纪行》，辛世彪译注，漓江出版社 2012 年版，第 12 页。

无限研究价值的地方。香便文认为海南岛是学术研究的迷人之地，他由衷地写道："我们看到海南岛在其历史上已经向学者们展开了诱人的几页，它的现状，它鲜明的自然特点，它未经全部认识的植物与动物，以及有关人种、宗教和原住民可能的命运等问题，一定能够引起旅行家和科学研究者的极大兴趣。"①

◆ 灌溉用的汲水车②

虽然欧美学者对海南的认识还处于初期认识阶段，但是这些深入海南腹地的考察和著述，具有筚路蓝缕的开创之功，为后来者的进一步研究提供了真实可靠的第一手材料，堪称海南研究的早期典范。

2. 关于海南岛的人文地理

美国汉学家阿林顿在 1880 年为了拜访在海口的朋友，第一次到海南岛游历，他主要到了海口港、海口公墓等地方，记下了沿途见

① ［美］香便文：《海南纪行》，辛世彪译注，漓江出版社 2012 年版，第 169 页。

② 图片来源：［意］罗斯辑：《地理材料（海南游记、札记）》第 2 册。

闻。1941 年他在《东亚》杂志上发表题为《海南岛漫游》的文章。与其他考察者同样的是，他回忆了第一次游历海南岛时所见到自然生态，岛上独有的动植物，让人恐怖的蛇和蚂蟥。他特别注意到海南岛的人文地理状况，比如海南岛南北地形特点，海口港的状况，海南政治区域的划分，汉族和黎族居住区域界限的划分，以及当地居民的温和性情，本地方言和外来福建移民的方言，还提到了苏东坡在海南的流放经历及其对海南的影响。同时，他通过考察海口的公墓，追溯了岛上的外来宗教传播情况。①

◆ 西方人学者眼中汉人居住地的人偶②

当西方学者踏上海南岛时，吸引他们目光的不仅是岛上独特的动植物，引发其研究兴趣的还有岛上的黎族。为了探寻这个族群，他们在极其艰难的条件下进入黎族居住地，开始了对黎族最早的研究。

① ［美］阿林顿：《海南岛漫游》，《东亚》1941 年第 4 期，载张红霞：《黎族藏书》（外文部），海南出版社 2012 年版，第 418 页。

② 图片来源：［意］罗斯辑：《地理材料（海南游记、札记）》第 7 册。

◆ 树洞住人①

19 世纪 60 年代末，史温侯在收集植物标本时就曾深入黎区，对黎族人的基本情况进行了调查，1871 年他在《皇家亚洲学会北华支会》上发表《海南土著居民》一文，介绍了海南岛及其海岛中部地区的黎族，记述了生黎和熟黎，黎人的起源传说、黎人的外貌、服饰、日常生活、风俗习惯、黎族的语言，尤其比较详细地考察了黎语的发音，文中配有黎语与英语的对照，还对不同支系的黎人发音与贵州土著方言的发音进行了比较分析②。1886 年美国传教士纪路文在《中国记录与传教日记》上发表《海南及其传教事业》一文，在第一章“海南概况与居民”中，他简要描述了黎人与汉人的不同方言，并推测了黎人的始祖。此外，1891 年，纪路文在《海南方言》一文中指出，美

① 图片来源：[意] 罗斯辑：《地理材料（海南游记、札记）》第 7 册。

② [英] 史温侯：《海南土著居民》，《皇家亚洲学会北华支会》1871 年第 7 卷，载张红霞：《黎族藏书》（外文部），海南出版社 2012 年版，第 429 页。

国汉学家卫三畏所著《华英韵府》，将海南方言等同于潮州话的提法有误，并将海南方言特有的语音现象做了分析，以论证自己的观点。1893 年，冶基善发表《海南黎族及其方言》一文，作者将其接触到的黎人称为白沙黎、剃头黎、双尖黎、小尖黎、儋州黎及临高黎，并将考察途中搜集到的各支系的方言进行对比。作者认为，这些方言或多或少有相似之处。

（二）关于海南岛的战略地位

西方人对于海南岛的考察，也有出于殖民扩张的目的。法国殖民者占据印度支那后，开始垂涎隔海相望的宝岛海南。当时的法属印度支那联邦总督保罗·杜梅（Paul Doumer）“一贯奉行炮舰政策，信奉领土扩张……一心要实施遏制英国势力和扩大法国在华南影响的计划……不遗余力地要把法属印度支那打造成‘第二宗主国’”①。1896 年，法国驻穗领事于雅乐（I. Huart）委托法国地理协会成员、著名探险家马德罗尔（Claudius Madrolle，1870—1949）赴海南勘测。马德罗尔从海口出发，沿逆时针方向主要对海南沿海地区的土地物产、地形地貌、地质矿藏、水文气象、动植物资源、地方疫病乃至人文语言等方面进行了细致的调查和勘测，并进行了详尽而专业的记录。

马德罗尔在其 1898 年出版于巴黎的《海南岛研究》一书中分析海南岛的战略地位：中日 1895 年条约，割让了中国的台湾岛，让海南成为天朝最后的海外领地，中国领土最令人垂涎的地点之一。日本成为第一个了解这个岛的重要性的国家，并且从 1896 年起它就试图用辽东交换海南。这个政治事件，在法国，当时人们不明白其全

① 郭丽娜：《论广州湾在法属印度支那联邦中的“边缘化”地位》，《史林》2016 年第 1 期。

部的后果，幸好没有任何下文，法国在中国南部的扩张没有感到受制。……海南的战略重要性，其在东京湾和中国海的位置，邻近雷州半岛和富有的广东省，基于这些原因，此岛应该会在未来引起法国人的兴趣并且让它进入人们可以称之为"法国可能的势力范围"①。他在1900年出版《海南及邻近的大陆海岸》一书，在此书的一张扉页上印刷着四行小字：服务于在中国的法国势力范围的研究。事实上，尽管出于龌龊的殖民主义占有目的，不得不承认，马德罗尔对海南的考察极为专业，在研究的深度和广度上，有些方面甚至超过了当时的我国学者。由此可见，19世纪末法国殖民者不仅深刻认识到了海南岛战略地位的重要性，而且已经对海南的真实情况有了全面深入的了解。

可以说，欧美学者多数出于学术研究的目的，在海南岛考察自然资源、搜集动植物标本，深入黎区对黎族进行人类学和民族学田野调查，开始了海南岛的早期研究。他们留下的著述向世人展现海南岛独特和令人向往的自然面貌。对西方学界来说，黎族是一个"新"的民族，值得深入调查和研究，他们的考察活动和著述，成为国际学术界黎族人类学、民族学研究的奠基之作。

三、清末海防危机和清政府对海南岛的治理

（一）清末海防形势

海南岛是一个周围环水的独立地理单元，在交通不发达的古代，

① Claudius Madrolle, *Tude sur l'le d'Hai-nan*, Paris: Société de Géographie, 1898, pp.3–4。转引自肖玮：《甲午战后海南岛未沦为法国租借地背后的英法博弈》，《海南师范大学学报》（社会科学版）2017年第1期。

这种地理的独立性对其发展有很大的影响。自从纳入中国版图以后，历代封建王朝对海南岛的统治，随着政权强弱采取不同的态度。

有清一代，地处天涯海角的琼州府，由于土瘠民贫，离京师甚远，“素无山贼出没，止有黎人为患”，在政治与军事上对天朝均构不成威胁，朝廷对海南采取了相对宽松的政策，客观上有利于海南经济社会的发展。清朝建立后200余年间，在广大汉族移民和黎苗人民的辛勤劳作下，海南人口增长，土地开垦与农业生产、手工业、商品经济、文化教育都得到发展。但是，毕竟由于孤悬海外，远离中国政治中心，加之长期的偏见，历代统治者对海南的开发都很消极，对黎族人民更是鄙视，认为黎人“未沾王化”。清政府为了加强统治，在海南设置“雷琼兵备道”，衙设道台，为最高行政长官。清康熙二十八年（1689年）在要道设立琼山水尾营、定安太平营等，派兵驻守。雍正八年（1730年），又在沿海通往五指山黎族聚居区要冲增设太平（今屯昌县南闾）巡检司、崖州永宁（今三亚籐桥镇）巡检司等五个巡检司，作为稽查过往行人和镇压反叛的专门机构，但依然“黎乱”不断，官兵连年进剿，始终不能平息。

清朝后期，长期的“黎乱”引起朝廷的重视，兵部侍郎曾纪泽、两广总督张之洞相继奏请“开道立县，以夷黎境”①。除了持续的“黎乱”，鸦片战争后，随着外敌的不断侵入，中国边疆和海防出现严重危机，作为南部海防的前沿，海南的形势也不例外。1858年清政府与列强签订《天津条约》，开放琼州为商埠，海南岛孤悬海外的情况发生变化。1886年法国吞并越南后，列强无不对海南岛起窥伺之心。光绪皇帝看到“琼州孤悬海外，备御空虚，甚为可虑”，随着越法事态的扩大，海防形势日益严峻，迫使清政府整饬边境，加强海防。

① 张儁:《崖州志 · 平黎 · 刑定论》卷14，郭沫若校，广东人民出版社2011年版。

（二）张之洞的设防、镇抚、开发政策

张之洞很早就看出广东海防的危机，他在1884年出任两广总督，担负起督饬海防和经略海南的重任。琼州府隶属于广东省，光绪十三年（1887年），张之洞由虎门放洋巡视琼州海岸，周览形势，并且兼着调查采访风土民情、考核吏事营伍等事。对于海南岛的地位，他说："琼岛一隅，在中国则如石田、如赘瘤，然令他人据之，则全粤不能一日安枕。"基于这一认识，他对琼州进行了一次全面的整顿。这位能做大事、善开风气的清末重臣，虽然知道海南"地方苦瘠，凭籍无资，其难易与台湾判若霄壤"，仍不遗余力地提出了一项史无前例的治理海南的计划，这是官方开发海南的第一次动议。

在分析当时海南情况之后，张之洞认为加强琼州海防建设，首要的任务是构筑有威力的炮台，围绕炮台的建筑，做几项实在的工作：派员测绘海南地图、展设琼州电线，为巩固海防建设榆林港、各处建置炮台。为了巩固海南岛沿海海防，防备当时外国军船的侵入，张之洞可谓殚精竭虑，实施方案也十分具体。这些炮台在当时是建成了，但现在只剩下海口秀英炮台的遗迹，供后人对当时这段历史的回顾。

对黎族聚居地，张之洞根据当时的实际情况，以"剿抚兼施"作为开发海南的基本方针。1885年儋州、临高旱灾，米价昂贵，人心动摇，各地相继发生黎人暴动。1886年10月，清廷下旨命冯子材渡海剿黎。冯子材根据各地黎情，采取不同的策略。中路和东路进剿为主，西路以招抚黎人为主，而对慑于清军威势愿意就抚的客黎，则押送渡海分发电白、吴川等县安置。至此，暴动的黎客民，除崖州外，全部被剿平，"计定、乐、陵、万、澄、感各匪已渐次

廓清”①。为了达到永靖地方的目的，张之洞上奏继续剿办崖州“黎乱”，光绪十三年（1887 年）派出冯相荣、冯相华督率各营士兵进攻崖州黎首所在地南林岭，至光绪十三年七月，官军肃清全琼暴动，冯子材撤军回防钦州。

张之洞在冯子材剿平“黎乱”之后，对黎区进行大规模的安抚治理，于 1887 年 2 月制定出《抚黎章程》十二条，就行政、经济、司法、交通、文教等方面制定了开发和治理海南的全盘计划，规定了开发黎区的具体内容和步骤，这是历代以来最全面最完善的抚黎章程。张之洞提出了以下几项开发海南的措施：

第一，以投诚各黎为先驱，军民共同开井字大道；第二，开通生黎大道后，设官抚治黎人；第三，“移民垦田”，即将山区以外沿海地区人稠田少的州县人民通过一定的优惠政策吸引到自然条件优越、适宜农业生产、山路开通的山区开垦荒地；第四，“招商伐木”，鼓励商人前往深山做木材生意，扶持琼州木材出口，规定由琼州出口的木料，三年之内免征所有关税、厘税，鼓励商人在经营木材的同时集资雇募黎歧开垦山中荒地；第五，“助商开矿”，采取三年内免征所有山税、关税及厘金政策，吸引商人到黎区投资开矿；第六，“设官之制”，主要是针对新开通之处，设立同知、通判、州判、县丞之类官职，设官的目的在于弹压黎村兼防土团扰害，并经理开垦、招商、修路之事；第七，“除弊化俗”，即采取体恤黎人和保护黎人的政策。具体办法是：广兴义学，延请塾师教汉语汉文；增加科举中额；明法度，严惩欺骗盘剥黎人的奸商、扰索黎人的团勇及诬害黎人的奸民。

通观《抚黎章程》，其目的一是疏通海南黎区的交通，打破黎区

---

① （清）张之洞：《剿抚各黎开通山路折：奏议 19》，载《张之洞全集》第 2 册，河北人民出版社 1998 年版。

与外界隔绝状态；二是在黎区垦荒；三是在黎区设市交易，以加强黎汉的交流；四是对黎人进行教育，以加速黎人的开化。张之洞深知历代以来，汉族在外，黎人在内，内外发展极不平衡，广大黎区大都处于原始状态，政府对黎区管辖松散，这很大程度上是历代“黎乱”的根本原因。在开通大道的同时，张之洞下令设立抚黎局，至光绪十五年（1889年）八月，先后在岭门、南丰、乐会、悯安、乐安等地设立抚黎局11所，抚黎局长由地方政府直接委任汉族官吏。抚黎局下，统辖县属黎境，黎总之下有总管统辖全峒，峒内黎户实行保甲制度。这样清政府在政治上、经济上加强了对黎族的统治，对黎区的控制较以前要直接得多。

张之洞这一系列的开发海南的方案，旨在改变海南的“榛狉未开”和动荡不安的社会状况，经过大胆的实践，在一定程度上变成了现实。张之洞任两广总督期间（1884—1889年），海南各方面状况得到一定改善，首先是开通道路。前代曾有开通十字路之议，但未付诸实行。张之洞提出开大路十二道。这十二条路，全长3600里，在光绪十三年（1887年）四月已完成十分之四。此外，劝督各州县团绅另开小路22条，与大路接合。所修12条大路外加22条小道，使岛上交通纵横交错，首尾相接，基本可四通八达。道路的开通，使得山区也得到一定程度的开发，张之洞在奏折中记载：“伐木、垦田、开矿三端，前经奏明招商办理，现在陵万、崖州一带木料已畅出十余万株，商人集资前往认办者络绎不绝，琼山之岭帽塘、昌化之大聘村、临高之番枢等处地方，开垦成田者数百亩至二三千亩不等。昌化大艳山铜矿，铜苗最旺，……另勘得会同、乐会交界之双滩，铜矿甚旺，现已招商试办。”①

① （清）张之洞：《剿抚各黎开通山路折：奏议19》，载《张之洞全集》第2册，河北人民出版社1998年版。

海南的商业也有所发展，开辟了集市贸易，“设立墟市数处，商贩云集，如定安之荔支园、陵水之闵安墟、儋州之薄沙峒、牙旺村等，民黎食货交易日多。”① 在教育方面，在各地设立义学乡塾，在化导琼黎之策中，特别强调每数村须设一义学，习汉文，讲圣谕，经费就地筹办。因此，每建墟市处，人口比较集中的就设有一义学，如凡阳墟市，设义学，有黎童五六人入学。万州设有义学六处，“黎人子弟多有来附者”。光绪十五年，海南设立管理黎务机构——抚黎局，专门负责在黎区“平决争讼、缉拿盗匪、修路垦田、设墟招商”等事宜，这一机构的设立，有利于海南开发的进行和社会的稳定。十二大道及诸多小路的开通，大大方便黎汉之间的交流，也便于政府的管理，为海南的近代交通奠定了基础。

张之洞以他的广富见识和魄力，果断地实施了前人治琼未想到的事，对海南黎区实行镇、抚、开发的一系列措施，暂时稳定了海南黎族动荡不安的局面，对于处于落后状态的海南岛具有重要的历史作用。不过，清朝末期，国家积贫积弱，海南经济发展十分困乏，虽张之洞殚精竭虑也无济于事。1889 年张之洞离开两广到湖北上任，经略海南也随之偃旗息鼓，海南开发的道路尚十分遥远。

（三）“井”字形道路的开辟

交通与社会经济的发展有着密切的关系，交通发达，社会经济就会获得长足的发展。反之，交通落后，道路不畅，社会经济的发展就会受到阻碍。清末光绪年间，清政府开发海南岛是一次卓有成效的壮举，而位于垦田、伐木、开矿、设市和兴学之首的开路，是各项开发

---

① （清）张之洞：《剿抚各黎开通山路折：奏议 19》，载《张之洞全集》第 2 册，河北人民出版社 1998 年版。

中取得最显著成效的一项。张之洞等在治理黎族地区的同时，对开通海南岛民族地区的道路至为关注和尽职尽力。

为了取得预期的成效，张之洞和冯子材对工程巨大的开路进行全面统筹，制定具体的规划。他们参考明代海瑞、俞大猷关于开辟海南道路之说，制定了开辟海南"井"字形大路 12 条及小路若干条的规划，并详细勘定了各条大道及小路的起讫地点、途经之地，确定了各条道路的主要负责人，明确了开路的具体要求，即：修路"统由冯子材考核督催，并琼州道府激励各属绅团同力协助。……纵横贯通，同时并举，分地定限，会合联接。勇团土黎并力作工。以一丈六尺为度，极险仄处以八尺为度，人力所不能施者，以炸药轰裂之。所到之处，伐木、焚莽、搭桥、凿井"[①]。开路期限由 1887 年 1 月 10 日兴筑至 1887 年 7 月竣工。就是说，在冯子材统一督促下，各道府官员要各司其责，绅团、兵勇及土黎要同心合力，以 8—16 尺宽为标准，想方设法在半年左右的时间里开通海南黎族地区的道路，改变黎族地区"逢山无路"、交通不便的状况。

1887 年 3 月，正式动工仅两个月的开路工程便初见成效，万州一地的开路最先传出喜讯。署崖州副将方敬致电报喜道："钟仁宠开路，由万州五甲，抵五指山下潘雅村。"[②] 到了 5 月，各地开路捷报频传，令人欣喜。方敬又致电："查由崖州西之九所市，经乐平汛，北抵凡阳，为南左路，开得二百八里。一由州东沟口汛，经只强村、通官坊、招线村、辨冲村、抱壁村，开得二百十五里，搭桥廿二条，凿井一口。一为南右路，由州西之郎葵汛，经抱怀村治，经罗活峒，抵官坊河止，会合官坊、招线村，接抵凡阳，开得二百三十五里，搭桥

① （清）朱寿朋：《光绪朝东华录》，中华书局 1984 年版，第 2270 页。

② 王树妫：《张文襄公全集（电牍八）》卷 29，文华斋刊刻印行 1928 年，第 9312 页。

廿二条，凿井二口。又由抱怀村分道，至崖州坡之覃寨、营门、抱安、乐所，共七十五里，搭桥八条。”① 此外，各地开路“工竣者……会同二，陵水三，澄迈二，临高二，定安二，乐会、感恩、昌化各一，均合于大路，以达五指”②。张之洞接到各地喜报后复电说：“崖路工成，请即委验。”③ 这一切表明，1887 年 5 月前，开路工程已在各地全面铺开，并取得了令人振奋的成效。7 月，冯子材兴致勃勃地电告路工已竣，“全琼黎峒各路开通。”④ 至此，大规模开路工程以成效喜人而告竣。

对开路所取得的成效，张之洞在给清廷的奏报中作了全面而详尽的记述。总而言之，“合并接算，计所开道路，共三千六百余里。……官开各路，林莽芟除，山石开凿，舆马俱可畅行者，十及其五。”⑤ 分而言之，则表现在如下两个方面：其一，“大路十二条，……已陆续遵照丈尺开通。”⑥ 即规划中的“井”字大路已基本按质按量修通。其二，共开辟小路二十二条，均已与大路接通。即“开小路万州五道：一由中兴市至乐会五村；一由番葛坡至陵水黎万、岭门；一由金鸡寮至分界水；一由黄麋坡至深阳；一由西峒至长沙。陵水三道：一由马岭弓至七指岭；一由文村弓至宝停司；一由北渡溪至腾桥市。定安四道：一由打运至三坎溪；一由铜甲口至牙打；一由新兴坡至打喃门；一由新兴坡至牛栏坪。崖州二道：一由郎荽汛至官坊河；一由抱怀村至乐安所。澄迈二道：一由岑墟至临高垂南村；一由岑墟至琼山那略大溪。儋州一道：由塘源市至元门峒。临高一道：由洋市

① 王树枏：《张文襄公全集（电牍八）》卷 29，第 9357 页。
② 王树枏：《张文襄公全集（公牍八）》卷 93，第 9357 页。
③ 王树枏：《张文襄公全集（电牍八）》卷 29，第 9357 页。
④ 王树枏：《张文襄公全集（电牍八）》卷 29，第 9373 页。
⑤ 赵尔巽等：《清史稿 · 边防》（第 14 册），中华书局 1976 年版。
⑥ 王树枏：《张文襄公全集（公牍八）》卷 93。

至加嘉村。感恩一道：由北黎村至古振州。昌化一道：由县城南经大田黎峒亦至古振州。乐会一道：自阳江市至黄村。会同一道：由石壁沟至万州什密村”①。

在张之洞、冯子材等督催下，经过绅团、兵勇及土黎数月的艰苦开山劈路，开发者完成了海南岛主要道路的建设，其数量是相当可观的，这就改变了自古以来山区地带交通极为落后的状况，为海南岛交通在近代发展奠定了基础。清朝开通黎族地区的道路，为顺利实施垦田、伐木、采矿等开发措施创造了条件，使“开土兴利”富有成效，这必然大大促进整个海南岛社会经济的发展。不仅如此，黎族地区道路的开通，使黎峒与峒外州县息息相通，便利了黎、汉等各族人民之间的交往，密切了民族之间的关系，有利于维护海南岛的社会稳定。

关于光绪年间海南岛民族地区道路的开辟及其成效，后人撰写的史书、县志都有所记载，事后进行过实地考察者也充分证实。《清史稿》记载：“光绪十三年，张之洞剿平琼州‘黎匪’，山路开通，收抚黎众十万人。”②《儋县志》记载：“山中道路已节节开通。”③《琼山县志》又记载：“开琼州黎山大路，一由定安岭门开通崖州乐安；一由儋州南丰开通宝停。”④《临高县志》也记载：“光绪十三年春，……开通‘十’字大路，直至五指山麓止，阔一丈五尺。……开入山小路，从县属之洋地方起，直至琼山县界番溪峒止，宽八尺。沿途各津要，设桥凿井。”⑤民国初年，广东省赴琼考察专员夏卓春先生实地考察后说，“从冯子材入黎峒，开军路成七条”，“此自西至东之路，已经开通，

① 王树楠：《文襄全集（奏议）》卷21。

② 赵尔巽等：《清史稿·边防》（第14册），中华书局1976年版，第4674页。

③ 彭元藻等：《儋县志》，海南书局1936年版，儋县文史办公室、档案馆重印1982年，第613页。

④ 朱为潮等：《琼山县志》卷28，琼山学校1917年。

⑤ （清）聂缉庆等：《临高县志》卷15，临江书院1892年。

今虽荒芜，当有遗迹可寻”①。尽管这些记载分散零星，一鳞半爪，不可能反映当时开路及其成效的全貌，且所记开路数量出入颇大，现难以确定，但它们充分证实和肯定了光绪年间清朝对海南岛民族地区道路的开辟及其所取得的成就。

◆ 天主教传教士在收获的农产品前②

应该指出的是，清末海南岛开通的道路是以通行畜力车为其标准的，与当时的传统交通工具相适应，泥土道路的质量不高，在海南岛多雨和台风的自然条件下，人迹活动不多便很容易荒芜。民国初年夏卓春先生实地考察时，许多道路需凭遗迹才可寻辨，所以，清末的开路没有从根本上改变海南岛旧的交通状况。

① 夏卓春:《夏卓春先生琼游笔记》，广东活版公司 1914 年版。

② 图片来源:［意］罗斯辑:《海南岛史料》第 17 册。

四、外来宗教的传播

西方宗教势力自明朝崇祯年间从澳门进入海南岛，1632 年传教士马尔凯斯和曼第日应礼部尚书王宏海之子王保罗的请求，从澳门到海南岛传教，他们到达海南岛后，首先给王保罗一家施洗，这是天主教在海南传播之始。之后，各国天主教传教士甘冒风涛之险，相继到海南传教。明末清初时期，是天主教在海南传播的一个高峰期，崇祯九年（1636 年）传教士将海南分为琼山、定安、仙沟、龙门四个教区。到顺治九年（1652 年），全岛载之名簿的天主教徒发展到 2253 名①。此后，清廷的禁教政策时紧时松，传教士在海南人数也时多时少，在鸦片战争以前，天主教在海南的传播基本处于停滞状态。

鸦片战争后，法国侵略者通过《黄埔条约》取得了在通商口岸建立教堂即传教之权，各国纷纷援例先后获得这一传教特权，于是传教士和外国商品源源不断进入中国。道光二十八年（1848 年），天主教罗马教廷将海南的传教事务交给了巴黎远东传道会，咸丰二年（1852 年），驻广州的法国巴黎远东传教会派出三名传教士到海南岛，这是中国近代史上西方教会派往海南的第一批传教士，其主要活动地点在文昌的昌造、定安县的深水田和琼山县府城镇等地。据史料记载，巴黎远东传道会在海南活动二十余年，先后发展教徒 840 人②。第二次鸦片战争后，清政府被迫与英国和法国签订《天津条约》，其中规定开放琼州为通商口岸，并允许英法等国家在海南设立领事馆，从此大批西方传教士以不平等条约为后盾，再次涌进海南。光绪二年（1876

① 参见王禹：《传教士在海南岛》，《清史研究》1997 年第 5 期。

② 参见王禹：《传教士在海南岛》，《清史研究》1997 年第 5 期。

年)，罗马教廷将巴黎远东传道会在海南的传教事务改由澳门传教会管理。清末宣统元年（1909 年)，天主教罗马传信部又将海南传教区域划归广州主教管理。法国教会派出的传教士，深入到海南岛各地，先后建立 16 座教堂，并在琼山府城镇设立孤儿院，在海口设立中法医院、圣保罗育婴堂和天门小学等。

◆ 天主教传教站的犁具①

天主教在海南加紧活动的同时，基督教新教势力也不甘落后。清光绪七年（1881 年）十一月，美国长老会教传教士派美籍丹麦人冶基善从广州抵达海南岛，率先在海口传教，这是基督教在海南传播之始。冶基善先在琼山县府城镇设立传教场所，于光绪九年（1883 年)，又在海口设立传教总部。1884 年，他在那大租了一间商店用作教堂，

---

① 图片来源：[意] 罗斯辑：《海南岛史料》第 17 册。

开始在客家人地区传教。作为传教的场所和辅助手段，冶基善与后来的传教士康兴利先后在海口和那大、嘉积等地建起福音医院和福音堂。其后，美国长老会先后派出一批传教士到海南岛内各县进行传教活动，并成立了长老会海南教区。此后，传教者越来越多，民国初期海南岛有传教士 25 人，传教区域也逐渐扩大，长老会先后在那大、海口、府城镇和嘉积建立教会住宅区，成为基督教会在海南传教的大本营。

◆ 海南岛上的传教士墓地①

基督教势力在海南发展迅速，以那大、海口、嘉积为例，基督教传播的情况可见一斑：海口教会设在盐灶村，有福音堂 1 所，传教士 1 人，附设福音医院 1 所，圣经学校 2 所。那大教会有福音堂 1 所，内设医院 1 所，高等小学校 2 所，传教牧师 1 人。其下属各地分支教堂 9 所，兼办有初等小学堂，每校学生二三十名。嘉积教会有福音堂 1 所，附设医院 1 所，小学校 2 所，传教牧师、医院院长 1 人。民

① 图片来源：［意］罗斯辑：《海南岛宗教资料》第 180 册。

国初期信教人数达4000人，以澄迈最多，其次为定安、儋县、临高、琼山、文昌、万宁，其他如乐会、陵水、崖县、感恩、昌江5个县则占极少数。除传教外，教会举办学校、医院等慈善事业，在黎峒亦派人传教办学，其成绩颇为可观。

◆ 西方传教士在岛上建立的教堂①

西方教会势力之所以在海南发展如此迅速，一方面是西方传教士以列强的炮舰为后盾，以不平等条约为护身符；另一方面是得到腐朽的清政府（后来是北洋政府和民国政府）的支持。近代海南名人王国宪尖锐地指出："慨自咸同以来，约许洋人互市，有传教保教之条，而洋人西教入琼遂显，与圣教（儒教）树之敌人。入西教者，凭藉势力报复寻仇，则激成教案。而官不为持平，执公法以争之，屈民申教。"对帝国主义利用宗教进行侵略和清朝地方官吏的腐败进行了有力的抨击。

① 图片来源：[意] 罗斯辑：《剪报（有关海南岛风土人情及传教士的文字照片）》第412册。

◆ 以传教目的来到琼崖的西方人，也从事慈善活动，创建学校和医院①

◆ 传教士居住地②

① 图片来源：[意] 罗斯辑：《剪报（有关海南岛风土人情及传教士的文字照片）》第412册。

② 图片来源：[意] 罗斯辑：《剪报（有关海南岛风土人情及传教士的文字照片）》第412册。

第四章　琼州开埠与海南社会近代化

海关，是国家监督管理运输工具、货物、物品进出关境的行政管理机关，是随着社会商品经济的发展，国际交往和贸易往来不断扩大而建立、健全和发展的。在唐代，我国经济进一步发展，造船技术进步，促进了中外海上交通和贸易的需要，开元二年（714年），设立了管理外国货船的官府机构——市舶司，同时出现了管理海外贸易的官员，逐渐建立了监管进出口船舶、货物及征收关税等业务规章制度。

海南岛的对外交往和贸易始于唐代，到了宋代，海南与大陆和东南亚国家的商人已有频繁的贸易往来，形成了一批港口、集镇和较大居民点，分布于环岛沿海地区，几乎都是在海岸线上或靠近海域的河滨上，这对海南岛作为中、外航线的必经点起了决定作用。宋代经济繁荣，开发海南也获得发展，促使海南建立市舶分司，负责把从海南一带返回的商船押送到广州市舶司。当时琼州还不是与外国直接交易的地点，但允许南洋船、阿拉伯船在海口寄泊。元代废除市舶司，至元三十年（1293年）在海口设立“海北海南博易提举司”，不久又改为“复实司”，实际上掌管的事务和市舶司相同。明朝初期，实行禁海防寇政策，明末出于财政上的需要，默许私人下海贸易，海禁基本开放。贸易的方式亦由明初的朝贡贸易转为对外贸易。当时，海南岛不属于接待朝贡船舶之仪，因此，海南岛所设市舶司机构没有存在的价值而逐渐名存实亡，最后市舶机构消亡了。

一、琼海关设立与海口兴起

（一）海口从“所城”到商业中心的变化

海南岛是中国第二大岛，隔琼州海峡距离大陆最近点仅 18 海里，海口位于这个最近点的海南岛北端，对大陆和东南亚各国开展海上贸易占尽地利。明代初期，海南著名学者丘濬记载：“海口是为港门，帆樯之聚，森如立竹”①，这时的海口成为连接大陆、东南亚各国的海上贸易水运中心。

明朝是倭寇猖獗的时代，我国东南沿海皆受其害。海南岛四面环海，自然难以例外。是时，倭寇猖獗，沿海村庄常遭抢劫，为了防御海盗袭扰已形成的海上贸易中心，洪武二十八年（1395 年），在海口筑城防敌。城墙“周围五百五十五丈，高一丈七尺，阔一丈五尺，雉堞六百五十有三，窝铺十九，辟四门”②。是为所城，建有东西、南北十字所街，海口城市形成，大体上呈正方形形状。筑成后交千户所驻守防倭，原为贸易商港的海口变为军事据点。尽管所城原为海防军事而建，城里驻的大都是武官，但仍为后来商埠开辟和街道发展打下了基础。

清康熙二十三年（1684 年）解除海禁，允许商船出海贸易，海口海运重新发达，商号剧增，形成了“福建行”、“潮行”、“广行”、“南

---

① 丘濬：《学士庄记》，载《丘濬集》，海南出版社 2006 年版，第 4361 页。

② （清）杨宗秉：《乾隆琼山县志》，海南出版社 2006 年版，第 49 页。

行”、“高州行”等五行。这时，从事大陆沿岸贸易者，多为定居海口的浙、闽、粤和本地商人，这些商人为维护同乡利益，联络乡情，先后在所城内外成立了许多“会馆”，作为聚会活动的场所。其中贸易量大的业主成立的会馆有五邑会馆、潮州会馆、高州会馆、福建会馆、兴潮会馆、漳泉会馆和文昌会馆，仅漳泉会馆和兴潮会馆在海口经营的商店就有近 400 家，城市发展到相当规模。

海口港的海运也随着海禁解除活跃起来，从事国内外贸易的商船，一方面向潮州、福建、台湾、浙江乃至日本做商业贸易，另一方面向暹罗、大泥①、广南②、占城、麻六甲及其他各地进行贸易。1685 年清政府设立粤海关，海口为粤海关下设的总口之一，海南岛沿海设有九处关口，海口所城便成为全岛交通枢纽和对外贸易中心。这年，所城因年久失修，城墙倒塌，曾由全岛各县捐资修缮。由此可见，清朝海口所城在全岛地位之重要。自明初建筑海口所城至清道光年间，经四百余年的发展过程，海口形成了一个“商贾络绎，烟火稠密”的商埠。

随着商业的迅速发展，市场逐渐扩大，商民定居急剧增加，因而各种设施也随之兴办起来。如教育事业建有海门书院（城北门外）、瀛海书院（城内）、乐古书院（城西秀英村）、东坡书院（府城东北隅）、城北义学（南门外）等，还有启蒙私塾。

（二）从“常关总局”到“琼海洋关”的设立

康熙二十三年（1684 年），清政府宣布开放海禁，废止了顺治年间施行四十年之久的禁海令，于次年设立闽海关、粤海关、江海关和

---

① 大泥或称太泥，古为马来半岛上一个城邦古国，位于今泰国南部北大年府一带。

② 位于越南，属中南沿海地区，北与承天顺化省、岘港市相邻，南接广义省、昆嵩省，西临老挝，东临北部湾。

浙海关。自此，延续一千多年的市舶司制度宣告结束，“海关”一词沿用至今。粤海关设于广州，江海关设于上海，浙海关设于宁波，闽海关早期可能设在福州或厦门。可见，远在鸦片战争以前，五口都有海关的设立。

清政府设立的粤海关管辖广东省五十多个关口，其中总口七处，海口是总口之一，所设关部称“常关总局”，在今新华北路。总口下设八个署税馆：陵水口（今属陵水市）、万州口（今属万宁市）、清澜口（今属文昌清澜港）、沙荖口（今属琼海市）、乐会口（今属琼海市）、铺前口（今属文昌铺前港）、崖州口（今属东方市北黎）、儋州口（今属儋州市），它们的职能是检查货船、征收关税、船税和规礼。此时，海口已经成为海南全岛交通枢纽和贸易中心，与全国沿海港口及东南亚等地都有商船往来，贸易的发展给海南岛带来了繁荣兴旺的景象。

1840 年鸦片战争，英国以坚船利炮打开了中国闭关已久的大门，1842 年清政府被迫签订了中国历史上第一个不平等条约中英《南京条约》，中国开始沦为半殖民地半封建社会。《南京条约》规定中国开放广州、厦门、福州、宁波、上海五处为通商口岸，中国进出口货物税率由中英共同议定，实行协定关税，即“邀请”洋人“帮办税务”，海关要按照新章征收外国商船关税和管理海关事务。在中国逐步沦为半殖民地半封建社会的背景下，中国海关逐渐形成了外籍税务司制度，新设立的海关，均由外国税务司管理海关事务。继《南京条约》之后，其他西方列强紧随英国，迫使清政府签订一系列不平等条约。第二次鸦片战争期间，1858 年，清政府与俄、美、法、英列强签订《天津条约》，其中规定增开牛庄、登州、台湾（台南）、潮州、琼州、汉口、九江、南京、镇江为通商口岸。琼州被辟为通商口岸，引起了世人的关注。

《天津条约》规定琼州为增开的通商口岸，但是在一段时间里，琼州一直没有设立关口，主要是因为外国人不了解海南岛，对海南岛和琼州港口的价值持有疑虑。经过 14 年的实地考察、研究和论证，1872 年 1 月，英、法、俄、美、德五国公使同时向清政府发出照会，要求根据《天津条约》正式开放琼州为通商口岸，得到总理衙门答复，拟定先行通知广东省地方官有所准备，然后再照会各位公使会同商办。光绪二年三月初七（1876 年 4 月 1 日），“琼州海关”在海口正式设立，俗称“琼海洋关”，或“新关”（后简称“琼海关”），并成立了琼海关税务公署，地址在今中山路尾南侧，是一座二层楼的中式建筑，楼上有一个大平台，院落前的水沟可以撑小船。琼海关税务司及高级职务悉由外国人担任，只有少数低级职务是中国本地人。原粤海关管辖的海口总口独立行使主权的一套管理制度被彻底改组，全面推行洋关制度，组织机构、人事管理、行政管理、业务工作等无不打上半殖民地的烙印。原海口总口及其所属各口为区别洋关改称“常关”，设琼海关监督一职统辖。光绪二十七年（1901 年）《辛丑条约》签订后，琼海关奉清政府户部和海关总税务司署令接管了周围五十里内常关。

由外国人掌控的海关职能十分强大，业务广泛，除了拥有今日海关普遍具备的查验货物、征收税费、查缉走私等职能之外，还监管船舶、验放出入港人员和物品，此外，港务工作像修建灯塔、设置浮标等事务悉由琼海关包揽。在海关职能的基础上，琼海关还插手邮政。19 世纪末，由海关监管的琼州邮政局在海口成立，主要处理海口和琼州的邮政业务。20 世纪初，琼州邮政局建立了马可尼无线电报系统，跨越琼州海峡在海南和徐闻之间开展业务。

琼海关的设立为西方资本主义倾销商品、掠夺资源打开了方便之门。外国势力凭借不平等条约获得的特权大肆入侵海南，使海南社会发生了重大变化。

◆ 1899 年琼海关设立的灯塔①

（三）海口城市地位的变化

琼州的府治所在琼山府城并不靠海，1858 年《天津条约》规定开放琼州为通商口岸，此后清政府与其他国家签订的条约都把琼州列为通商口岸。开放琼州实际是开放距府城 8 里地的海口所。海口是琼山的外港，如前所述，很早就以其接近大陆的地理优势成为海南的门户，开埠之前就已经比较繁华，具有一定规模，但海南的政治中心一直是在府城。所城与毗邻的琼州府城仅距 8 里路，但两个城市性质有所不同，一个是军事重镇和商业中心，一个是州府，琼海关的设立所引起的首先是海口地位的变化。

① 图片来源：[意] 罗斯辑：《海南岛史料》第 94 册。

◆ 港口灯塔及管理处①

琼海关在设立之前，第一任税务司李泰国编制各口海关的预算时，把琼州与潮州、福州、厦门、台湾并列作为中等口岸②。1876年琼海关在海口设立后，海口作为中国南方商埠的地位进一步增强，成为重要的通商口岸。琼海关从设立开始即对海南的对外贸易实行监管，规定：凡从事对外贸易和沿海口岸贸易的外籍船舶和华籍船舶一律从海口港入港，向琼海关作出入境书面申报，接受海关监管。据《琼海关十年报告书》和《粤海关志》记载：1897—1927年30年间，分属于法、英、德、日、挪威、丹麦等国的货轮，几乎垄断了海南与

① 图片来源：[意] 罗斯辑：《海南岛史料》第94册。

② 1859年5月“吴煦禀送与李泰国会议海关条款（底稿）”，《吴煦档案选编》第6辑，第302—304页。转引自陈诗启：《中国近代海关史（晚清部分）》，人民出版社1993年版，第67页。

中国香港、新加坡、海防、广州、汕头、广州湾、北海、会安等地货物运输，多数货物主要通过海口港转口进入大陆，琼海关成为中国九大海关口岸之一。

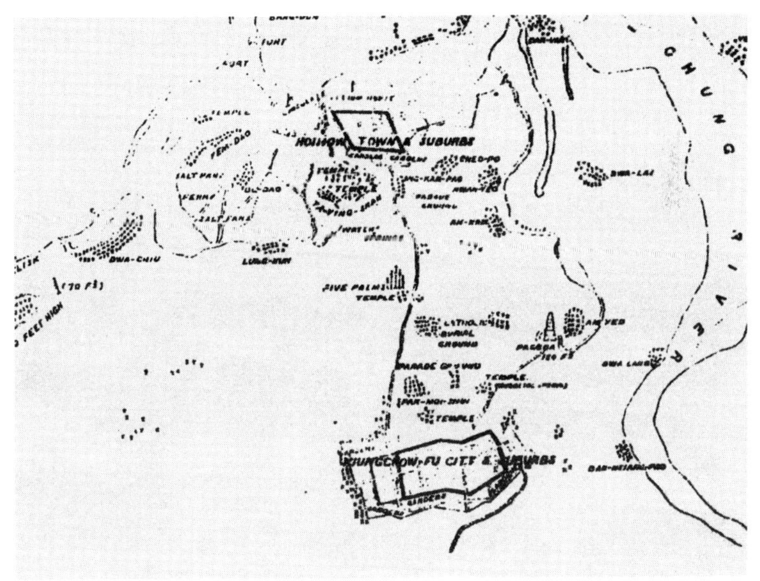

◆ 1882—1891 年琼海关《十年报告》的海口和府城①

由于琼海关的设立，海口作为海南对外贸易货物的集散地，其商业地位得到加强，随着对外贸易的扩大，海口的经济地位逐渐超过了府城。尽管海口港条件恶劣，沙多湾浅，在低潮时，即使是小船也很难进入，但由于是所有从事对外贸易船只的出入港，最终使“如此劣港，而能为现时海南商业之中心者”②。上图是 1882—1891 年琼海关《十年报告》的海口图，从图中可以看出海口城墙内的城区面积比府

① 图片来源：[意] 罗斯辑：《海南岛史料》第 94 册。

② （民国）陈铭枢：《海南岛志》，海南出版社 2004 年版，78 页。

城要小得多，不过海口经济辐射的范围则是府城所不能比的。

（四）海口市的设立

琼海关在海口的设立，也引起了海口向着海南岛的政治中心转化。

清廷与英、法缔结的《天津条约》规定，允许英、法等国设立领事馆，1876 年，在琼海关设立后，英国驻广州领事协同驻琼副领事也来到海口，租借房屋，设立办事机构①，随之而来的是德国、法国在海口设立领事馆。

◆ 法国领事馆②

海口得胜沙一带是繁华的商业地带，教堂等其他西式建筑和外

---

① ［日］小叶田淳：《海南岛史》，张迅齐译，东京书房株式会社台北支店印行 1943 年版，第 281 页。

② 图片来源：［意］罗斯辑：《海南岛史料》第 45 册。

国机构纷纷在此落户，建筑逐渐带上西式风格，如 1901 年法国天主教会在此设立的中法医院，1905 年海关监管设立的邮政局，1914 年，民国中央人民银行在此设立办事处，成为本岛设立新式银行之始。各种重要的经济、文化机构落户于此，使海口的政治地位明显提升了。

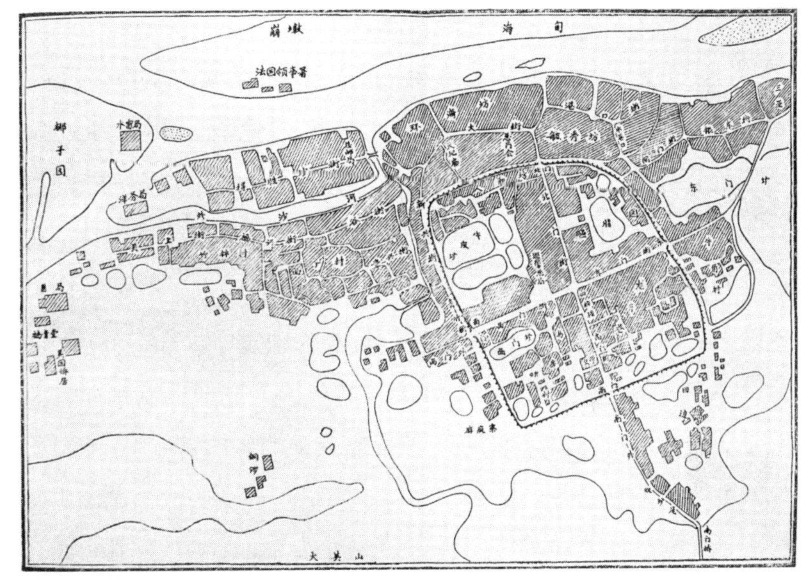

◆ 清末民初的海口地图①

1912 年民国成立时，海口仍称所城，亦叫海口镇，隶属于琼山县。到 20 世纪 20 年代，商业繁荣，城区继续扩大，在民国十三年（1924 年），拆城扩街，拆掉明初兴建的所城，划路扩街。民国十五年（1926 年），海口从琼山县分出，独立设市，设立海口市政厅，地址在今新华南路。“民国十三年（1924 年）海口城墙的拆除，标志着

① 中国人民政治协商会议海口市委员会文史研究委员会编：《海口文史资料》（第一辑），夹页。

其从政治城市或防卫中心转变为经济中心。……相对于岛内其他的城市，其中心城市的地位，直到今天也一直不可动摇”①。海口独立设市时，“全市商店约五百家。就中以旅馆、绸布、洋杂货、谷米及海产等业为最盛。……海口市业已具备近代都市之外观矣。”② 可以说，在半殖民地半封建社会的中国，一个近代城市的兴起和发展，往往受制于外国资本主义，海口也不例外。

《海南岛新志》记载从清末至民国海口和府城的城市变迁：“本岛略具近代性都市规模者，海口而外可谓绝无，其他各处仅为市邑而已。”“海口市为本岛最大都市，面积约一方里，户口数约4300。……计有 51462 人，且有日益增加之势。该市位于南渡江之西河口，乃陆海运输之中心地及货物输入之集散地也。……海口自设海关以来，即继续发展，民国十五年且改为独立市。全市商店约 500 间，……事变前，外国侨民约 40 人，其外国人权益皆萃于此，故海口市业已具备近代都市之外观矣”③。而原来的琼山县城“距海口市公路仅 7 里，琼山县治及旧琼州府治在焉。清代商务繁盛，民国以来渐趋海口，县城已日形衰落”④。这说明海口在民国时期已经是海南的经济政治中心。“九区专员公署及中央各部会附属机构皆设于此……学校、医院、教会等文化机构，亦莫不集中海口”⑤。海口从一个传统城镇发展为一个近代城市，并将传统的政治中心琼山取而代之，与琼海关设在海口有很大关系。

---

① 张兴吉:《民国时期的海南（1912—1949)》，海南出版社、南方出版社 2008 年版。
② 陈植:《海南岛新志》，海南出版社 2004 年版，第 46 页。
③ 陈植:《海南岛新志》，海南出版社 2004 年版，第 44、46 页。
④ 陈铭枢:《海南岛志》，海南出版社 2004 年版，第 94 页。
⑤ 陈植:《海南岛新志》，海南出版社 2004 年版，第 47 页。

二、海口市政建设的起步

海上贸易的发展加快了海口的城市建设，而城市兴起必然带来市政建设的变化，比如城市的规划与建设、道路的修筑、城市垃圾的处理等。

在琼州设关以后，海口的规划与建设出现多样化的趋势，西式建筑的出现是最引人注目的变化。《天津条约》规定，外国人可往中国内地游历、通商，外国传教士得入内地自由传教，琼州开设为通商口岸后，经营各种商业活动的商铺、管理海关税务的外国机构、外国驻华领事开始进入海南岛，教会建筑在海口出现。《光绪琼山乡土志》记载："海口一埠，商贾流寓多广、潮二属，闽、高间有之，惟昔盛今衰。得胜沙及关厂、盐灶地方，多洋楼。府城则北郭外多美国教堂，其一为女教堂。城内有天主教堂及法国医馆二所。"①《光绪二十五年琼州口华洋贸易情形论略》记载："八月间，本口法国领事官迁入新建公署居住。层楼叠阁，气象巍峨洵壮观也。英国领事官亦在本口建造新署，现尚斧斤从事，大约不久可以竣工。"②《光绪二十九年琼州口华洋贸易情形论略》记载："法国新造之邮政局与学堂房屋现均落成，遂使荒凉寂寞之区，而一变为靡丽纷华之境，洵足夸焉。"③ 显然，西方势力的入侵带动海口城市建设的西化。同时，有些东南亚琼籍华侨归国后仿照南洋风格建筑楼房，又带来南洋建筑风

---

① （清）张廷标：《光绪琼山乡土志》卷二，《户口志》，海南出版社 2004 年版。

② 《光绪二十五年琼州口华洋贸易情形论略》，载中国第二历史档案馆、中国海关总署办公厅合编：《中国旧海关史料：1859—1948》第 30 册，京华出版社 2001 年版，第 278 页。

③ 《光绪二十九年琼州口华洋贸易情形论略》，载中国第二历史档案馆、中国海关总署办公厅合编：《中国旧海关史料：1859—1948》第 38 册，第 319 页。

格。至今在海口仍然存在着一些这样的街区。比如，1931 年，时任越南西贡市汇理银行董事长的文昌籍华侨吴乾椿投资在得胜沙南侧建起海口大厦（五层楼），一度是民国时期海口市最高的标志性建筑，亦是海口最高级的娱乐场所。

◆ 今海口水口巷的南洋风格建筑（作者摄于 2017 年）

在道路建设上，海口相对于海南其他市镇而言比较突出。市内很多街道小巷铺上石板路面。城内主要的街道有东门街、西门街、北门街、南门街、四牌楼街、牛车巷、马房巷、振龙巷和龙牙巷。城外有振东街、三亚上下街、镇海街、新兴街、关部前街、得胜沙街、义兴街、关上街、关尾街和章兴街等。拆城前，海口城内外的街道，多系五六米宽的石板马路，1924 年拆掉所城后，划路扩街，城市从此扩大，街道又有了进一步发展。拆城后扩建成为能行驶汽车的街道，部分铺上了水泥路面。比如南北所街改名为“博爱路”，以纪念孙中山倡导的博爱精神。

在 1917 年，琼崖道开通海口至府城的一段马路，长约十里。同年十二月，商人黎晋隆组织琼州汽车公司，次年开始营业，开启了海南岛公路客运。当时外国人描述这条道路的情形：“海南岛上迄今只有一条路宽足以让四轮马车行驶，这条路长约2英里，连接在海口和府城之间，如今它成了一条可并行两辆汽车的高等级公路，由此也许可以说，世界进步的潮流也正在悄悄地触动着海南岛”。①

◆ 20世纪30年代的海口博爱路②

但是，清末海口市政建设是一个极其缓慢的过程，尤其是环卫事业，在人口增加、贸易繁盛的情况下很快成为突出问题。琼海关1882到1891年间的《十年报告》记载：海口在“排水、路灯、堤岸等方面在过去的十年间依旧没有什么改进，对这个问题仍然需要全力解决。镇上的居民对于垃圾的清理还是不够得力。尽管有霍乱等疾病的流行，证明街道卫生如此重要，不过试图改善这个城市的卫生状况仍是徒劳，卫生事业在这个地方和以往没什么两样”③。此后，1892

① 王翔译著：《棕榈之岛——清末民初美国传教士看海南》，南海出版公司2001年版，第41页。

② 图片来源：海口市骑楼文化陈列馆。

③ 《中国旧海关史料：1859—1948》第152册，第642页。

到 1901 年的琼海关报告记载，海口的市政建设在这一时期有了一些发展。1892 年，海口开展了一种改善公共卫生的工作，即一个由当地官员协助组织的清洁工队伍，目的也是为了不让街上积累污物。这个清洁工队伍一直在进行清扫城市垃圾的工作，但是正如海关报告所说，民国以至新中国成立以后海口都有环境卫生的问题。

可以说，在琼州设关以后，海口城市的建设开始起步，到民国初期已显现出近代都市的模样。经过二三十年代的城市扩建，海口的几条街道博爱路、新民路、永乐街等构成了城内主要街道。城外东部有大东路，东北部有水巷口街，北部有中山路、长堤路，西部有新华路、振兴路，南部有文明路，路宽多为 9 至 11 米，而得胜沙更扩大为 12 米，长 520 米，铺水泥路面。直到 1939 年日寇侵琼，海口城市建设才停顿下来。

三、社会公共事业的进步

（一）近代邮政事业的发端

在海南近代邮政产生以前，清末海南岛的邮递机关只有驿站，每站相距约三四十里，专门负责传递官厅文书。明清海口与对岸海安间的官府文书靠两名“塘铺”铺兵交接传递。清代民间开设“民信局”，传递平民信函、包裹，承办汇兑、代运货运、代派报纸等业务，当时海口有私办的元成利、泰兴号等多家民信局。

海口辟为通商口岸以后，允许外国人来往经商，当时有三四百外国人常来往于此。随着外国侨民增加，对外联络机构应时而生，英国、法国、安南（今越南）、中国香港等国家和地区先后在海口设立“客邮”，以便他们同各自国家和地区通邮。“光绪八年至二十二年

（1882 年至 1896 年）地方官府在海口设森昌成邮政办事处，负责传递香港和通商口岸来往信函。”[①]《民国地方志》记录当时海南邮政的状况：“迨光绪初年，辟海口为商埠，英法外侨设书信馆，与各本国互递信件，粗具邮局规模。”[②] 可见，到清末海南尚未形成政府统辖管理官方和民间邮政传递的机构。

就清政府而言，虽有自行办理全国邮政的设想，但是，由于中国在甲午战争中惨败，巨额赔款使政府负债累累，财政竭蹶，据海关总税务司赫德的说法，总理衙门“现在对于邮政制度很有兴趣，指望用来增加财政收入”[③]。张之洞赞同开办邮政，但他主张由地方办理，不由海关兼办。据此，光绪二十二年（1896 年）四月，清政府曾自行设立一等邮局于海口，但不久为节省经费，改设二等局，所辖区域为海南全岛及徐闻一县。[④] 事实上，外国人把持的海关已染指邮政，早有举办全国邮政的企图，并在通商口岸都开办了邮政，但始终没有获得清政府的正式批准。1895 年总税务司赫德获悉清政府有开办邮政局之意，立即向总理衙门呈递了关于邮政问题的报告，张之洞最后同意由海关办理。1896 年 4 月，总税务司得到总理衙门的劄文，获准由海关在全国范围内开办邮政，由总税务司“总司其事”，这样，负有推广邮政任务的邮政官局在总税务司的直接领导下建立起来了。邮政官局是在海关组织上建立的，并由各关税务司管理，总税务司兼任总邮政司，各关税务司兼任邮政司。海关自开办邮政之后，在全国范围内全面开办邮政官局，海关机构也随着邮政官局的开办而空前扩大了。

---

① 韦裕行：《海口市邮政机构建置史略》，载《海口文史资料》第十辑，琼准印字第 2002 号。

② 陈铭枢：《海南岛志》，海南出版社 2004 年版，第 315 页。

③ 陈诗启：《中国近代海关史》，人民出版社 2002 年版，第 318 页。

④ 陈铭枢：《海南岛志》，海南出版社 2004 年版，第 315 页。

◆ 照片上的人分别是英籍华人、英国领事、德国公司职员、英国领事馆人员等①

1897 年（清光绪二十三年）2 月 2 日，琼州大清邮政局正式成立于海口，由琼州海关税务司阿岐森兼任邮政司，主理邮政业务，雇佣一名中国邮务员和一名信差，主要处理海口和琼州的邮政业务，并办理国外的邮政往来。同时，还办理邮政汇票业务。不久，大清邮传部成立，1898 年琼州邮政局独自设立，为邮传部管辖，并改为分局，隶属广州邮政局。1911 年，海关与邮局分开，邮政归邮政部，琼海关控制的邮政局也脱离而去，由邮政部专管一切邮政事宜。但是琼海关税务司并未就此撒手不管，还不断地收集邮政方面的情报，并在以后的海关十年报告及其他函电中向总税务司汇报本岛邮政发展和变化情况。

民国成立后，邮区重新划分，琼州邮政分局改为琼州一等邮局，于 1917 年从海关宿舍区迁往法国领事馆（海田六庙沙尾），后又迁往

① 图片来源：海口南洋骑楼老街风情展示馆。

得胜沙。独立后的琼州邮政局仍由外国人担任邮政司，直到1924年琼州邮政局长开始由中国人担任，第一任局长为余燿筠，从此结束了洋人把持琼州邮政的历史。海口邮政局一直发展较快。在外国传教士的记录中，反映出清末民初琼州的邮政情况："海南岛的邮件递送和邮政设施已经有了相当程度的发展，邮政机构和邮件递送点已经遍布全岛。……寄往岛外的邮件，全都是通过轮船发送的，而在岛内各地邮递的信件，则要依靠河里的船只和徒步的信使。尽管洪水时发，主要公路上盗贼出没，军人之间和各部族之间战事频繁，岛上的邮政服务仍然高效率地坚持了下来。包裹邮寄（对出国外寄来的包裹须附加20到80美分不等的内地邮资费）和钞票汇兑，信件挂号和国际间证明文件的寄送，都可以放心地交由一等和二等邮局去办。在岛内的一些地区，对于每个来自国外的二级邮件要加收一笔2分钱的费用，因为递往这些地方的岛内邮件不是由轮船运送，而是由信使跋山涉水前去投递，岛内的邮资费用据此计算"。①

（二）海南近代电信事业的肇始

电信事业在中国首先出现于对外通商口岸，在海南岛算是最早表现出的较有现代气息的一项公共事业。

琼州电报通信创办于光绪十一年（1885年），当时分为商办、官办、官商兼办三种形式，初时设琼州电报局一处，最初的电报通信是有线电路。1885年敷设琼州海峡单心包铜水线一条，与对岸徐闻接通，并由高雷陆线转线内地和香港等处。这条海底电缆由外国公司敷设，琼海关《十年报告》中记载："1884年，由中国聘请的英国的

① 王翔译著：《棕榈之岛——清末民初美国传教士看海南》，南海出版公司2001年版，第43—44页。

一家电报公司（Agnes）到达海南，并带来了很多电工和大量电报器材。在 11 月 29 日，成功铺设了一条连接大陆的 14.75 英里的海底电缆。……之后，电报局的管理一直由中国人掌握。”[①] 然而海底电缆时常被损坏，光绪三十二年（1906 年），水线曾被损坏，修复后继续使用。进入民国以后，民国五年（1916 年）国民革命军来琼讨伐龙济光时，线路又被割断，因缺款修复而终止。同时高雷一带陆线电杆也被损毁殆尽，致使广州交至海口的电报，必须由陆路运到徐闻，再用船运到海口，约需七至十天不等，尚不如邮政传递的速度，因此多用快邮代替电报，有线电报便告终止。

◆ 海甸岛与海口之间的河道[②]

无线电报在海南使用是在光绪十三年（1887 年）开始的。当时广西提督冯子材带领军队入琼，平定黎民暴动，分别在海口、兴隆、陵水、南丰、崖州五处设立无线电台，主要是军事上使用，此为官办

① 中国第二历史档案馆、中国海关总署办公厅合编：《中国旧海关史料：1859—1948》第 152 册，第 631 页。

② 图片来源：[意] 罗斯辑：《海南岛史料》第 94 册。

电信的开始，但是到光绪十六年（1890 年），为节省经费，仅留海口一处。民用无线电报则是在光绪三十二年（1906 年）开办的，由海口商人向上海礼和洋行购买长波无线电报机、火花发电机二台分装于海口、徐闻两地，有效半径 80 公里。这是无线电用于海口民用通信的开始。至宣统三年（1911 年），无线电报由于种种原因而停办。

琼海关也插手了海南的民用电信无线电报，20 世纪初，海关管理下的琼州邮政局于 1907 年建立了马可尼无线电报系统，跨越琼州海峡在海南和徐闻之间开展业务。1902 至 1911 年的琼海关《十年报告》对此有所记载："1907 年马可尼无线电报系统的成立，其功能足以让海口隔着海峡联系到徐闻。"[①] 由于仪器、线路经常发生故障，因此接办业务极少，但无论如何，近代邮政电信事业在琼海关的参与下发展起来，这对于海南对外进行信息的交流和近代化都有重要意义。

（三）西式教育的出现

在民国以前，海南的新式教育主要是由外国传教士和外国在海南的机构创立的。西方传教士进入到中国时，他们最初的目的是传播基督福音，使中国人皈依基督教，但是很快就发现中国儒家传统根深蒂固，外来文化的传播遭遇极大的阻力。为了达到传教的目的，传教士以办学、办医院作为传教的辅助手段。外国传教士最早设立的学校已经难以稽考，大概 20 世纪初法国天主教会在海口设立的天门小学是最早的教会学校，教会在琼山、文昌、定安等县分别设立学校 4 所，这些学校的规模很小，具体情形无从考证。19 世纪末进入海南的新教势力同样以医疗和学校作为在海南传教的突破口，建立了一些医院

① 中国第二历史档案馆、中国海关总署办公厅合编：《中国旧海关史料：1859—1948》第 155 册，第 698 页。

和学校，也创办慈善机构。新教传教士以海口、儋州、琼海为其传教范围，在海口设有 2 所圣经学校，那大教会设立的高等小学校 2 所，传教牧师 1 人。其下属各地分支教堂 9 所，兼办有初等小学堂，每校学生二三十名。嘉积教会有福音堂 1 所，附设医院 1 所，小学校 2 所。教会学校不收学费，除讲授基督教义之外，也讲授简单的汉语、英文和数学知识。

◆ 接受西式教育的学生及其教师①

① 图片来源：[意] 罗斯辑：《海南岛史料》第 412 册。

琼海关对海南社会的教育也关注颇多，在琼海关的报告中常有关于西式教育机构设立的报告。《光绪二十七年琼州口华洋贸易情形论略》记载："查三年之前法国政府在海口创设书馆一所，教习华人法文算学等艺，充教习者则系法国医院内之医官，暨安南人耳，不取学生修金。馆中学生共有三四十人，但此项学生在馆均不能久，不过略学浅近法文，稍知讲说即赴东京谋事或充工役或充商家帮伙而已。"①法国政府在海口设立的书馆主要讲授学生法语，其名称亦不可考，可视为海南第一所外国语学校。学生初通法语，便离开学校去谋求一份职业。

琼海关为传教士在各地的活动提供了很大的便利，海关报告中对此有详细记载，例如首位进入海南岛的新教传教士冶善基 1881 年在岛内"从北到南，从东向西，在接到任务的成员的协助下，开始了其在海南岛的传教工作"②。《棕榈之岛》记载："海南岛的海关位于海口，室内和户外的职员中都包括有一些外国人。由于那个负责登记手续的官员尽力使得所有停泊在这个港湾里的轮船感到满意，而且他的小船始终为那些往来于轮船上的传教士们提供服务，对于我们来说，就使得穿过这片沙滩前去海关办理手续的事情变得轻松愉快。也有一个海关官员驻扎在南部的榆林港，在那里，仅仅一个欧洲人，就可以得到长达 6 个月的逗留期，并可以在周围数英里内自由活动"③。

到 20 世纪初，西学东渐之风日盛，清政府开始仿照西式学堂创办新式学堂，海南也不例外。《光绪二十八年琼州口华洋贸易情形论

---

① 中国第二历史档案馆、中国海关总署办公厅合编：《中国旧海关史料：1859—1948》第 34 册，第 290 页。

② 中国第二历史档案馆、中国海关总署办公厅合编：《中国旧海关史料：1859—1948》第 152 册，第 646—647 页。

③ 王翔译著：《棕榈之岛——清末民初美国传教士看海南》，南海出版公司 2001 年版，第 44 页。

略》记载:“近年有开设学堂之条,本口官长业已尊于六月间在琼州府城内创办学堂一处。所教者法文、算学两种,请有教习二位,均是华人。学生计有四十名,其中幼俊者闻不甚多,盖皆壮岁之士,亦有年过四十以外者。”① 这时的新式学堂,教授西学课程,教习为华人,学生中多为成年人,这表明普通人愿意接受西式教育,逐渐接受了西方的教育观念。

(四)近代医疗事业的开始

海南岛属热带气候,年平均气温23℃,降雨量为1650毫米,全年多东北风,次为东南风。夏长冬短,为传染病流行的主要自然因素。同时,海口成为通商口岸后,海运日益发达,与东南沿海以及中国香港、新加坡、泰国、安南等地均有航线,有定期班轮。对外贸易的发展,进出口货物从海口进出,使卫生检疫引起了海关的关注。海关设立后很快就实行了海港检疫制度,最早提出了对轮船开展检疫,以防传染病的传播。

琼海关设立之后,近代公共医疗卫生事业也由此引入海南。在琼海关的《十年报告》中屡次提到海南的传染病疫情、治理情况及其对贸易的影响,对医院的建立也有留意。《光绪二十二年琼州口华洋贸易情形论略》记载:“本年有美国教士等在海口得胜沙西边创造医院,大约明年中秋之后可以落成该院,系为留养病人而设者也。”② 由于西方医疗比传统医疗方式有巨大的优越性,加上海关对预防传染病的宣传,因此海口、府城等率先开放的地区接受西医者日益增多。《光绪

① 中国第二历史档案馆、中国海关总署办公厅合编:《中国旧海关史料:1859—1948》第36册,第298页。

② 《光绪二十二年琼州口华洋贸易情形论略》,载中国第二历史档案馆、中国海关总署办公厅合编:《中国旧海关史料:1859—1948》第24册,第242页。

二十六年琼州口华洋贸易情形论略》记载："今年正月法国在本口开设医院一所，系法国医官管理，远近各处来就医者甚众。是以于十一月间又在琼州府城分设医院一所。"①《光绪二十七年琼州口华洋贸易情形论略》记载："至前言医院颇作善事，华人之蒙其惠济者甚众，惟医院现只暂赁华人房屋开设。闻已购地一方以备起造医院，所有堂室院庭均拟妥为布置，务须华美合时、爽畅适用，俾得调养病人云。"②

上述可知，琼海关设立后，在近代海南社会的变迁和发展中扮演了重要的角色，海关的设立引起海口城市地位的变化及其城市化的建设，并对海南近代公共事业、教育、医疗产生了直接或间接的影响。但是，外国人控制下的海关是中国半殖民地化的重要标志，其本质上都是为了西方列强对华进行经济、文化侵略服务的，琼海关不过是在列强对海南进行侵略的同时带动了海南社会的近代化，对此我们必须给予充分的认识。

四、对外贸易格局的形成

海南岛是中国南大门和第二大岛，环岛海岸线长达1528公里，沿海有大小港湾数十处，处于日本至马六甲航线的中点。海南岛因其优良的航海地理位置，对外贸易的历史相当久远。

继《南京条约》规定五口通商后，1868年中英、中法《天津条约》规定增辟琼州等为对外通商口岸。1876年外国人管理的琼州海关在

---

① 《光绪二十六年琼州口华洋贸易情形论略》，载中国第二历史档案馆、中国海关总署办公厅合编：《中国旧海关史料：1859—1948》第32册，第270页。

② 《光绪二十七年琼州口华洋贸易情形论略》，载中国第二历史档案馆、中国海关总署办公厅合编：《中国旧海关史料：1859—1948》第34册，第290页。

海口正式成立。此前，由于海南岛在行政区划上长期隶属于广东，因此，无论是在市舶制度下还是在鸦片战争前的粤海关时代，海南岛都只是广东关区的一部分，“向来只有在广州结关的船舶才准许和琼州通商”，琼州乃至整个海南岛是不得与英国殖民统治下的香港直接通商的，尽管琼州府的海口港距香港水程只有268海里。洋关的设立，使琼州脱离广东成为一个单独的关区。1887年7月1日，琼海关开始对行驶于香港、澳门与琼州之间的帆船贸易进行监管。海南与南洋各地贸易往来向来发达，1896年琼海关在海南岛南端的三亚榆林港设立分卡，规定所有前往南洋各地贸易的帆船、汽船每次起航前须向海关申请出洋牌照，交由榆林港分卡查验，始准起航。

琼州开放通商口岸并独立设关，促进了海南对外贸易的发展，造就了海口商埠的繁荣发展，使之成为对外贸易商品的集散地，逐渐形成了对外贸易的新格局。

（一）贸易对象和范围

随着琼州通商口岸的设立，海南岛渐次向包括英、法、美、日、德在内的许多国家开放，英国、印度、日本、新加坡等国家、地区的货物不断输入，据史料记载，“1882年—1891年，贸易额每年为200万两—300万两银；而海口向中国香港、马来西亚等地的输出额在1888年高达1258498两银”①。中国香港、欧洲、日本和东南亚也与琼州有贸易往来。

1. 中国香港

香港在晚清时期是一个重要的国际贸易口岸，国内大部分肉食、

① 海口市地方志办公室：《海口市经贸志》，南海出版公司1993年版，第162页。

蛋类等食品经过广东沿海进入该地，除了供应香港外，还有一部分产品转销至海外。香港与海口间有便利的航线，内地的禽畜蛋类往往会先运到海口集中，而后再进入香港。据统计，1886年从琼州口岸运到香港的生猪有9万头之多。在1893年，运出的生鸡达40余万只，鸡蛋有2000万个。在1897年，生牛开始运往香港。此外，海南岛的水产品或运入雷州在广东销售，或直接通过海运进入香港。①

甲午战争之后，我国陷入了被帝国主义国家争相划分势力范围与掠夺租借地的时期，法国乘机租借广州湾。英国认为法国的这一举措会影响英国在香港的既得利益，便以之为借口，迫使清政府同意英"租借"新界99年，这使得香港连同新界的面积达到1000平方公里以上，能容纳更多的人口和有利于改善供水条件，提供部分粮食、家禽、蔬菜，而且中国香港作为一个正在发展的国际贸易港口，连同新界一起能停泊来自于世界各地的远洋船只，中国香港作为一个转口贸易港、国际贸易港的地位更加得到提升。海南岛的进出口货物也常经香港转运，据记载，到民国时期"海口海上交通，仅数小时可渡琼州海峡，且为基隆、香港、广州、海防、新嘉坡等定期航路之寄港地，本岛进出口货物之大半，在此集散"②。光绪三十一年（1905年），英国太古洋行增辟广州至海口的航线，在海口设立代理处，后来又将这条航线扩展至北海并达越南的海防。

2. 欧洲国家

在欧美国家中，琼州涉及的主要贸易对象有英、法、德、美、丹麦、挪威、荷兰等国，这些国家的船只往往经过海口，并在这里经营

① 陈光良：《海南经济史研究》，中山大学出版社2004年版，第289页。

② 《海南岛之现状》，《海关中外贸易统计年刊》（1935年），卷一，第88页。

贸易。整体而言，在琼州口岸，英、法、德三国相较其他国家而言商船数量多，尤其在琼海关设立初期，主要由英国与德国掌控着海南岛的航运贸易，在该阶段德国进口船舶艘次、吨位在众多国家中基本稳坐第一。法国属于后来居上，在1892年，船舶艘次、载重量首次超越英国，并在以后的几年中一直保持着增长的势头，甚至在1898年最终超越自1887年来就一直占优势地位的德国，在此后近十年间与德国并驾齐驱。从1903年开始，法国商船势力渐渐让位于德国并开始消沉。下面特选有代表性的国家英国和法国来说明其中航运贸易的变化情况。

1876年，在琼海关设立不久，英国领事与驻琼副领事一起到达海南岛并租借公馆，其后，以英国为代表的外船势力扩张至广东沿海的西部区域，琼州往来于南洋与国内沿海城市的货物便通过这些外国船只装载从琼州口岸进出。另外，海南岛与香港有着相毗邻的地理优势和便利的航线联系，不仅使海南岛与香港间的贸易频繁，更使得定期往来于两地之间的英国轮船常常在海口停泊。琼海关关于英国在琼州口岸进出口船舶艘次及吨位的一些统计数据可作佐证。

英国经琼州口岸进出口船舶艘次、吨位统计表①

年度	1893	1894	1895	1896	1897	1898	1899
艘次	46	54	54	62	54	58	66
吨位	4574	52196	52190	65058	56672	64198	71442

从表中可看出，英国在口岸的进口船只虽在少数年份略有波动，但在该阶段整体上呈增长趋势。1899年与1893年相比，英国进口船只增加20艘，而载重量则达到原来的十五六倍。可见，晚清时期英

① 海口海关志编纂编委会：《海口海关志》，第218—219页。

国与海南岛的贸易联系之紧密。

航行于海防、土伦、古本的法国船只也常在海口停泊，将其作为一个中转站。尤其是甲午战争之后，帝国主义国家纷纷在中国划分势力范围，法国控制越南之后，要求清政府同意与越南相邻的海南岛不能割让给他国，也可以说“海南沦为法国的势力范围”①。1898 年，法国又向清政府提出租借广州湾的要求，并最终于次年与清政府签订租借广州湾 99 年的条约——《广州湾租借条约》。法国强租广州湾，不仅能使其与越南的海防连成一体，也能在南部更好地控制海南岛。具体而言，法国将广州湾作为一个重要基地，形成广州湾至海口的海上航运优势，对海南也有近水楼台之便利。所以，如表中所示，在广州湾被法国租借后，法船势力在琼州口岸猛增。

法国经琼州口岸进出口船舶艘次、吨位统计表②

年度	1887	1888	1889	1890	1891	1892	1893
艘次	4	4	8	8	——	38	60
吨位	1992	732	1464	5496	——	33212	46632
年度	**1894**	**1895**	**1896**	**1897**	**1898**	**1899**	**1900**
艘次	184	150	204	274	278	550	556
吨位	136528	111300	142584	162656	156110	304776	336078

另外，往来于香港、厦门之间的荷兰、德国、丹麦、美国、瑞士、挪威等国家的船只也在海口寄港且根据市场需求积极展开贸易。

3. 日本、东南亚

从康熙年间开始，海南岛与日本有频繁的贸易往来。1684 年海

① 高海燕：《海南社会发展史研究（近现代卷）》，光明日报出版社 2010 年版，第 7 页。

② 海口海关志编纂编委会：《海口海关志》，第 218—219 页。

禁令虽被废除，但只允许国内商船出海贸易，外国商船是不被允许来海南直接贸易的，大陆商人一般到海南装载当地特产后才去日本贸易。当时海外贸易航行路线基本上是船只先从大陆港口出发到海南，装载海南特产后往大陆沿海港口采购丝、绢织品或者去台湾购买鹿皮、砂糖后，最后再去日本交易。在嘉庆之后，海南与新加坡、暹罗、交趾支那（越南）也有直接的往来。鸦片战争前，海南的对外贸易航线主要是海口至日本、海口至东南亚地区。

中日甲午战争后，日本在中国取得多项权益，日货也不断输入海南岛，尤其在1902—1911年间，在海南市场出现的廉价日本货物量骤增，日本超越欧美国家成为中国的主要输入国。毛巾、棉纱、火柴等日货在晚清最后十年间几乎独占海南市场。单单就日本毛巾而言，“在1894年，只有2905打（输入海南岛），以后十年间输入的总额，竟达169636打”①。海南岛的生猪、牛、麻布袋、高良姜等货物则被输出到日本。

海南岛与东南亚的贸易历史悠久，虽然自琼州开埠通商后，两者间的帆船贸易在与列强的轮船竞争中处于劣势，但仍在继续发展。海南岛帆船常常载运货物来往于新加坡、暹罗等地。在进出口商品方面，海南岛将本地特产与大陆的传统产品输往东南亚，而东南亚多数时候则将洋油、鸦片等“洋货”运进岛内。这些从东南亚进口的“洋货”是西方殖民者倾销至东南亚的。除了洋货外，海南还常从东南亚进口大米。

（二）贸易航线

在琼州设关后，海南的对外贸易有所发展，《琼州贸易报告》记

① 中国民主建国会海口市委会、海南省海口市工商联合会：《海口工商史料》，海南省农垦印刷厂1989年版，第9页。

载道："有美、英、德、法、日、泰等国家轮船往来经商，国际航线抵达荷兰、新加坡、东京、西贡、海防、曼谷等国家和地区"①。但由于海南岛港湾条件大多不良，大型轮船不便驶入，轮船进入海南岛一般只在海口一港停泊。另外，专门航行往来于海南的船只较少，大多是中途经过的船只，贸易航线主要有以下几条：

1. 香港—海口—北海—海防

琼州开埠后，外轮势力进入海南甚至控制岛内的航运业。1876年，英国太古洋行下的轮船公司开办了从香港经海口至北海、越南海防的海运业务，法国、瑞典、荷兰、挪威的轮船公司在十多年后也参与到该航线的海运业务中。从1891年起，甚至有定期的船只往来于香港与海防间，海口港成为固定的中间停靠港。这条航线在清末甚为繁盛，仅就挪威一国而言，1909年在此航线上运行的船只达88艘，载重在6万吨左右②。这些来往的外国船只多来海南从事直接的船运贸易，同时也经营海口与香港及其他地区的客货运输，例如，包括砂糖、槟榔、花生、猪、芝麻在内的许多海南商品经外国船只输送到香港。

2. 广州—海口—北海—海防

在洋务运动中，为发展中国近代航运业，由李鸿章主持的轮船招商局购置外国轮船并增辟新的航线。19世纪七八十年代，由轮船招商局经营的船只到达海口、海防，航行于广州—海口—北海—海防航线，与外船展开航运竞争。据统计，1881年招商局进出海口港的船只"占进出口总船数的1/4、吨数的1/3"③。1884年由于法国占据整

① 赵全鹏：《海口史》，社会科学文献出版社2016年版，第166页。

② 高海燕：《海南社会发展史研究（近现代卷）》，第39页。

③ 符祖缘：《广东航运史（近代部分）》，人民交通出版社1989年版，第75页。

个越南，清政府的招商局轮船不再航行于广州—海防一线，也不再前往海口与北海。后来，该航线被英国太古洋行控制，太古洋行早在1876年就将其航运势力拓展至广州，在经营商品进出口贸易的同时，在1905年增辟广州至海口的航线，随后又将航线扩展到北海并达越南海防。

◆ 太古公司的轮船①

3. 广州湾（今湛江）—海口—北海—海防

1898年法国占领广州湾之后，将广州湾作为基地，在广州湾至海防一线占有优势，在海口的势力增强。例如在1900年，法国的船只“专走海防、广州湾二处……均经北海、海口”，此后，法国船只数量在海口陡增。

4. 新加坡—海口—安南—新加坡或者暹罗

近代以来，西方列强控制了海南岛的对外贸易，把香港当作主要的国际贸易中转站，换言之，国内的大部分进出口商品经香港转运。

① 图片来源：[意] 罗斯辑：《海南岛史料（抗战时期日伪宣传品）》第195册。

海口与新加坡贸易往来向来就比较发达，尤其是1883年海口与新加坡有固定航班通航后，与新加坡之间的货物、人员流动更频繁。小叶田淳在《海南岛史》中记载道："从新嘉坡载着鸦片、金属、洋油、棉布等输入海南来。他们这一路上往往到安南靠岸，又从那里把盐、猪、陶器等，搬运到新嘉坡去"①。此外，海南岛与东南亚地区的暹罗也常有贸易，德国一家名为特洛伊公司的轮船就在1910年垄断了海南至中国香港、暹罗、新加坡等地的业务。

除了上述几条贸易航线外，海南与大陆间的汕头、江门、雷州等地都有贸易往来。如海南输出油、蛋时，常经海道运至江门、雷州等地，再到达香港。

（三）进出口商品结构

随着琼州的开埠设关，海南岛成为西方资本主义国家的商品销售场所和原料产地，反映在进出口商品结构上，就是出口商品以农副产品为主，进口商品以工业品、消费品为主。

1. 外国工业品输入

鸦片战争后，英国等资本主义国家除了继续对中国进行鸦片贸易外，还向中国输入工业品，但西方工业品的输入在中国受到了很大阻力。为进一步开拓中国市场，以便更大规模地向中国输入工业产品，英法发动了第二次鸦片战争。通过第二次鸦片战争，西方资本主义国家在开辟通商口岸的同时，攫取了中国的海关管理权和内地通商权，以及降低外国商船吨税，推行内地子口税等权益，这些"特权"为西

① ［日］小叶田淳：《海南岛史》，张迅齐译，东都书房株式会社台北支店印行1943年版，第286页。

方资本主义国家对华输出商品提供了便利条件。

19世纪后期，随着西方国家工业革命的开展，传统手工业生产被大机器生产取代，工业产品的生产成本较低，小农经济背景下的产品显然无法与之竞争。因此，自六七十年代后，外国工业品在中国大肆倾销。从琼海关所统计的洋货总进口数值中可以看出一些情况。洋货包括从外国及中国香港、从中国口岸进口两部分，其中从中国口岸进口的洋货数量很少，有许多年份甚至没有统计数据。可见，洋货主要是从外国及中国香港输入的。在1890年洋货总进口为982140海关两，1893年增加至1731245海关两，突破百万海关两。以后年份数值虽有波动，但保持增长的势头，在1894年总进口货值为1817810海关两，1898年增长至1996213海关两。在1899年开始突破200万海关两，达2510261海关两。在1906—1911年，洋货总进口值稳定在300万海关两之上，1909年甚至达到4253648海关两。

从琼州口岸进口的货物种类来看，主要有棉织品类、毛织品类、五金类及杂货类，其中棉织品类在进口总值中占很大比重。进口的棉织品包括灰布料、白布料、染花布、毛巾、日本棉布、棉绒等。其次，杂货类中衣服花边、面粉、火柴、煤油、大米的进口量也很大。此外，其他进口商品也充斥于海南市场，在进口的毛织品中有英国羽毛缎、羽绫、宽毛料、毛毯、西班牙纹绒布、意大利毛布等。进口的五金类商品中有水银、钢、铁钉条、铁丝，但比重较小。可见，经琼州口岸的进口贸易以轻工业产品为主。

前文提及，棉纺织品在进口商品中占很大比重，其中棉纱几乎占首位，且进口数量增长较快，因为洋纱价格大大低于棉花的价格，织布用洋纱比棉花纺成纱更合算，且洋纱质量也不错，所以棉纱在海南有很好的销售市场。不过，除了英国棉纱外，输入海南岛的大多是印度产品，在甲午战争后日本的棉纱后来居上。据记载，棉纱“(在运至海南岛后）百分之六十在文昌销售”①。下表是1882—1891年海南岛进口棉纱的相关统计。从下表中可以看出，虽然数据有波动，但进口棉纱的数量与价值的增长势头很明显。

1882—1891年棉纱进口表②

年份	数量（担）	价值（海关两）
1882	3167	60336
1883	10968	183839
1884	13920	233385
1885	14093	226004
1886	14936	246254
1887	16851	281802
1888	15293	253516
1889	12120	210128
1890	17150	307788
1891	17184	287788

其次，煤油的输入量也很大。煤油俗称洋油，“华人贪其价廉，争相购买，每岁入口千余万金……特别是俄美两国之油，销入中国不胫而走，各埠风行”③，这种情况在海南也不例外。由于煤油灯美观便宜，许多家庭愿意用煤油来代替传统照明用的海棠油和花生油，煤油在琼州口岸的输入量也迅速增长。如下表显示，1882年进口的煤油仅6980加仑，在以后的年份中虽有小波动但基本保持增长趋势，在1884年开始突破两万加仑，而在1889—1891年都在20万加仑

① ［日］小叶田淳：《海南岛史》，张迅齐译，第283页。

② 海口市地方志办公室：《海口市经贸志》，南海出版公司1993年版，第164页。

③ 陈炽：《续富国策》卷二“石油石盐说”，转引自林仁川：《福建对外贸易与海关史》，鹭江出版社1991年版，第208页。

之上，尤其是1890年竟达到近50万加仑，是1882年进口煤油数量的70倍。同时进口煤油的价值也随着进口量呈增长趋势。

1882—1891年琼州口岸进口煤油表①

年份	数量（加仑）	价值（海关两）
1882	6980	1393
1883	9880	1800
1884	22080	3680
1885	22010	3442
1886	26900	3682
1887	21330	2825
1888	60390	9060
1889	231390	37872
1890	491540	80030
1891	260690	42664

另外，火柴也是一种大宗进口商品。在甲午战争之前火柴多来自于奥地利与瑞典，甲午战争之后，由于日本在中国的势力加强，来自于日本的火柴也涌入海南岛。如下表显示，1887—1899年火柴的进口量与价值增长趋势很明显。

1887—1899年琼州口岸火柴进口表②

年份	数量（箩）	价值（海关两）
1887	15820	5791
1888	38284	8782
1889	48960	10492
1890	83068	19434
1891	——	——

① 海口市地方志办公室：《海口市经贸志》，第165页。

② 海口海关志编纂编委会：《海口海关志》，第227页。

续表

年份	数量（箩）	价值（海关两）
1892	178620	216824
1893	195388	35399
1894	199550	37535
1895	202510	39694
1896	233800	44704
1897	238380	45822
1898	250140	47997
1899	274476	53250

2. 鸦片输入

在海南的贸易中，鸦片走私是西方侵略者进行经济侵略的一种手段。在鸦片战争以前，海南就出现了鸦片贸易，一些不法分子通过走私鸦片来换取白银以弥补贸易逆差。尽管鸦片贸易存在已久，但鸦片贸易并未取得名义上的合法权。鸦片战争以后，随着中国主权的不断丧失，鸦片贸易逐步合法化。另外，琼州开埠设关后，海南进一步对外开放，鸦片贸易更猖獗，给海南社会造成了很多不利影响，所以，海南的鸦片贸易不容忽视。

1858 年英法与清政府签订《天津条约》，规定鸦片贸易合法化，从此，鸦片输入国内取得了合法途径。鸦片如同其他商品一样纳税即可进口，但运往内地的鸦片还需向地方督抚交纳厘税。1876 年中英《烟台条约》规定，鸦片的进口税和内地厘金税合并由海关征收，即“洋药税厘并征”，但对于具体交纳的税厘数额双方争执不下，直到 1885 年签订的《烟台条约续增专条》才规定了具体数额，即每百斤箱进口的鸦片交纳正税 30 两、厘金 80 两后，不用再交纳任何税费。1887 年琼海关也正式实施对鸦片的“税厘并征”。

作为琼海关收入的重要构成部分，鸦片税厘对维系清政府统治起过作用，但是，不能因为鸦片税收作为关税收入的重要来源，就忽视甚至否认鸦片贸易给社会带来的消极影响。罪恶的鸦片贸易使人民的身心健康受到威胁的同时，更使白银外流、民穷财竭、国力衰弱。

《天津条约》规定琼州作为对外开放的通商口岸之一，为鸦片进入海南提供了便利条件。在琼海关设立的前一年，就发现一艘英国船只“在口湾泊”，“私卸货物”从事非法走私，被粤海关轮巡拿获①。1876年，实行外籍税务司制度的琼州海关在海口设立，海南彻底对外开放，自此，以英国为代表的外轮势力扩张到广东西部沿岸，其所运营的琼州、雷州南部来往于国内其他地区及南洋的货物，时常通过外国船只由琼州口岸装载进出，无疑为鸦片在海南的贸易敞开了大门。鸦片贩子肆无忌惮，不断向海南输送鸦片。下图是1882—1911年经琼州口岸鸦片进口的统计图。

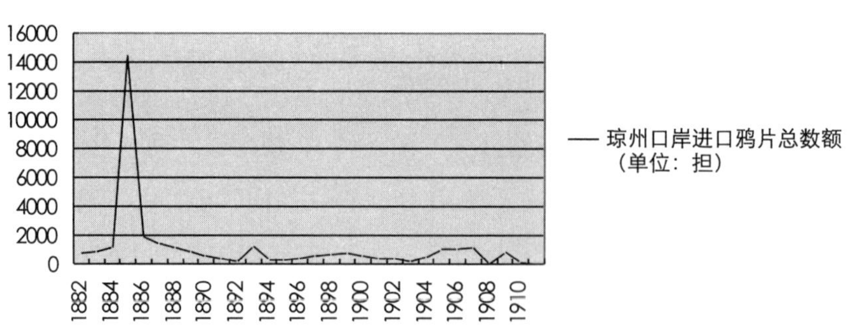

◆ 1882—1911年琼州口岸鸦片进口统计图②

① 《通商约章类纂》卷二十四，转引自符祖缘：《广东航运史（近代部分）》，人民交通出版社1989年版，第56页。

② 海口海关志编纂编委会：《海口海关志》，第222—223页。

从上图中可看出随着鸦片贸易在中国合法化后，1882—1885 年进口数量直线上升，1885 年琼州口岸的鸦片进口已经达到顶峰。但在 1885 年后，进口的鸦片数量基本呈下降趋势，尤其是 1886—1892 年下降程度很明显。其后的年份在进口数目方面波动，虽偶有年份出现增长情况，但增长幅度很小，大多年份基本呈下降态势，甚至在 1908 年和 1911 年鸦片的进口数在 50 担之内，与 1885 年 14444 担的鸦片进口量不可同日而语。如果再考虑当时海南贸易规模不断扩大的要素，那么鸦片贸易的实际衰落趋势就远远超出图中数字所能表达的下降程度了。

为什么在琼州口岸鸦片进口数额在 1885 年后呈下降趋势，原因在于：其一，广大民众对鸦片的抵触，在一定程度上影响了鸦片贸易在中国的继续发展。众所周知，鸦片的输入给中国社会带来了严重的危害，不仅使国人身心长期受鸦片的折磨，还使白银外流，国家实力大为削弱。在中国社会，大多数人对鸦片不断输入中国是深恶痛绝的，下层百姓反对鸦片输入，统治者也屡次颁布过禁止鸦片贸易的条令，只是因国家实力衰落、政府忌惮外国炮舰的威力，未能有效地实施过。尤其是在 19 世纪 90 年代后，中国民族危亡加深，社会各界仁人志士纷纷主张禁止鸦片贸易。如朝廷重臣李鸿章于 1894 年因为鸦片问题还与世界禁烟联盟的主要官员见面会谈，他强调清政府对于蔓延于中国的鸦片贸易是持反对态度的。并且，在诸如英国等西方资本主义国家反对鸦片贸易的呼声也很高涨，对这些国家在中国进行鸦片贸易施加了巨大压力。

其二，西方资本主义国家在两次工业革命后工业化水平大幅提升，急需在中国倾销产品，工业产品的利润也将会超越鸦片贸易，而鸦片贸易则会降低中国百姓对工业产品的购买力水平，这显然与资本主义国家工商业资产阶级的利益相违背。另外，工商业资产阶级在八九十年代政治地位提升，在国内政府决策中更有话语权。譬如，英国作为参与鸦片贸易的主要国家之一，在代表工商业资产阶级的自由党执政后，在20世纪初就与中国缔结了《禁烟条件》，规定逐年减少并最终禁止对中国的鸦片出口。

其三，随着中国半殖民地半封建化程度的不断加深，尤其是甲午战争后商品大量涌入国内，我国经济结构从某种程度上也发生改变，西方国家在我国出口工业产品的利益逐步超越鸦片贸易的利润。在这种背景下，20世纪初之后，西方国家也渐渐减少对中国的鸦片贸易了。此外，从1887年起，清政府对于我国自产的鸦片（即土药），也实行税厘统一征收的办法，国内生产的鸦片也能运销全国，这也导致外国鸦片进口数量减少。

以上是由琼海关统计的数据，从整体上反映晚清时期海南鸦片贸易情况，此外，鸦片贸易中的走私问题也不能被忽视。鸦片贸易的合法化，并未遏制鸦片走私贩子对暴利的贪婪。据史料记载，1879年，德南森宝洋行在海南开张卖洋药（即鸦片），上门买鸦片的顾客不少，但是不向海关呈报并缴纳税厘，出货时也不向海关报告，这显然是有意偷漏税厘，有时候被缉获，却狡辩说正要去海关呈报[①]。1883年海口与新加坡通航，海南前往新加坡的交通便利，不法商人不断从新加坡购买鸦片走私到海南的各子口，尤其在1887年琼海关对鸦片加征厘金后，鸦片进口的成本增加，走私盈利空间大增，鸦片走私更严重，下表是1887—1893年鸦片走私的一组数据。

① 连心豪：《水客走水——近代中国沿海的走私与反走私（上）》，江西高校出版社2005年版，第133页。

1887—1893 年新加坡轮船私携洋药的数量①

单位：箱

1887 年	1888 年	1889 年	1890 年	1891 年	1892 年	1893 年
约 400	600	831	1038	1603	1772	1955

仅 1887—1893 年，从新加坡走私运进海南岛的鸦片就有 8199 箱。走私鸦片大多在文昌县的铺前港和清澜港、陵水县的陵水湾、琼海县的潭门港、崖州的保平港卸货，其中，文昌县是重要的集散地，从铺前港入口的走私船只较多。

面对如此猖獗的走私，1894 年，琼海关在三亚榆林港设卡（1896 年改为分卡），并拟订《华船由新加坡装载洋药运华办法六条》，规定：凡是去南洋贸易的船只，出口时须去海关申请出洋牌照，返回时须到榆林卡查验。但商贩想尽办法逃避监管："各商在新加坡领事馆出所立完税厘之凭单，均属虚伪，无处收银。其在新加坡贩运洋药，各商斯时亦皆瞒关出口，及至海南各子口时，地方官亦均不闻问有无完清税厘"②。

中法战争后，法国迫使清政府签订《中法互订广州湾租界条约》，广州湾成为法国的租借地，走私分子到该地时，只需要将鸦片交到专门揽办私货的走私组织中，按每箱鸦片给法国政府缴纳若干银两（缴纳的银两数远远少于需要交的税厘数额），便可自由通行。因该地与香港距离近，广州湾便成为走私鸦片的一个基地，商贩把鸦片从香港运往广州湾，再经过海安港水路，将其偷运到海南岛的港湾卸货出

① 《光绪二十一年琼州口华洋贸易情形论略》，广东省档案馆藏琼海关档案（中），卷 3。转引自连心豪：《水客走水——近代中国沿海的走私与反走私（上）》，江西高校出版社 2005 年版，第 134 页。

② 《光绪二十一年琼州口华洋贸易情形论略》，广东省档案馆藏琼海关档案（中），卷 3。转引自连心豪：《水客走水——近代中国沿海的走私与反走私》（上），江西高校出版社 2005 年版，第 135 页。

售。据统计，1907—1911 年经广州湾输入的鸦片有 3593 箱，特别是 1911 年 5 月每担的税厘上涨到海关银 350 两后，鸦片走私更严重。①

3. 农副产品输出

琼州开埠后，外国在向琼州口岸输入工业品的同时，海南本地产品也向外输出。海南地处热带，是我国唯一热带资源产地，矿藏、鱼类、盐场、森林、畜牧资源丰富，所以对外贸易以出口农牧业土特产品为优势。本地产品不仅输出至中国口岸，还出口至外国。据琼海关土货出口的统计，在琼州开埠设关初期，本地产品向国内与国外的输出量差别不大，但至 19 世纪 90 年代开始，这种情势很快得以转变，土特产品大多直接出口至国外，而输出至中国口岸的土特产品仅占一小部分，这种变化与海南岛在 19 世纪末期的进一步开放不无关系。在 19 世纪末，法国强迫清政府声明海南岛不能割让给他国后，帝国主义国家在海南岛展开角逐，洋行也纷纷设立。另外，从 1891 年起，“香港、海防间有定期的汽船航行，海口成为定期的停船港口”②，经海口出入的船只数量增多。在这种情况下，土特产品被外国以低价疯狂掠夺，如黎族地区所产的“牛、猪、椰子、槟榔、木材、益智、红白藤、高良姜、瓜子、花生等都被各资本帝国主义所掠夺”③。

从琼州口岸出口的货物类型来看，主要有经济作物、水产品、畜牧产品等。经济作物中有槟榔、大麻、蔗糖、烟叶、芝麻、龙眼肉、花生、瓜子等；水产品中有鱿鱼、咸鱼等；畜牧产品中则涉及

① 海口海关志编纂委员会编：《海口海关志》，第 146 页。

② 海南省地方史志办公室：《海南省志 · 对外经济贸易志》，南海出版社 2009 年版，第 337 页。

③ 符和积主编：《海南文史资料 · 第四辑》，三环出版社 1991 年版，第 164 页。

生猪、家禽、鲜蛋、动物脂、牛皮、皮革等。这些货物主要运往中国香港、马来西亚、越南销售，或者经这些地区再运到其他各国，而与大陆的贸易主要集中于汕头、北海、江门等地区。因为海运被外国资本主义势力垄断，许多货物经过香港再输往大陆其他地区。以清光绪年间为例，海南出口的商品以砂糖为主，另外有槟榔、芝麻、烟叶、土布、兽皮、生猪等，这些商品几乎都运往香港。在清朝最后十年（1902—1911 年），日货涌入海南的同时，海南出口货物以猪为主，另外槟榔、高良姜、白糖、红糖等也常常被运出岛外。

砂糖，主要是由海南岛本地甘蔗加工而成。道光《琼州府志》中有记载："甘蔗，围数寸，长丈余，颇似竹而皮厚，断而食甚甘……琼产四时不绝"，"糖名颇繁，不外乌白赤三种"①。海南岛盛产甘蔗，经加工而成的砂糖（这里涉及红糖与白糖）在岛外有市场，下表中显示在 1890—1894 年红糖与白糖的出口量呈增长的态势。在甲午战争后，红糖与白糖的出口量波动性大，在 1900—1905 年间，出口量还是很可观的，远远超出甲午战争以前的出口量。如 1901 年输出的红糖达 161912 担，白糖为 31316 担，1902 年红糖、白糖则分别达到 247485 担、22693 担，1905 年分别为 242722 担、29863 担。但清朝最后的六年（1906—1911 年），白糖与红糖的出口量大为减少。这期间，大量洋糖相继输入海南岛，对岛内蔗糖业造成打击。外国机器生产的洋糖成本低、质量好，而海南岛的土塘主要经人工操作，效率低、费用多，而且相较洋糖质地色泽差，在竞争中渐失优势。

① 《琼州府志》卷五（物产），转引自陈光良：《海南经济史研究》，中山大学出版社 2004 年版，第 309 页。

1890—1894 年海南蔗糖输出[1]（数量：担）

年份	红糖出口	白糖出口
1890	64127	9757
1891	83958	7349
1892	80529	726
1893	93224	7861
1894	104922	16234

另外，槟榔、生猪也属出口的大宗货物。王翔在《棕榈之岛——清末民初美国传教士看海南》中写道："成百只猪，每只都装在一个竹笼里，通常都堆满了开往香港的定期班轮的一层货舱"[2]。生猪在1890 年出口量为 27943 头，进入 20 世纪之后，出口量大增，1901—1909 年几乎每年都在 70000—90000 头左右，其中生猪出口最高年份1904 年达到 881631 头，对比 1890 年增加了 853688 头。槟榔是海南特色经济农作物，对海南经济影响很大，自开埠初期一直在市场上受欢迎，1886 年就达到 8231 担，1900 年后槟榔的出口量基本在 1 万担之上，出口最高年份 1909 年达到 15908 担。

以上商品进出口情况表明，琼州自开埠设关后，大量外国工业品涌进海南市场，农副产品也被搜刮出口，尤其是甲午战争以后，这种现象更明显，海南成为资本主义市场的一部分。进入 20 世纪初期，中国民族资本主义工业进入发展的黄金时期，但是，海南对外贸易的形势并没有取得显著的发展，主要是由于政局不稳、治安不宁、苛捐杂税、汇市不利、抵制洋货运动，加之台风旱灾危害、罢工风潮、抵制洋货运动迭起、走私猖獗等原因，海南的对外贸易呈

① 海南省地方史志办公室：《海南省志·对外经济贸易志》，南海出版社 2009 年版，第 224 页。

② 王翔译著：《棕榈之岛——清末民初美国传教士看海南》，第 57 页。

现起伏不定的状态，消费型对外贸易导致巨额年入超值居高不下。

◆ 汽车满载生猪从乡镇开到海口，准备运往香港①

应该指出的是，从近代至民国初期，就海南对外贸易的范围和对象而言，海口不是一个国际贸易中心港，只是广东区域贸易圈的一个支港。海南对外贸易基本上未参加国际贸易的大循环，只是作为香港和广州、汕头等地区性市场的附属品而存在，与香港以及广州、汕头保持着密切的贸易关系，这是近代海南对外贸易最显著的特点。有记载，“本期以前，琼州与通商口岸贸易，除广、汕而外，余均微渺。及自十五年对港举行抵货后，当地商家始自他埠购运国货，尤以上海为最伙（火）。且因转口货物虽经外国口岸运输，仍享转口利益，致使本埠进口土货，为数激增。计其价值，民国十一年不过关平银二十一五千两，二十年则升为四百五十一万五千两焉。”② 直到 20 世纪 30 年代后，海南对外贸易才开始跃出传统的广东地区性市场，加入上海等国内市场的循环。

① 图片来源：[意] 罗斯辑：《海南岛史料》第 156 册。

② 海关总税务司署统计科：《最近十年各埠海关报告（民国十一年至二十年）》下卷，第 338 页。

五、海南社会经济近代化的开始

琼州开埠之前，海南自给自足的农业、手工业占主导地位。随着琼州开埠设关，海南卷入了资本主义世界市场，导致家庭手工业的衰落。但不可否认，晚清时期琼州口岸的进出口贸易带动了海南经济近代化的起步。一方面，传统经济受冲击；另一方面，为适应西方资本主义市场的需要并受其控制或影响，海南近代垦殖业、工业、航运业也逐渐兴起。

（一）农业

海南优越的地理位置，使海南物产很丰富。有学者写道："琼崖耸立海外，中原远望，天涯万里。山海之气，能出云雨，能产万物。土地肥沃，植物繁荣，海产充足，矿苗丰富。若谋开辟，诚足取之不尽，用之无穷也"①。优良的气候、土壤等条件，使热带农作物在海南很盛产，海南的农业经济因此发达。海南传统的粮食作物有玉米、水稻等，在经济作物方面，海南普遍种植棉花、麻、甘蔗、椰子、槟榔等。

近代以来的海南进出口贸易使传统的农业经济发生了变化。一方面，粮食种植减少；另一方面，热带经济作物引进甚至出现近代化的农垦实业。

琼州开埠设关以来，外国资本主义国家向海南倾销工业品，棉纱、洋油、火柴等外国商品进入海南市场。这些商品一般由西方先进机器制造，比起土货物美价廉，有竞争优势。而经海南岛出口的产品多是猪牛、槟榔之类的牲畜及土特产品，且在晚清时期海南贸易进口

① 许崇灏：《琼崖志略》，（台北）学生书局 1981 年版，第 2 页。

值远远高于出口值，基本处于入超地位，这使得传统农业生产遭到破坏。外国棉纱、棉布进入海南，对当时海南岛的棉花种植就有很大的冲击。粮食生产减少，在当时甚至还出现大米依赖进口的现象。林日举在《外国资本主义侵琼及岛内人民的抗争》一文中指出：海南“自1891年第一次从越南北部和香港输入大米后，城镇及官方食量逐渐依赖于洋米，陷入了外国资本主义的控制中”。①

◆ 引种的橡胶苗圃②

传统农业经济在受到打击的同时，受外国资本主义的刺激，热带经济作物被大规模地引进、种植。热带经济作物产品进入市场会产生丰厚利润，这促进了近代垦殖业在海南的出现，而出洋谋生的华侨无疑对热带经济作物的引进与种植做出很大贡献。19世纪末20世纪初，

① 林日举：《外国资本主义侵琼及岛内人民的抗争》，《琼州大学学报》1998年第4期。
② 图片来源：[意] 罗斯辑：《海南岛史料》第94册。

橡胶、咖啡、菠萝、油棕、椰子等优良热带经济作物被引进，如引进的椰子新品种在海南部分地区种植，收成很不错。咖啡在1898年就经华侨从南洋引进，并种植于文昌南阳。其后于1908年引进的咖啡苗又被种植于儋县、定安、文昌、澄迈的部分地区，种植咖啡在海南渐渐普及。橡胶是20世纪初由华侨从马来西亚引进，在试种成功后，清末在海南出现了由华侨兴办的橡胶种植园，如1904年区干寅等人创立了儋州的第一家华侨实业——侨兴有限公司，该公司开发了儋州历史上最早的胶园——侨兴胶园；1906年，华侨何麟书等创办琼安垦务有限公司，该公司创办琼安胶园；1907年，华侨区慕颐、胡子青创办了那大橡胶园，该橡胶园引进上万株巴西三叶橡胶种苗。这些种植园雇佣工人生产，通过资本主义方式运营，增加了海南农业经济的近代化色彩。

（二）工业

海南的纺织业、砂糖业、榨油业、盐业是传统手工业，琼州被辟为通商口岸后，进出口贸易使传统手工业遭到破坏，外国人投资建立的石油公司所销售的石油对海南传统榨油业造成严重打击；棉纱的输入使海南小作坊式的棉纱业受到冲击，许多妇女因此失业。外国资本主义势力还以低价掠夺岛内的土特产品，而这些土特产品中的很大一部分是被当成原料经加工后以高价卖往世界各地。海南物产的被掠夺在一定程度上加速了手工业的破产。

但是，进出口贸易倾销西方工业产品的同时，先进的技术和生产方式也随之带入。部分手工业为适应贸易形势，就在传统手工业的基础上利用从外国进口的一些产品进行再加工。例如，在五金交电化工行业，岛内人民起初利用进口的金属材料及五金产品加工简单的工具，用进口的铁丝制作老鼠夹、鱼钩，铁丝还被用于帆船上，而废铁则被用来制造斧头、锄头，这些用进口五金材料加工好的产品运销到其他各地。在1900年，路灯开始安装于海口的街道上，电灯也出现在少数居民家里与商店中，电工产品行业也随之形成。一些商人受利润驱使，将商业资本转化为工业资本，经营工业，海南一批中小民族工业因此形成。清末海口出现了拥有一定生产规模的工厂，如萃精、铜华、振兴纺织厂。1908年一家小型火柴厂建成，同年一家制造菠萝、荔枝、龙眼罐头的食品加工厂也成立。此外，榨油厂、陶瓷厂、制帽厂也在海南可以见到。部分民族工业基于传统手工业，引进西方机器，通过近代化的管理与组织模式展开生产。但这些近代化工业由于受外国资本主义与本国政府的双重压榨，机械化程度还是较低，发展艰难。

（三）航运业

近代之前，海南的交通运输非常落后，水上交通工具以原始的帆船为主。琼州被辟为通商口岸后，随着外国航运势力进入海南，一方面，海南传统的帆船运输衰落，另一方面，清末航运业在海南开始兴起。

在琼州开埠设关后，进出海南岛的英、法、德、瑞典、挪威等国轮船渐渐增多，甚至还控制了海南航运业。由外国经营的轮船代理公司开始在海南出现。如在1910年，德国特洛伊轮船公司垄断了由海南前往汕头、中国香港、曼谷、新加坡的业务。

当时，海南岛的进出口货物大部分由外国轮船经香港转运，海南与国内北方沿海各地的帆船贸易被外轮势力排挤甚至取代。而海南与南洋间的帆船贸易，“直至光绪二十年（1894年）还常有本地帆船载客往来于新加坡、暹罗等处”①，但在光绪末年，出南洋贸易的帆

① 符祖缘：《广东航运史（近代部分）》，人民交通出版社1989年版，第94页。

船就渐渐被淘汰。岛内沿海帆船多是小船，仅从事近海贸易，只在岛内港口与北海、雷州、高州之间往来；稍大的船只大多情况下前往江门和港澳地区，而大船则很少见。在清朝最后一年，即宣统三年（1911 年）时，经琼海关行驶的外国进出口轮船有 774 艘，载重量达 726842 吨，而本地的帆船仅存 2 艘，载重量为 246 吨。

在外国资本主义刺激下，海南航运业也开始发展起来。侨居于新加坡的华侨胡国廉早在 1908 年就提出在海南设立轮船公司的方案，但清政府农工商部认为这项提议应从缓计议。最终在 1910 年，胡国廉设立侨轮公司，购置了一艘载重达 353 吨的海轮。该轮船航行于广州到海南嘉积之间，搭载客货、购运食盐。此外，泰国的华侨富商也经营轮船公司，租用两艘德国轮船与两艘挪威轮船来扩大航运，承揽曼谷至海口之间的航运业务。

总体来看，海南农业、工业、航运业在进出口贸易的影响下，传统的经济形式受到外国资本主义打击、排挤的同时，新型的经济形式又得以发展，这带动了海南经济的近代化，但由于受清政府与外国侵略者的压迫，技术、资金等不到位，海南经济“还是没有得到一个质的突破，仅处于近代化的萌芽状态”①。

六、清末至民国的出洋高潮

中国东南沿海与亚洲各国之间的人员往来，可以追溯到遥远的古代，中国民众前往海外，留居当地的情况也时有发生。由于地理位置便利，历史上，闽、粤地区与东南亚的联系非常密切，在进行海外贸

① 高海燕：《海南社会发展史研究（近现代卷）》，第 40 页。

易的过程中，不仅有商人和商品往来，还有搭乘商船每年前往东南亚的移民以及生活物资的输送、各种信息的交换等，其中有相当数量的移民是海南人。

（一）海南人出洋的背景

自明朝郑和下西洋以后，到南洋去的海南人增多起来。其主要原因：首先，海南岛东部地区土地瘦瘠，粮食不足，主要以杂粮薯芋为活。那时有乡谚云："东路槟榔西路米"，"家无占石"是极为普遍的现象，东部地区不少人向中部黎族山区迁徙。许多人由于家庭贫困，无法维持生计，迫不得已而出洋谋生。他们卖掉或典当仅有的少量土地或其他财物，合计了路费，从海口或文昌铺前、清澜港搭乘帆船或渔船向东南亚谋生。另外是寇乱严重，官军未能保障人民的生命财产安全，使百姓到了民不聊生的地步。明清时期海南岛沿海海寇更加猖獗，他们抢劫财物，掳掠人口，索要钱财，如不能赎，就被卖到国外充当苦力。

其次，16、17世纪以后，西方殖民势力东来，到19世纪中叶以后，东南亚大部分地区相继被纳入欧美列强的殖民统治之下，成为世界资本主义体系的组成部分。随着世界各个地区联系日益紧密，港口、城市以及各种基础设施配套建设的不断进展，东南亚地区的大米、砂糖、橡胶、锡、油料、石油等初级产品向欧美输出成为可能，东南亚遂与非洲、拉丁美洲和亚洲大部分地区一样，成为以欧美资本主义国家为中心的世界经济体系中初级产品的供应地。

再次，随着东南亚地区的陆续开发，锡矿业和橡胶业急剧发展，需要大量廉价的劳动力。而在19世纪中叶，非洲奴隶贸易停止，世界范围内劳动力不足问题十分突出，欧美资本主义国家就把目光投向紧邻东南亚的中国华南沿海，力图在这里找到廉价的劳动力来源。日本学者滨下武志认为：“在中国移民人数最多的东南亚地区，因19世纪中叶非洲奴隶贸易停止，劳动力不足而导致的苦力移民占压倒多数。这是由于刚刚开发的东南亚地区，殖民地农业和矿业生产中对劳动力的需求急剧增加的缘故。”① 此时，中国经过鸦片战争后，在西方列强的压力下逐步实行开放，传统海禁政策日渐松弛。在内外因素的相互作用下，华南沿海大批民众大规模地向东南亚移民成为可能。

最后，琼海关设立之后海南航运业有了极大发展，对海南人出国的影响也很大。据琼海关史料记载，琼州在1876年开埠时，进出岛人数不到3000人次，1882年则增加到了1.1万人次。到了19世纪末20世纪初，进出琼州口的人次达到了4万左右。《光绪二十八年琼州口华洋贸易情形论略》记载：“旅客查今年轮船装载华工出口计有二万六千五百六十名，去年不过一万六千九百八十六名，是年较去年所增颇巨，其故盖因赴新加坡者今年实盛于去年耳。至现时华人之出洋佣工者，则较易于从前，皆缘德国公司轮船由中国往来暹罗、新加坡者华工，附载一切均称适意，船面固极空阔，上有遮蓬舱位，亦极宽舒，四方通气，若彼贫贱者得乘此船，比之家居尤为安适。故招工轮船之到海口搭客必多。诚所谓以好处给人未有不愿领受者也。”② 航运条件的改善，让海南的出国人数增加了。由于轮船必须经过海口港搭客，海口也因此逐渐取代文昌的清澜港，发展为近代华工出国的口岸之一。

综上所述，在海南设关以后，外国资本主义势力涌入海南，他们

① 转引王翔：《近代南洋琼侨的社会团体生活》，《海南大学学报》（人文社会科学版）2009年第3期。

② 《光绪二十八年琼州口华洋贸易情形论略》，载中国第二历史档案馆、中国海关总署办公厅合编：《中国旧海关史料：1859—1948》第36册，第297页。

除了倾销商品和掠夺原料，也招揽海南的劳动力，近代琼州设关，是海南人出国的一个重要原因。

（二）海南人向东南亚迁移的高潮

鸦片战争后五口通商，欧美国家纷纷通过代理人到中国东南沿海地区招募劳工，甚至采取诱骗拐卖的手段，将华人劳工当作“猪仔”贩运到南洋。当时海峡殖民地[①]“猪仔”贩运十分兴盛，新加坡成为吸引和转贩华工的最大中心，在这里开有许多收容华工的客栈，名为“猪仔馆”，实际类似牢房。这些“猪仔馆”与香港、澳门、汕头、海口等地的“猪仔馆”声气相通，联手进行贩运华工的活动。海口也是近代华工出洋的主要口岸之一，有外国代理人和招工贩子设立的招买华工、经办华工出国事务的机构和“猪仔馆”多处，主要为法国人控制。每当船期一到，被掠华工就被成批运往香港，再转运到南洋或北美洲。据不完全统计，从1881—1930年间，到达海峡殖民地的华人共约830万，其中70%是“猪仔”。换句话说，这50年里共运去了600万名华工，平均每年达十多万名。“据估计，至20世纪初，出口的海南华工约30万人，其中大部分属被掠之华工，而这些华工中出自文昌、琼山、琼海、万宁居多。”[②]

当时的东南亚，大致包括缅甸、海峡殖民地、马来西亚、暹罗、法属印度支那、印度尼西亚、菲律宾，这里本来是传统上中国民众向海外移民的主要地点，鸦片战争以后，移民人数急剧增长。下表反映了这一时期逐年到达东南亚的人数：

---

① 1826年英国建立的殖民地，包括马六甲、槟榔屿和新加坡在内。

② 林日举、李琼兴：《外国资本主义侵琼及岛内人民的抗争》，《琼州大学学报》1998年第4期。

中国向东南亚的移民（1869—1939）①

年份	到达人数	年份	到达人数	年份	到达人数
1869	20824	1893	186269	1917	218617
1870	22282	1894	178601	1918	137342
1871	21132	1895	224315	1919	169357
1872	27013	1896	196942	1920	248866
1873	15082	1897	156273	1921	334388
1874	36516	1898	176963	1922	261454
1875	42546	1899	19658	1923	302541
1876	80272	1900	245650	1924	326074
1877	63013	1901	219998	1925	329731
1878	63452	1902	245437	1926	516793
1879	68730	1903	276207	1927	567663
1880	86405	1904	241890	1928	523422
1881	130496	1905	204954	1929	352845
1882	170672	1906	248984	1930	303192
1883	150388	1907	314435	1931	227398
1884	148315	1908	222616	1932	127417
1885	139225	1909	221846	1933	118229
1886	170081	1910	304431	1934	221249
1887	172400	1911	332985	1935	251453
1888	206788	1912	344900	1936	268219
1889	161812	1913	332108	1937	387634
1890	148136	1914	219766	1938	203911
1891	155735	1915	188617	1939	110276
1892	158087	1916	272896	合计	14721450

① 参见王翔：《海南人移民东南亚的历史过程》，《海南师范学院学报》（社会科学版）2001 年第 6 期。

中国人移民东南亚情况（1891—1938）[①]

年代	到达人数
1891—1900	1875423
1901—1910	2500798
1911—1920	2465449
1921—1930	3818103
1931—1938	1805510
合计	12465283

从以上两表可以看出，自19世纪70年代以后，中国向东南亚移民的人数呈迅速上升趋势，到19世纪80年代，迎来了第一次移民高峰。其后，进入20世纪，在第一次世界大战期间有所下降，但很快到20年代又出现了第二次移民浪潮。

在移民浪潮中，海南籍人移民东南亚一带的多在越南、柬埔寨、泰国、马来西亚、新加坡、印度尼西亚、缅甸等。以新加坡为例，“1842年《南京条约》签订后，海禁逐步解除。在此之前已有海南人来马六甲、槟榔屿定居。但来新加坡的不多，虽有海南商人经常乘帆船南来进行贸易，但他们只在新加坡作短暂逗留就回国。”[②]但在19世纪下半叶，海南人移居新加坡的情况发生变化，1907年11月30日至次年2月3日两个多月时间里，从海口港向新加坡等处移民者，“男子3101名，妇女33名，幼童306名”。仅1908年2月10日、12日、14日三天内，从海口港乘船前往新加坡等地的移民，“男子5617名，妇女45名，幼童604名”[③]。从当地的户口记录中也可看

① 参见王翔：《海南人移民东南亚的历史过程》，《海南师范学院学报》（社会科学版）2001年第6期。

② 韩山元：《琼州人南来沧桑史》，《新加坡琼州会馆庆祝成立一百三十五周年纪念刊》，1989年。

③ 朱荣基：《光绪末期海口贩运华工出洋若干史实》，《历史档案》1984年第4期。

出海南籍人移居新加坡的人数在持续增加。1824 年新加坡户口统计记录，是年全新加坡人口 10638 名。其中华人 3317 名，未列省籍。1881 年新加坡的户口统计正式列出各籍华人人数，海南籍人 8319 名，1911 年为 10504 人，1931 年增长为 19896 人，到 1947 年增加到超过 52000 人。①

泰国也是海南人出洋的主要目标地，清末外交官张荫桓的《三洲日记》记载："寓暹华民潮为最，闽次之，广肇、海南次之，惠州、嘉应又其次也。"据琼海关的统计，光绪二十八年（1902 年）以后，往来于新加坡、曼谷的琼州移民数目（含雷州半岛籍的人在内）列表如下：②

年份	到新加坡	从新加坡	到曼谷	从曼谷
1902	16252	5030	4949	4420
1904	14633	6279	5980	3522
1906	11878	2937	6779	6242
1908	11948	2543	9533	7607
1910	27990	5155	12193	9157
1911	32431	9052	9464	9722

仅从以上数字即可看出这一时期海南民众向东南亚移民人数之多，规模之大。仅在清末 1902—1911 年间，从海南迁往泰国和新加坡的人口，平均每年达 2.7 万。③ 福建永泰人力钧于 1891 年到东南亚游历，所写《槟榔屿志略》记有光绪七年（1881 年）槟榔屿"人民一十万零五百九十七口人，内有华人六万七千八百二十。……其

① 吴华：《星洲琼籍人士之今与昔》，《新加坡琼州会馆庆祝成立一百三十五周年纪念刊》，1989 年。

② 陈多余：《琼侨出洋概况及其贡献》，载海口市政协文史资料委员会编：《海口文史资料》第六辑，海南省农垦印刷厂，1990 年版。

③ 参见王翔：《海南人移民东南亚的历史过程》，《海南师范学院学报》（社会科学版）2001 年第 6 期。

居槟榔屿者，计海南人二千一百二十八。其居威烈斯烈者，海南人三百八十二。”[①] 民国十二年（1923 年），琼侨迁居海外 1.8 万人，1927 年更高达 4.8 万人之多。[②] 据琼海关统计，民国年间，每年从海口出洋的人数在万数以上，并且逐年增加。兹以琼海关所记历年海南人出洋人数列表如下，通过清澜、博鳌、三亚等港出去的，未统计在内。

海口出洋船客人数逐年比较表 [③]

地区 人数 年份	香港	新加坡	其他各地	合计
1918	7034		5830	12865
1919	4791	2462	8996	16249
1920	4698	3278	8636	16612
1921	6209	2420	9153	17781
1922	4751	7069	9995	21815
1923	4378	8894	22917	36189
1924	4817	17400	28134	50341
1925	5450	28678	20947	55075
1926	1710	20411	19190	41311
1927	12213	10329	26202	48744
备考	历年由各地返琼的船客人数大略相等			

从以上列表可以看出，从鸦片战争到民国初期，海南人向东南亚迁徙出现过三次高潮：第一次，19 世纪 70—80 年代，由于海禁解除，

① 陈多余：《琼侨出洋概况及其贡献》，载海口市政协文史资料委员会编：《海口文史资料》第六辑。

② 詹长智：《中国人口》（海南分册），中国财政经济出版社 1993 年版，第 85 页。

③ 参见陈铭枢：《海南岛志》，海南出版社 2004 年版，第 136 页。

大批海南人为谋生的需要，移居到东南亚各国。第二次，19世纪末到20世纪初，新加坡、马来西亚橡胶种植业兴起，马来半岛上锡矿业亦有大的发展，对劳工需求旺盛，加上中国国内社会动荡，民不聊生，遂使海南人大量前往南洋谋生，而琼海关在促成大量海南人向东南亚迁移的过程中起了至关重要的作用。第三次，民国成立以后，战乱兵燹，动荡不安，20年代后，内战愈演愈烈，民不聊生，出洋之风益盛未衰，适逢英国在新加坡三巴旺拓展军港，兴建远东地区最大的军事基地，迫切需要大批劳工和家庭帮佣，两方面的因素导致了琼州人的又一次出国潮。

七、海外琼侨社会的形成

从清末到民国，大量海南人出洋造就了海外琼侨社会的形成，鸦片战争后，尤其在东南亚各国，出现了海南人集中居住的社区。这些人有相对固定的职业，基本上保持着原籍的生活习惯，并组织了各种乡团或社团，相互联络，进行活动。

琼侨笃于乡土观念，语言、习惯、性情与当地不同，凡所在之处，习惯聚族而居，有本族的会馆、学校，保留着海南人的风俗。他们以籍贯为原则聚居在一起，出现了许多“海南村”、“海南街”，如马来西亚的丁加奴、古来、沙巴、槟城，新加坡的密陀路、小坡、美芝律，泰国的初贝岛、北大年，越南的堤岸、河仙等地，都是琼侨聚集区。这些社区的琼侨依旧用海南话，其生活方式、风俗习惯、宗教信仰与在国内一样，甚至影响到当地人①。

① 参见寒冬:《海南华侨华人史》，海南出版社2008年版，第124—125页。

◆ 吉隆坡琼州会馆印章

◆ 槟城琼州会馆印章

在海外的海南人，大多数从事繁重的体力劳动，他们有的当矿工，在条件艰苦的金矿、锡矿作业；有的当种植园工人，成年累月在烈日下劳作；有的佣耕，开垦田园，生活极其艰难。许多人当初幻想出洋谋生以改变贫穷的命运，但在南洋劳苦了一辈子，还是没有赚足回归故里的盘缠，最后终老在异国他乡。华侨中有少数人经营工商生计，小本经营，店铺不大，比如咖啡店、小食店。也有经营丝绸、茶叶、瓷器或粮食加工、木材加工的。一些人经过长期的艰苦拼搏，在异国他乡奋斗多年，经营生意从小到大，有了一定的积蓄后便投资创业，及至发财致富的也不乏其人。例如琼侨王绍经，年轻时到新加坡谋生，最初靠挑蒌叶过活，稍有积蓄后便开始自己做买卖。他做过布伞买卖，开过土杂店，代理过煤油生意、房地产业，经营橡胶园、保险和银行，后来成为新加坡 12 位名商之一。20 世纪 20 年代，在马来西亚、新加坡一带的华人中流传着“福建有个陈嘉庚，海南有个王绍经”的说法。

琼侨为了保护自身的利益，往往以祖籍地的地缘和血缘为纽带，建立某种社会活动组织（帮会或社团），以加强彼此之间的联系和沟通。清末外交官张荫桓《三洲日记》称：“西贡华人分作五帮：曰广肇、曰潮、曰漳泉、曰客家、曰海南。五帮之中各有正副帮长。——西（历）每月一号，帮长将华人姓名、出入口数目具报公堂。堤岸情形相似。”① 在新加坡、槟城等大埠，都建有琼州会馆。

早期琼侨为了解决子女受教育问题，让华侨子女读书识字、学习中国文化，由各个宗亲会馆或同乡会馆共同出资创立规模较小的私塾或学校，学校使用本乡本土的方言教学，学生只限于招收同乡子女。19 世纪，随着大量中国移民来到东南亚各国，在华侨聚居的各大城市和商埠，几乎都设立了华文学校，并招收本乡以外的华侨子女入学，逐渐向正规化、本地化发展。20 世纪初，在中国变法维新运动的影响下，广大华侨产生了强烈的民族主义情绪，东南亚开始出现现代华文学校②，1901 年，由巴达维亚中华会馆创立第一所正规的华文学校。从清末到民国，东南亚华文教育逐渐发展，“中国政府对东南亚各国的华文教育给予鼓励与支持，力图通过华文教育，保持与东南亚华侨社会的联系，争取广大华侨对中国政府的支持、促使华文教育有一定的发展。”③ 到 20 世纪 30—40 年代，东南亚地区的华文教育进入鼎盛时期。

华文学校的创办，使中华文化在东南亚广为传播。琼侨在海外还创设中文报纸、杂志，加上华文学校和社团组织的建立，将海外华侨凝结在一起，成为华人社会传承祖国文化的载体。

---

① 转引自陈多余：《琼侨出洋概况及其贡献》，载海口市政协文史资料委员会编：《海口文史资料》第六辑。

② 梁英明：《战后东南亚华人社会变化研究》，昆仑出版社 2001 年版，第 142 页。

③ 寒冬：《海南华侨华人史》，南方出版社 2008 年版，第 199 页。

第五章　民国初期的海南社会

一、纷乱的政局和军阀统治

海南地处中国最南部，地理上偏处一隅，远离中国政治中心，长期处于欠发达状态，不容易受到岛外政治风云的影响，辛亥革命在政治上对海南没有造成太大影响。进入民国以后，海南的政局随着全国的形势发生着变化，特别是与广东政局息息相关，广东政治的变化随时引发海南岛内部格局的变化。琼岛内部无强有力的人物，外来军阀和地方实力派往往将海南岛作为败落后的退保之地或临时据点，盘踞一方。

从 1911 年至 1928 年，海南岛的建置和统治者变换不已，其政局情形如陈铭枢《海南岛志》中所描述：

民国元年，设琼崖绥靖处，古应芬为处长，李福隆为副处长。二年，罢绥靖处，改设琼崖镇守府，掌理军民两政，委邓铿为镇守使。无何，讨袁军兴，龙济光乘机入粤。同年八月，邓氏解组出亡。同年八月，龙委陈世华为琼崖绥靖督办。三年，改置道，姚春魁为琼崖道尹。四年，王寿民、朱为潮迭为道尹，地方无事者数年。五年，袁世凯窃位，龙受伪封，各路群起声讨。龙不支，卒以矿务督办为名，由粤率残部移驻琼州，至是本岛遂为龙氏盘踞。是年冬，委梁迈为道尹。六年，委周沆为道尹。七年夏，龙乘时乱，率军渡海东犯，蹂躏高雷，声势张甚。旋在两阳为护法联军所挫，志不得逞，乃收集余部还守本岛，筑垒自固。桂军环海进攻，于儋、临一带战争最烈。11月，龙弃械逃散，黄志桓率军搜剿，遂为镇守使，黄明堂为道尹。此役本岛备受蹂躏，海口元气尤伤。八年秋，以沈鸿英为镇守使，饶芙裳为道尹。九年，沈鸿英他调，以李根源为海疆边防督办，入驻琼山；以杨晋为道尹。是年7月，粤军由漳浦西还，驱逐陆、莫。李根源率军附桂，调所部滇军离海南，转赴东江河源之役，为粤军击溃。时留守部队为蔡炳寰一团，桂军西窜，蔡始附粤。但事先粤军已委陈继虞召集民军起义，四夺城池，乘势围攻蔡氏于府城。陈军战败，蔡亦他调。是冬，粤军旅长邓本殷率队入琼，兼领琼崖善后处处长职务。十二年，陈炯明被逐，省局纷乱，邓氏乃乘势侵并八属，自称八属联军总指挥，本岛又成割据之局。十四年，党政府以邓氏负隅抗命，乃命第四军出高雷讨之。邓部不支，纷纷败退。四军乘胜渡海，遂讨平之。邓氏据海南数年，恣意搜刮，弗恤民隐，怨声载道，宜其一败涂地也。十五年，省政府以张难先为琼崖行政委员，以第四军三十四团许志锐部驻防琼崖。是年冬，许部北伐，以三十三团黄镇球部调防。十六年夏，清党事起，以黄镇球兼琼崖警备司令。11月，张、黄构难，黄镇球附之，第四军即令其团参谋长叶肇为三十三团团长，尼持其兵，仍兼戒严司令。迨十七年春，广东设置东西南北四善后区，陈铭枢为南区善后委员，乃督率所部第十师克期渡琼并为创办保甲，四境用告清平。此为民国纪元以来海南政局变动之大略情形也。①

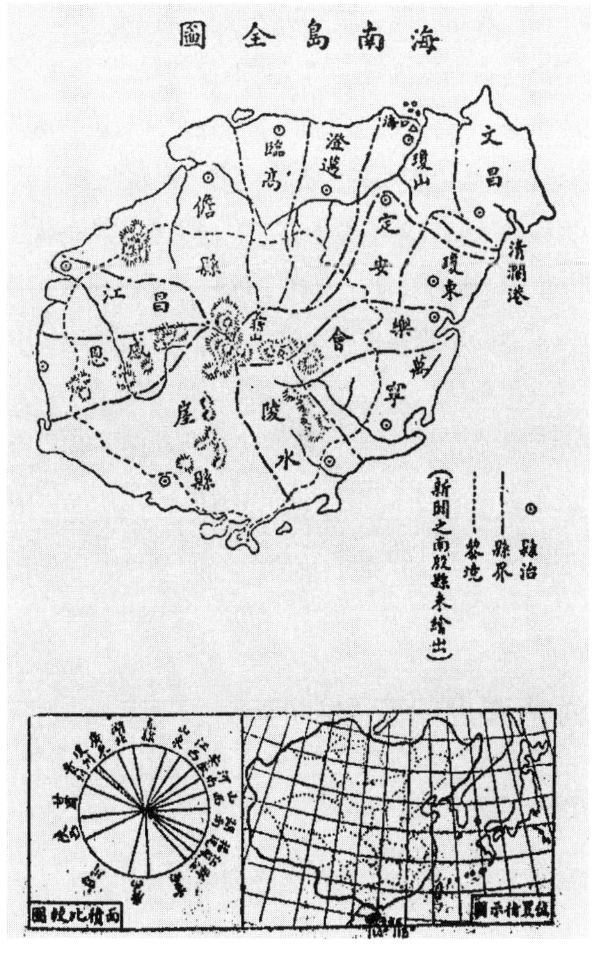

◆ 1925 年海南岛全图 ②

① （民国）陈铭枢：《海南岛志》，海南出版社 2004 年版，第 511—513 页。

② 图片来源：《东方杂志》1925 年第 10 期，载［意］罗斯辑：《海南岛史料》第 145 册。

从上述可知，进入民国后，执掌琼崖全岛的最高军政官员的称谓不断变化，入驻琼崖的军阀及行政长官频繁调换。以1920年代为例，岛上驻有一个旅的军队，为高雷八属联军独立旅旅长邓本殷所部，邓氏兼琼崖善后处处长职务。1923年广东陈炯明兵变失败，邓氏趁省局纷乱之机，侵并高雷八属，成立八属联军指挥部，邓氏任八属联军总指挥，海南岛遂成割据之势。邓氏据海南期间，“岛上设有财政局，总揽一切税收事务，上无供应之求，下有任免之权，岁入丰饶，唯我独尊。”为强化割据势力，邓氏为在海南岛提高税收，开设赌业，“仅烟草赌博的捐税收入每日不下数十万元，时人称之为海南王。”①1925年10月，广东革命政府发动第二次东征时，邓本殷乘机侵占广东阳江等地，被国民革命军陈铭枢率军击退其进攻，遂退守海南岛。1926年1月，张发奎率部队从文昌登陆海南，攻占府城海口，当地民军群起响应，邓军溃散，邓本殷逃亡香港。如此动荡的政局持续至1928年，广东成立东西南北四个善后区，海南岛分属南区，由陈铭枢任善后委员，平治匪患，纷乱的局势才逐渐清平下来。

二、尚待开发的资源和物产

（一）热带作物

海南岛热带资源丰富，但是长期未引起国人重视，开辟无方，被忽视的状态已延续千年。民国以来，有识之士纷纷呼吁开发岛上资源，举办实业。民国八年，护法军政府曾特派彭程万、殷汝骊二人进行过专门调查，历时六个多月，写成《调查琼崖实业报告书》一大厚

① 蒋瘦颠：《海南岛》，《东方杂志》1925年第22卷。

册，报告详细叙述海南岛利源所在，规划开发方案，可谓关注琼崖实业的宝鉴。然而由于国内连年战乱不断，统一无望，西南军政府的计划无法实施。民国初期，一些有识之士已经认识到琼岛丰富的资源矿藏如果在适当的时候进行开发，必会给海南岛的发展带来无限希望。

海南岛多崇山峻岭，但除五指山外，其高度多在几百米以下，而且海滨地区多为由河流冲击而成的平地，土质肥沃，介于温湿带之间，其气候雨量皆适宜于农业，适于温热地带的植物生长，尤其以农业最为适宜。重要的农产品如大米、蔗糖、橡胶、椰子、槟榔、益智、艾粉、菠萝等，属于我国的特产区域，也是近代以来重要的商业产品，其主要农产品的情况如下：

大米　海南岛可利用的耕地面积很大，因人口稀少，多数未开发。耕地只占全岛可耕地的十分之一。大米是岛上的主要农产品，分为红白两种，红米是较为粗糙的品种，约占产量的四分之一或三分之一。一般情况下，大米每年收获两次，如果遇到雨量充沛，或可收获三次。

椰子　海南岛产椰子由来已久，但仅仅是居民的食品，不被视为重要的农产品。自从华侨回国提倡之后，椰子种植业才逐渐兴盛起来。在文昌，几乎无一家没有椰子。椰子用途广泛，椰肉可用于制作糕点，椰干可制糕粉等类，还可制作肥皂，以及机械和食用的清油，从油中可提取出炸药原料。油渣可以作马饲料或者肥料。椰核中的水可作饮料，可制作醋和酒精。椰壳可作器皿。厚实的外皮是纤维材质，可以制成柔软的褥垫、棕垫、毛刷、扫帚以及绳索等物品。叶子可以搭棚，树外包皮又名椰布，可作鞋底或用以包裹物品。树干可作建筑材料，掏空去心则可做桶。椰子树可以连续收采七八十年之久，所以收益丰厚、长效，与其他农产品相比堪称首屈一指。

橡胶　海南岛是我国唯一能生产橡胶的地区，因气候炎热，且多山坡地带，最适宜种植橡胶。清末民国以来，出洋华侨因在外多年，了解种植橡胶的收益，于是回海南岛试种者不乏其人。最早试种的是乐会县的何麟书，他于宣统二年（1910 年）从南洋带回橡胶种子和树苗，在定安县落河沟开设琼安公司，开辟 250 亩地，种植几千株橡胶。最初三年均告失败，到第四年种子开始发芽，至民国初期长成 3200 株橡胶，全部收获，成绩良好，运往新加坡销售，其品质甚至超过新加坡所产橡胶，售价也更高。何麟书试种成功后，内地商人便闻风而动，如那大的侨植公司，石壁市的南兴公司，加赖园的茂兴公司，铁炉港的农发利公司，都先后从南洋购运橡胶种子回琼崖种植，结果良好。

橡胶虽收益丰厚，但是其利润回收较慢，不宜单独经营一种作物，并且海南岛每一个地区，高处适于种植橡胶，低处则适于种植其他物种，所以在经营的时候，种植橡胶之外必种其他农产品，如椰子、槟榔、益智、艾粉、咖啡、棉花、烟叶、菠萝、花生、杂粮等物品，可因地制宜，选择种植，但以橡胶为主产品，其他为副产品。

甘蔗　琼岛地处南方，靠近赤道，位于产糖区域的中部，土壤适于种植甘蔗，尤其是西北部临高、儋县一带，以及东南部万宁、陵水、崖县等地为最佳产地。过去这些地区也是产糖业最为兴盛的地区。在这几个县当中，又以陵水最为发达。但是由于民国初年暴发牛瘟，使制糖业一落千丈，此后仅有制糖厂十余家，每家每春（自农历十一月一日起至第二年五月一日止为一春）产糖 300 余担。与过去相比，总产量减少不下 30000 余担。制糖方法极为简陋，既缺乏化学知识，又无机器设备。其方法是用两个大石轴互相衔接，将甘蔗置于两块石轴之间，凭借两头牛的力量拉动石轴转动，碾压出蔗汁落地，由砖沟流入贮存器，然后用火熬煮。以此方法制出的糖色泽不良。至于甘蔗种植，既不讲究选种施肥的技术，也没有灌溉泄水的方法。究其原因，在于缺乏农业知识，不懂得集中资本利用机器。民国初期，一些有识之士已经认识到，如能在种植和制糖两方面进行改良，其丰厚利益将无可限量。

益智　益智是一种重要的药材，日本人将其作为仁丹和千金丹的原料，故常到海南岛采集运走。民国初期的市价，每百斤约值六七十元至一百元不等。过去只有野生益智，到民国时期竞相人工栽种。此药材容易培养，高山峻岭皆无不适，也无需施肥，插枝种植，四年即可收成，且生长年龄长，如果生长过高，不便采集，可任意剪去其枝干，插植到其他地方。

槟榔　槟榔是琼崖特产，也是重要的中药材。海南岛的礼俗尤其重视槟榔，是礼尚往来婚丧嫁娶的必备礼物，除了销往各省，在岛内的销路旺盛。日本人制造的各种丹药，以及黑色的染料，多数用槟榔做原料，因此常来海南岛采购，价格由此稍涨，种植的人也日益增多。

艾粉　艾粉也是重要的药品，是用艾叶蒸取的粉质，其制作方法比其他农产品制粉要烦琐，所以销量很少，通常是用野生艾叶制作，在国内销售而已。民国初期，日本人发明了以艾粉为原料制作清凉剂、仁丹、千金丹、清快丸等，而日本以及中国台湾都不产艾粉，必须来琼崖一带采购，所以价格逐渐上涨，岛内每 100 斤需要 450—460 洋元。

咖啡　咖啡是全世界必需的饮品，其产地限于热带附近地区，是南洋群岛重要的农产品。琼岛过去不产咖啡，民国初期，华侨成立琼安、侨兴两个公司从南洋运回种子试种成功，收效显著，但是产量不多，仅够供应附近各地种子之用，无市价可言。咖啡随时可以播种，大约八个月后便可移植，四年后结果，树龄有四五十年之久。

菠萝　菠萝分为天菠萝和地菠萝两个品种，在热带附近地区容易生长。天菠萝属木本植物，果大如斗，果肉细致甘甜，琼岛人当作果品和菜食，民国初期尚未运往其他地区。岛外食用的是地菠萝，最适于种在椰树间隔地带。文昌盛产菠萝，价格最低时每个菠萝仅售制钱十余文，可制成罐头销往远处。文昌人还利用菠萝叶的纤维制作布匹，称为“菠萝蔴”，其细致坚韧，与粤赣地区的夏布无异。细的菠萝蔴每匹售价五六元，销往潮汕等地，颇受市场欢迎。

（二）森林、矿产、盐田

海南岛山岭众多，各种植物易于生长，森林繁茂，物产丰富，大多地方为未开发的处女地，民国初年外来者投资增多，产业逐渐得到开发，但仍处于初始的状态。其情况如下：

昌江、感恩、崖县、陵水、万宁的森林最大。因为海风猛烈，所产树木抵抗力强大，木质坚硬耐久，有的木材，如指经、石枳、苦枳、披擂、天料、胭脂等有千年不朽之称。指经因木料过重，不易搬运，用量很少；其余如石枳木等在粤桂地区作棺木之用，天料木等用于柱梁，都因为其木质经久。还有青皮等多种杂木，可用作铺设铁道的枕木，此外可用于建筑的木材种类则难以计数。琼岛中部和南部山岭重叠，到处是美材巨木，越往腹地材木越多。但是近海地区，由于附近居民的伐运，千百年来日益减少。在深山腹地，只要苗人住过的地方，都因烧山种粮，已经光秃无物。苗人生性喜欢迁居，随处焚烧，常常有几十里不见一棵大木的情况。尽管如此，岛上森林面积依然广阔，特别是万宁、陵水两县交界处的大钓罗山和小钓罗山，当地土人认为山中有鬼怪，几百年来无人敢入，巨材古木得以保存。民国初期，当地人采伐林木，因资金不多，交通困难，出口木材为数不多。

琼崖山脉众多，金属矿产资源丰富，清末有人尝试开采，因当地人反对，或被官府查封，皆未进行正式开发。其矿产资源情况具体如下：

崖县榆林港附近红泥岭的铁矿，矿质纯净，矿区约四五里地，距离水路仅十二三里，附近虽无煤矿，但运输便利，时人认为即使矿石运往其他地方提炼也会有收益。

崖县籐桥附近三弓岭的铁矿，距离籐桥市约 30 里，矿质优良。清朝嘉庆年间，有绅士李某就近开采，获利丰厚，后被官厅获悉，指其盗采官矿，永远封禁。民国初期，有人认为如果能与红泥岭的铁矿同时开采，是最为合适的举措。

崖县山脚村黄金塘黑白铅矿，矿区占地约四里地，矿苗纯净，识者说与湖南水口山的铅矿矿质相同。水口山铅矿开采之初，资金不过数万元，到民国初期已自建几十里铁路，获利超过千万元。黄金塘黑白铅矿如能开采，获得的利益将不亚于水口山铅矿。

五指山籐满岭的金铜矿，此矿脉从籐满岭下延伸至籐满溪为止，矿石夹在石英当中，色泽金黄，像金而略淡，矿质优良，但是其位置交通不便。龙济光在琼掌权时，曾派人实地勘测，将标本运往香港化验，认为可以开采。龙氏曾预备了资金，并准备在附近盖 12 间茅屋，作为采矿工人的住所，后因战事爆发，龙军溃逃，便就此终止。

定安县南牛岭的铁矿，距离嘉积河北岸的石壁市仅二十多里，道路平坦，交通便利，所产铁矿矿质优良，矿区亦广。1918 年，有文昌县人向该山主租用烧炭，在岭上发现铁矿，便私自开采，铸造铁锅、铁器等运出销售。后山主和当地绅士获悉此事，起而反对，将此人驱逐出境，停止开掘。当地人并非不愿开采，而是认为租金过低，外人不应享受开采之利而已。

概括而言，民国初期海南岛产矿的地区有：昌江金牛镇的金铜矿、昌江县石碌山的铜矿、崖县籐桥三弓岭的铁矿、儋县那大附近西坋的锡矿、五指山籐满岭的金铜矿、儋县元门峒的金砂矿、定安白马乡南牛岭的铁矿、崖县山脚村黄金塘的黑白金矿等。当时已经有人认识到，琼岛矿藏资源丰富，如有矿物学家进行切实的勘探研究，调查出优质矿苗，从事开采，必将获得巨大利益。

琼崖四面环海，各类港湾很多，适于制盐之地到处都是，民国初期，全岛制盐最发达的是三亚，儋县的新英港、白马井、北藜墩头港，陵水县的新村港、榆林港等处也是主要的产盐地。具体各处盐田情况如下：

三亚港拥有全岛最丰富的盐田，资金也最多，民国初期有盐田三十多处，全年产量共计 50 万担，附近的榆林港可开辟的盐田也很多。当时已有大盐田两个，小盐田十几个。

北藜附近的墩头港盐田很多，盐味之佳为琼崖各产盐区之冠，每年产盐约 200000 万担，民国初年，有人认为此地可增开的盐田有两处，一是购买荒废的盐田，平均每年可产盐 14000 多担，另一处是在港门荒弃的盐田，面积约四五平方里。

儋县新英港及白马井有两处盐田，新英港盐田每年约可产盐 3000 余担，白马井也有一处盐田，每年产盐 3000 余担。这两处地方所产盐可供应当地需要，不能输出，但有多处可修筑为盐田，如能在当地增开盐田，可获得厚利。

新村港有六处盐田，分别由六个公司修建，工程坚固，形式整齐，每个盐田大者资金 20000 元，小者 10000 余元，每年产盐约 100000 担，除销售本地之外，其余用帆船运往广州。新村港也有颇多可建盐田之处。

相对于其他矿产资源，岛上丰富的盐田资源在民国初期得到一定的开采，如有制晒良法，可以建成大规模的盐田，也可成一大利源。此外，琼州还有各种海菜，墨鱼、咸鱼、鱿鱼、鱼皮、鱼翅、猪、牛、香蕉、龙眼等，都是琼崖出产的主要物品，是举办琼崖实业所不可不知的。

三、人口、语言、宗教

海南岛的人口主要从闽粤两地迁移而来，民国初期，海南共分16个县，因为没有准确的调查，人口总数很难判定，有说2500000，有说3000000，其中汉族占大多数，约有2000000人（闽粤人最多），黎族约有500000人。1930年陈铭枢完成编撰的《海南岛志》记载，1928年南区善后公署编办保甲制度，曾进行清查户口。除五指山中黎、苗族未计算外，户数为372900，男丁口数为1193106，当年海南人口统计数量为2195645人。人口分布情况，东北部人口较密，西南部稀少。

民国十七年海南户口统计表①

县市别	团数	户数	男丁	女口	总数
海口市	3	4502	26000	19454	45454
琼山县	6	58328	182539	158340	340879
文昌县	37	67302	234470	205719	440189
定安县	26	33134	110970	81698	192668
澄迈县	31	35009	106882	71281	178163
临高县	33	41164	92612	73276	165888
陵水县	7	9072	34463	29584	64047
儋县	39	38224	108122	99563	207685
昌江县	10	9826	24092	21797	45924
万宁县	24	22471	91950	73560	165510
乐会县	20	18603	62113	57163	119276
感恩县	8	7321	18328	16803	35131
崖县	17	15266	50511	46906	97417
琼东县	11	12678	50054	47360	97414
总计	326	372900	1193106	1002539	2195645

① （民国）陈铭枢：《海南岛志》，海南出版社2004年版，第123页。

据资料记载，1931 年《统计月刊》刊登了 1930 年广东人口的统计情况，海南建制合并为 1 市 13 县，除去黎族地区未作统计之外，具体人口数据合计人口总数为 2252165 人[①]，人口密度最大的两个县是文昌、琼山，每平方里人口分别为 48 人和 47 人。如果加上民国时期海南岛黎族人口统计表所载黎族人口数量，全岛人口总数约为 2742165 人。

民国时期海南岛黎族人口统计表[②]

县别	居地占全县百分数	人口数目（约）
琼山	20%	约十万人
定安	30%	约四万千余人
临高	40%	约二万余人
感恩	60%	约五六千人
昌化	70%	约四万余人
万宁	30%	约一万八千人
崖县	60%	约六万千数百人
陵水	30%	约二万三千五百人
儋县	20%	约三万余人
乐会	30%	约五万人
琼东	50%	约十万人
澄迈	20%	约六千余人
共计		约四十九万余人

海南语言颇为复杂，汉族大致可分为六种语言，即琼州语、儋州语、临高语、客语、艇家语、海边语，其中操琼州语者为多。黎族不同支系各有各的语言。

① 《统计月刊》1931 年 6 月第 1—6 期，载［意］罗斯辑：《海南岛史料》。
② 资料来源：［意］罗斯辑：《海南岛史料（文艺、风俗、边务、糖业）》第 98 册。

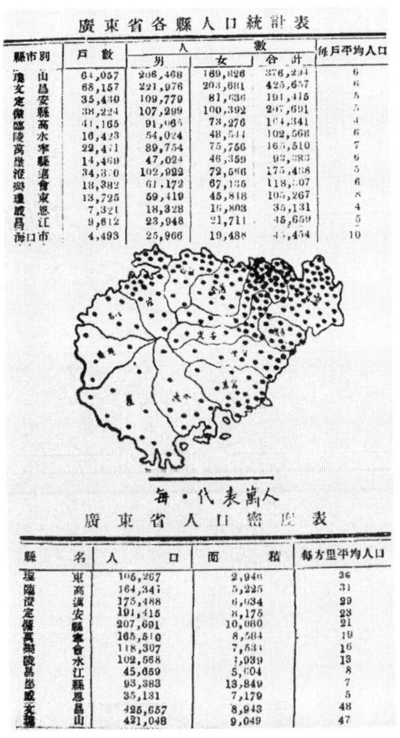

廣東省各縣人口統計表

縣市別	戶數	人數 男	人數 女	人數 合計	每戶平均人口
瓊山	64,057	206,468	169,826	376,294	6
文昌	68,157	221,976	203,681	425,657	6
定安	35,430	109,779	81,636	191,415	5
儋縣	38,224	107,299	100,392	207,691	5
臨高	41,165	91,065	73,276	164,341	4
陵水	16,423	54,024	48,544	102,568	6
萬寧	22,471	89,754	75,756	165,510	7
崖縣	14,469	47,024	46,359	93,383	6
澄邁	34,370	102,922	72,566	175,488	5
樂會	18,382	61,172	67,135	118,307	6
瓊東	13,725	59,419	45,848	105,267	8
感恩	7,321	18,328	16,803	35,131	4
昌江	9,612	23,948	21,711	45,659	5
海口市	4,493	25,966	19,488	45,454	10

廣東省人口密度表

縣名	人口	面積	每方里平均人口
瓊東	105,267	2,946	36
臨高	164,347	5,225	31
澄邁	175,488	6,034	29
定安	191,415	8,175	23
儋縣	207,691	10,080	21
萬寧	165,510	8,584	19
樂會	118,307	7,634	16
陵水	102,568	7,939	13
昌江	45,659	5,604	8
崖縣	93,383	13,849	7
感恩	35,131	7,179	5
文昌	425,657	8,943	48
瓊山	421,048	9,049	47

◆ 广东省各县人口统计表①

1925 年，在法属越南调查和传教的法国传教士萨维纳（Francois Marie Savina，1876—1941）应国民政府之邀来到海南当翻译，并受河内“法国远东学院”之托，调查海南岛的民族和语言，经过四年的调查，他对当时海南各语言民族人口的估计是：说海南话的人（他叫福佬人）150 万，说临高话的人（他叫村人）40 万，黎人 20 万，苗人（他叫僈人）5—6 千人，说南岛语言的回辉人（他叫马来人）400 户。客家人与说军话的人数目不详，但人口也不多。萨维纳对全岛人口以

① 图片来源：《统计月刊》1931 年 6 月第 1—6 期，载［意］罗斯辑：《海南岛史料（职官、民政、乡土）》第 86 册。

及各语言民族人口的估计与陈铭枢《海南岛志》相互参照，是可以参考的重要数据。

◆ 三亚籐桥伊斯兰清真寺①

◆ 身穿中式服装的天主教传教士骑摩托车进行教务活动②

① 图片来源：[意] 罗斯辑：《海南岛史料》第 156 册。

② 图片来源：[意] 罗斯辑：《海南岛史料》第 17 册。

海南有多种宗教信仰，民众信仰佛、道、回教。佛教在海南不太普遍，自古南渡至海南岛的佛教大师很少，佛教寺院也少，城镇之间偶尔可见禅寺，且佛教僧侣不重戒律。道教在海南岛十分兴盛，几乎无地不有。道教信徒散住在农村乡间，从事家常职业。有道职的道士，“其服装皆由一定，袍红而长，博其袖；帽黑顶尖，向前后斜。一般人民崇信道教甚笃，无论超亡禳祭，斋醮祈福，什八九延道士为之。”① 回教仅在崖县三亚港有信徒，教民约三四百人，虽然信徒不多，但奉行虔诚，聚居在一个村落，不与外人通婚。自明朝末年，天主教势力进入海南，清朝末期基督教传教士进入海南传教，海南各县均有居民信仰天主教和基督教，临高、万宁和琼东县是信奉西方宗教人数较多的县。据 1930 年的统计，各县宗教信仰人数如下：

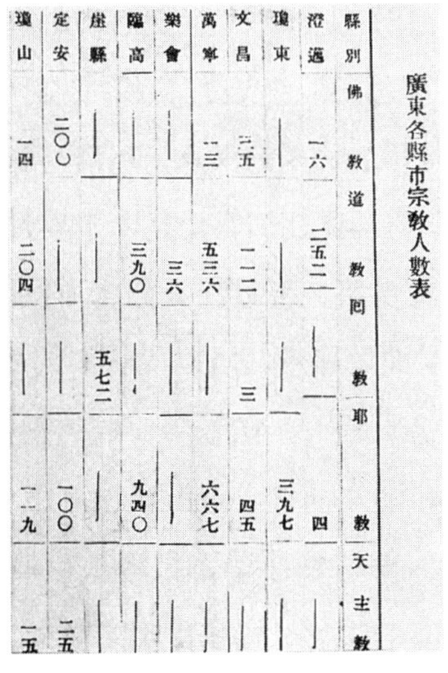

廣東各縣市宗教人數表

縣別	佛教	道教	回教	耶教	天主教
澄邁	一六	二五二	—	四	—
瓊東	—	—	—	三九七	—
文昌	二五	一一二	三	四五	—
萬寧	一三	五三六	—	六六七	—
樂會	—	三六	—	—	—
臨高	—	三九〇	—	九四〇	—
崖縣	—	—	五七二	—	—
定安	二〇〇	—	—	一〇〇	二五
瓊山	一四	二〇四	—	一一九	一五

◆ 海南各县宗教人数表 ②

① （民国）陈铭枢：《海南岛志》，海南出版社 2004 年版，第 260 页。

② 图片来源：《统计月刊》1931 年 6 月第 1—6 期，载 [意] 罗斯辑：《海南岛史料（职官、民政、乡土）》第 86 册。

总的来说，海南人的宗教迷信观念很深，崇拜多神，清末民国以来，西方人在海南极力传播基督教，所以信教者甚众。

四、汉人的风俗民情

海南岛远处天南，孤峙海中，有一种独特风俗习惯。岛上的汉族人由岛外移民而来，多为宋代以降来自福建漳州、泉州以及广东的高州、雷州一带的移民，素来具有冒险和进取精神。因地理交通的关系，移民最初择海滨而居，以后人口逐渐增多，在北部平原及周围海岸建立很多村市。由于地广人稀，沿海部分资源维持生活有余，因此无深入内地的必要。汉人性情温顺简朴，勤于耕种，岛居空气新鲜，生活习惯恬静，居民天性守本分，重功令，明廉耻，容易治理。黎族人则居住腹地，鲜有外出，于是沿海与腹地划为黎汉两境，彼此不相往来，直到民国，黎汉两地在风俗、语言、饮食、服饰等各方面均有很大差异。

从广东、福建各地移居而来的汉人，风俗与粤闽两地基本相同，婚姻丧葬习俗也基本与闽粤地区相似，但是由于岁月变迁，交通不便，又逐渐演变出一些特有的现象。各县汉人语言不同，即使相距仅一二十里，亦有所差异。由于地处热带，居民皮肤多带黄褐色，体质强健。

琼州属于热带，土质肥沃，稻米生长成熟很快，所以居民以食米为主，番薯、山芋、蜀黍为辅食。近海居民则以鱼为主，山居之民则以蔬菜和米为食。汉人的饮食简单，大米很粗糙，少山珍而多海味。喜欢食盐，即使吃西瓜、菠萝、杨桃等也必须撒上盐和少许辣椒才食用。饮用水多取自海滨的小河和水井，水质含碱多而混浊，这是近海环境所致。在商业较盛的区域，或者与大陆交通较为方便的地方则有较好的饮用水源。琼崖习俗以槟榔招待来宾以示敬重，西部地区如崖县、感恩、临高、昌江尤为重视此礼，而东部倒不十分重视。

◆ 汉人村舍①

民国初期，居民的住屋很矮小，设备简陋，多数没有箱子、衣柜、棉被之类的家杂。汉人着装与国内大陆相似，但是极少有人穿着长衫。无论男女皆赤足不穿袜，多数人穿木屐或皮屐。女子的上衣较男子的要长些，但裤子都很短。头上戴竹编斗笠，周边收缩向下，以遮蔽阳光。城市男子多短褐长衫，女子赤足短发，如果女子耳戴直径半英寸的绿色玉耳环，口中镶有金牙，手上戴木质包金手镯或银镯，这样的装扮被视为非常美观，令人羡慕。

① 图片来源：《旅行杂志》1937 年 7 月，载［意］罗斯辑：《海南岛史料》第 124 册。

◆ 路上的鸭群①

◆ 新春街头舞狮子②

① 图片来源：[意] 罗斯辑：《海南岛史料》第 124 册。

② 图片来源：[意] 罗斯辑：《海南岛史料》第 133 册。

◆ 海南岛每户人家屋顶上都有的伏魔神[1]

五、黎、苗族的生活图景

民国初期，对黎族的认识有限，大致将黎族分为黎、俸、歧、苗四个支系[2]。黎可分为生黎和熟黎，俸分东俸和西俸，误将苗人归于黎族。黎人聚居在海南岛腹地，没有一定的区域，时间久远之后，经常有小部落移地迁居的事情，所以无法以地域划分支系。大致情形是俸族居住地比较靠近海岸，歧族居住地在最为深远的山中，黎则处于二者之间，苗人喜欢居住山地，经常迁徙，散在各处，所以无从指定其区域。各个支系所用语言不同，其中苗人的语言差别最大。民国初

① 图片来源：[意] 罗斯辑：《海南岛史料》第 133 册。

② 目前学术界根据黎族分布地区和方言、服饰的差别，将黎族分为“俸”、“杞”、“本地”、“美孚”、“加茂”五大方言区。苗族不属于黎族的一个支系，是明朝从广西调来镇压“黎乱”的苗兵后代。

年，各支系因为经常与山客往来，所以可通行海南话，万宁属地的黎峒，几乎男女老幼都以海南话为日常通用语言。各支系没有文字，都以刀刻竹，以简单的符号记事记物。有学习汉字的人，但为数不多。

◆ 黎族人盘泥制陶①

黎人世居深山，不闻外事，生活水平极低，少非分之心，生性朴直。黎族首领与民众的关系极为平等，共同劳动、生活。遇有重大变故，只要黎头发号施令，民众便会服从。其做法是首领将一只弓箭发出后，箭矢传给其他人，跟随者自己在箭矢上刻一道痕，又传给下一

① 图片来源：《民俗台湾》1943 年第 3 期，载［意］罗斯辑：《海南岛史料》第 96 册。

个弓箭手，遍传之后，定期群赴为首的弓箭手处，杀牛豪饮，饮酒食肉完毕，便有必死之心，如果有不赴会者，事后将受到群起攻击。黎人对于只身外来的客人，能尽地主之谊，像家人一样对待。平时少承诺而重信用，与人贸易来往，不欺骗人也不受人欺骗。黎人粗犷彪悍，一旦有约定，便至死不会背叛，有时无法兑现，甚至会铤而走险以求了结。实际上黎人天性淳朴，有太古遗风，非常容易相处共事。其饮食、衣着、婚姻、丧葬有山地民族的特点。

◆ 黎族土陶①

① 图片来源:《民俗台湾》1943 年第 3 期，载［意］罗斯辑:《海南岛史料》第 96 册。

黎族人的饮食比较简单，所食用的大米分为山稻和水稻两种，米质优良，粒大性黏，但是因为舂米方式粗糙，所以口感有些粗粝。大米之外，番薯是佐食之物，与大米合制成糊，存放待食，只求果腹，不拘温冷。黎族居住地缺少青菜，黎人不会种植，蔬菜多以南瓜叶、野菜、草菰和盐煮食。也有以盐下粥，不另配备蔬菜的。只有在婚嫁、丧葬、祈祷的日子里，必定杀猪宰羊，准备鸡鹅之类招待来宾。黎族人嗜好喝酒。五指山附近的黎人，会采摘天然茶叶，晒干后存放以作饮料。其他的食品，或打鱼或山猎自给，唯有食盐必须依靠汉人供给。食用水多取自附近山溪和小河。

◆ 热带丛林中，钢刀是黎族男人的必备①

① 图片来源：[意] 罗斯辑：《海南岛史料》第 156 册。

◆ 美孚黎①

黎族人的穿着服饰与外间大不相同，妇女的服饰尤其特别，而黎、俸、歧等支系之间略有不同之处，女子的上衣大致相同，对襟前后绣花。黎、俸、歧女子的下衣也大致相同，形状似裙，四围合缝，称之为“桶”。歧女子的裙稍长，黎、俸女子的较短。万宁境内的峒黎和兴隆附近的黎族妇女着装汉化，有的向汉人购买衣服布料，在黎峒自制服装。黎族妇女的上衣一般可向外购买布料缝制，而女子的下装，则必须亲自种棉纺织，否则必受族内众人唾骂。

近海的黎族男子均剪短发，穿着裤装，与汉人无异。生黎将头发在前额拧成发髻，插上短梳。上衣用棉麻布制成，对襟无领，腰间束

① 图片来源：[意] 罗斯辑：《海南岛史料》第 156 册。

带。下衣则非常简单，只以一块布裹护下体，称为小裳。或用一尺幅大小的布片掩于前后，称为大裳。

◆ 生黎男子的发式①

① 图片来源：[意] 罗斯辑：《海南岛史料》第156册。

◆ 番阳峒侼黎男子的装束①

① 图片来源:《东方杂志》总30卷，第24期，1933年12月，载［意］罗斯辑:《海南岛史料》第145册。

◆ 黎族妇女的下装称“桶”，腿部有文身①

◆ 太平峒黎妇的背面，其衫裙均用手工织成，需时数月②

① 图片来源：[意] 罗斯辑：《海南岛史料》第156册。

② 图片来源：《东方杂志》总30卷，第24期，1933年12月，载 [意] 罗斯辑：《海南岛史料》第145册。

◆ 俸黎女子两耳各垂挂十余个直径为 5 寸的铜环①

黎、歧、俸妇女都有文面风俗，各地施行的年龄有所不同。头发的装束也各不相同，四族妇女发饰都用耳环，有铜制和银制。西路的形状较大，最奇异要数西俸女子，两耳各垂挂十余个直径为 5 寸的铜环，耳孔很大，有的因耳环太重导致耳孔破裂。劳作时将耳环斜依在头顶，宛若戴着一顶铜帽。黎族男女皆赤足，但民国初年已有人穿木屐了。

黎族人的住屋极其简单，以木头为支架，竹条捆扎，屋顶覆盖巨大的树叶，上加茅草以抵御风雨。两边屋檐垂地，形状像倒扣的船，两边以泥土敷墙，中间开一两个窗户之外，再没有窗棂。家用器物与炉灶堆聚在一间屋子里，离开地面两尺左右，摆放一张竹制的床，上铺草席，即可坐卧。

---

① 图片来源：Leonard Clark, Among the Big Knot of Hainan, *The National Geographic Magazine*，载［意］罗斯辑：《海南岛史料》第 156 册。

◆ 俸黎妇女劳作时将大耳环斜依在头顶，宛若戴着一顶铜帽①

◆ 黎族人简陋的茅屋②

① 图片来源：Leonard Clark, Among the Big Knot of Hainan, *The National Geographic Magazine*，载［意］罗斯辑：《海南岛史料》第 156 册。

② 图片来源：［意］罗斯辑：《海南岛史料》第 156 册。

◆ 黎族挑夫①

黎族的支系都有内外亲戚族人，至九代为止。亲戚之间往来关系非常亲密。他们祭祀祖先，供设神龛，祭祀之神名为祖公爷。黎族人男女之间的关系比较自由，生活简单，经济上不互相依赖。女孩长到十五六岁，父母便会在僻静处为其另建一小屋，让其独居，可以交结男友。如果生下子女，即留作日后的嫁妆。孩子越多则嫁妆越多，男方不以此嫌弃。在春秋佳期，黎族人会选择一处地方集会，以唱歌的方式，传情达意，彼此相悦便可结婚。婚姻双方不忌讳同姓，用一两头或者十余头牛为聘礼迎娶女方。如果女方尚无孩子，婚后三天便回到自己的小屋，每逢年节，便到夫家住几天，必须等到生下孩子才永久居住在夫家，习惯上以最后一个孩子为嫡出。

黎族人举行婚礼时，九代之内的男女亲属，都会带着猪牛鸡酒前来庆祝，女方家也会派出几十个陪嫁人，与新娘步行同来。到达时，男方家放枪迎接，见面即完成婚礼。婚礼结束，设宴欢聚，摆上猪牛肉，男女宾客相对而坐，举杯共饮。如果丈夫不愿自己的妻子与他人交往，可事先劝妻子不要出席，但是否到场最终权利在妻子。既然来

① 图片来源：[意] 罗斯辑：《海南岛史料》第156册。

了，就等于默认妻子可与其他人往来。如果兄长死了，弟弟未娶，则嫂子应问弟弟是否愿意让她留下，如不留或者没有弟弟，女方则立即回归独居生活。

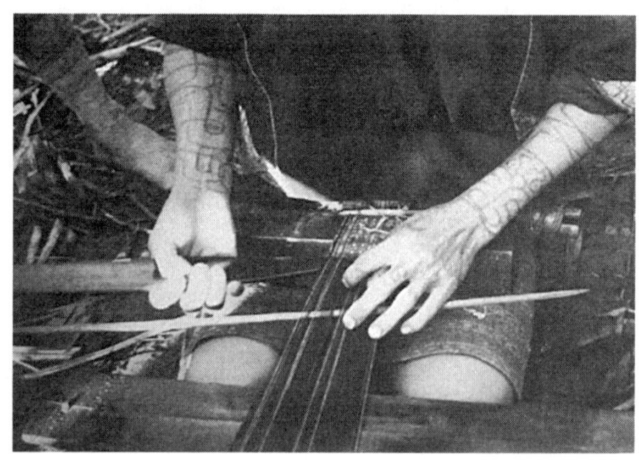

◆ 妇女的文身图案和编织记录了黎族的传奇 ①

◆ 黎族人信奉神灵，免其日晒雨淋 ②

① 图片来源：[意] 罗斯辑：《海南岛史料》第 156 册。

② 图片来源：[意] 罗斯辑：《海南岛史料》第 156 册。

在丧葬习俗方面，黎、侾、歧用土葬，棺木用上好木料制作，各地形式不同，有以整木制成棺材的，有用木板制棺的，也有在地上挖出长方形的土坑，上下四方以木板为墙，尸体置于其中，然后用土掩盖的方式。亲人故去，生者并不哭泣，只是不吃饭，而是生吃牛肉表示哀痛。到第八天为奠祭日子，称为“作八”。家人邀请亲戚中熟悉死者生平历史的一两个人，站着向众人报告死者祖先及其本人的种种经历，以及债权和债务关系，使众人皆知。这时候，远近男女亲戚，必定会携带牛、羊、酒、米、纸灯，吹着鼓号前来祭奠。仪式完毕后，聚餐会饮，携手并肩，欢歌互答，趁时结交，与婚礼时情形相同。每逢有亲人离世，就会留下祭祀后的牛角，悬挂在柱子上作永久纪念。悬挂牛角越多的，则表示家世越久远。

◆ 水牛是黎族人重要的财产①

① 图片来源：[意] 罗斯辑：《海南岛史料》第156册。

黎族人如果染上疾病，就延请巫师宰杀牲口祭祀鬼神以求身体早日痊愈，而绝对不肯服药。平日祭鬼一次，就用细绳系上一文钱，或祭祀牲口的一片腮骨，挂在胸前，永不遗弃。黎人有一种残酷的祭祀鬼神的仪式称“杀禁婆”，生病者延请巫师求神灵降临，一旦神灵说病者是受到某人邪术暗害，便召集全村老少妇女，集中在一处，神灵会指认一妇女为“禁婆”，即以暗术加害病者的人。指认“禁婆”后，引发公愤，便将此妇女拖倒，众人拳脚相加，无所不至，打至半死，拉去活埋。有时因人患病会杀“禁婆”两三人。

黎族人没有多少嗜好，只是喜欢米酒和射猎。饮酒的时候，无论发生什么重大事件都置之不理。富人嗜好古代的铜鼓铜锣，鼓的边缘和锣的手柄有蛤蟆造型的视为上品，真假新旧均有讲究。一只鼓或锣的价格相当于几头至十余头牛不等，如果上边有四只蛤蟆以上的则非百头牛不可得。

黎族人不识文字，所以契约极为简单，山野土地的租用和转让，银钱的借贷，货物的订购，皆用长一二寸的竹箭代替契约，上面刻上年限和钱数。比如，“×”代表“五”字，“—”代表其余数，如十二年为“××——”，十七串钱为“×××——”。黎人无论男女老幼，都以从事农活为本，有很多射猎武器，比如弓矢和毒箭等，还有所谓的大急枪，与上古时代的武器相似。

六、西风之下的城乡生活状态

进入民国后，海南岛的城市生活与农村相比有较大区别。

海口自《天津条约》开为商埠后，在西风东渐的影响之下，城市出现中西混杂的建筑风格，一些外国机构在这里设立办事处，洋员出入。设立于1874年的琼海关，总揽海南岛一切进出口税务，海关建造的一座灯塔，夜间为琼州海峡往来船只照明，成为琼州的地标建筑。城内主要的建筑有琼海关、海关监督公署、琼州北海交涉员公署、邮政局、警察局、英国领事馆、英国邮政局、法国领事馆、法国邮政局，美国基督教附属医院、法国天主教堂、法国天主教堂附属医院及学校、中国银行支行、广东省银行支行及煤油公司和汽船公司的批发店等。

◆ 琼海关设在港口的灯塔是海口的地标建筑

海口原来有一所德国领事馆，在民国初期改为海南公学的校舍。日本人在海南岛的经商者不少，岛上有胜间田洋行，是由住在该地四十余年的日本人胜间田善作设立的。城内街道狭窄，电灯用户不多，电力微弱，居民多用美孚煤油灯。市面公司林立，聚赌抽烟，外来的花会番摊比比皆是。

城市住屋可分为瓦屋和茅屋两种。一般情况海口、府城及各县城市内多为瓦屋，建筑较为轩敞，房屋为“二”字形式，厅堂、窗户设置比较雅适。进入民国以后，受外来风气影响，各县城先后拆除城墙，改筑马路，房屋竞相崇尚西式风格，海口、嘉积以及文昌、琼山、定安、琼东等县城，面貌焕然改观，非昔日可比。

◆ 从海口和海甸岛之间的水道看海口①

◆ 海口儿童游春，七八人合雇一辆洋车游遍全市②

① 图片来源：[意] 罗斯辑：《海南岛史料（政情及图片）》第 94 册。

② 图片来源：[意] 罗斯辑：《海南岛史料》第 133 册。

海南岛人民勤劳俭朴，女子尤其能吃苦耐劳。以琼山县为例，其生活水平较高于其他地方，除了较大商店内多用男子外，其他事情，事无巨细，甚至挑抬搬运的重体力活都由女子从事。琼山女子每天外出劳作经营，还要回家两次为家人烹饪做饭，少数男子白天在家只是看护小孩，等女子回家后，用其妻子白天的收入出去赌博。

◆ 颇具现代化的城市街道 ①

海南岛东部城市的女子，有的能入学读书，乡村女子则从事纺织或帮助农活。西部女子多数从事纺织棉布。沿海地带的妇女常常在海边捡拾海螺贝壳，卖出去作为烧制石灰的原料。有部分船家专事采运海里的珊瑚石，供应灰窑烧制石灰。家贫且无田地者，在农忙时节为富家插秧收割，以谷计工，勤快能干的男女每季的收入可充一年的

---

① 图片来源：[意] 罗斯辑：《海南岛史料》第 124 册。

食用。这种短期工，以西部各县较多。岛上还有一种小客商，往来于城市和黎峒之间，贩运盐、酒、烟草、火柴、草纸、粗布、剪刀、针线、镜子等物品，与黎人交换牛、猪、藤、粟、熊、鹿、果狸、雉鸡、鹦鹉及其他木材等山货，被称为“行商”，基本上是小本商人从事的行业。

岛上无新闻机构，报纸多由香港和广州报馆发行而来，因为识字者少，订阅数量很少，民众不太关注家国大事。娱乐场所也少，只有琼山第一公园，面积不大，设备简陋，游人极少。全岛街市无公共厕所，不讲究市政管理，道路污秽，只需稍微僻静的树荫下便可随意溲溺。

◆ 乡村水田①

① 图片来源：［意］罗斯辑：《海南岛史料》第 124 册。

岛上的金融状况与广州很相似，纸币少，市面流通银毫和铜元两种货币，银元和文钱也是常用货币，但为数不多。全岛只有中国银行，如要兑换少量外币，街巷中比比皆是。远赴南洋经商的琼侨，每年汇寄不少钱款回乡，称为“侨汇”，对于支持海南经济有重要作用，居民用侨汇的换成通用货币，补贴家用。

◆ 村民骑牛出行①

乡村中的房屋茅屋瓦屋兼有，多用泥土砌成，形式与城市的相同，但低小且少有窗户，甚至不设窗户。有的低矮房屋屋檐仅四五尺高，门户狭小，必须弯腰出入。室内陈设简陋，清贫之家甚至桌椅也不具备。唯独大木板凳各家都有，坐卧兼用之故。没有桌椅板凳的家庭，则多数用木板铺地围坐进食。做饭的场所没有烟囱，也没有排水小沟，终年污秽潮湿，炊烟满室。春夏天气暖热时，人们卧躺在庭中

① 图片来源：[意] 罗斯辑：《海南岛史料》第124册。

或者屋檐下，不用棉被。秋冬渐寒以后，则在室内用火具取暖，并烘焙谷物。睡觉时不挂蚊帐，只靠燃烧牡荆叶或香木熏赶蚊子。牛栏或猪栏设在大门外或屋后，上无盖，下无垫，粪便堆积二三尺。放牧猪牛所经之处，沿路草叶尽受污染，雨天更是污垢遍地。房屋用石头或砖块垒建，亦有用泥。琼山、澄迈、临高各地多用乱石，儋州、文昌各地则石砖并用。定安附近房屋墙壁用砖砌成，墙内用木柱支撑梁栋。总体上乡村的房屋除了寝室和厅堂外，多数不另建厨房和厕所，主要原因是不重视也不懂得居住环境卫生。天气炎热，环境卫生问题时常诱发疟疾、鼠疫等流行性疾病。

◆ 19 世纪末 20 世纪初，蓑衣是乡民的雨具①

① 图片来源：[意] 罗斯辑：《地理材料（海南游记、札记）》第 7 册。

◆ 黎族男孩的宠物①

海南岛上城市的居民凡家有资财的多从事商业经营，家贫者则外出帮佣，偏僻县镇乡村的民众，则多数在田间从事耕种，间或有因此致富的，但大多数仅能够穿衣果腹。民国初期，社会动荡，殃及地方乡村，农民谋生困难，海南岛东部地区民众纷纷背井离乡，到安南（今越南）、暹罗（今泰国）、南洋群岛一带经营农工商业。沿海的人民多以捕鱼为生，腹地则多从事种植和畜牧。东部一带种植的农林产物近似南洋物产，遍地是槟榔、咖啡、橡胶树，岛上有谚语“东路槟榔，西路米粮”便是当时真实写照。然而，农事活动靠天惠赐，农民不求农艺，不知施用肥料，所以，土地虽肥沃，却难见丰收景象，自然影响到生计。

① 图片来源：［意］罗斯辑：《海南岛史料》第156册。

七、变化中的交通、邮政、港口

民国初期的海南岛，西望法属安南，南临荷兰殖民地爪哇诸岛，东与英国属地香港相邻，北邻广东雷州，交通位置重要，商务亦因此而兴盛。海南岛四面环海，港湾杂错，水运极为便利。各县水运交通所用的工具有河船、帆船、小艇、轮船四种，河船用于各县小河内的运输，大帆船可载货数千担至一万担左右，从前常往来于南洋、安南（今越南）、暹罗（今泰国）之间，但是自从海口开埠以后，琼海关统管了对外贸易，帆船逐渐失去其航运的价值。岛上一切对外商业运输，均集中于海口一港，其航线有往来于北海、海防、中国香港、新加坡以及暹罗、安南各港口，每年出入海口港的船只有两千余艘，吨位一百万吨至一百五十万吨。

◆ 文昌县昌洒镇水运船只①

① 图片来源：《中华图画杂志》1936年第49号，载［意］罗斯辑：《海南岛史料》第135册。

海南岛内的水运工具主要有河船、帆船、轮船、电船、小艇五种，往来于各大商埠和岛内各县。陆地交通，各县多用轿椅、山兜、牛车、牛马、挑夫作为运输工具，至于汽车、马车、人力车、独轮车，则只在海口和琼山府城之间通行。县镇之间由于道路不修，普通民众习惯吃苦耐劳的环境，所以只有三四轮车可用。

◆ 谭口电船拖驳渡江情形①

民国时期，海南岛陆上交通发展迅速。自民国十年（1921 年）兴起筑路之风，交通方式由古老的独轮车进入到了自动化时代。到民国十八年（1929 年），全岛汽车达 438 辆，公路长 1800 余里，只有陵水、感恩、昌江等三个县尚未通车而已。

邮政方面，海口有英法邮局各一所，美国信件由英国邮局代办。

① 图片来源：[意] 罗斯辑：《海南岛史料（烟政、税务、地志）》第 347 册。

全岛有中国的一等邮政局一所，统理邮务，设在海口得胜沙大街。二等邮政局三所，一所在海口大街，一所在嘉积市，另一所在崖县县城，此外均是三等邮局或代办处。至于电报，仅有海口一个局而已。沿海县治及重要市镇多数通邮政，但是运转艰难，投递迟缓。商民遇有急信，就托人捎带，或专程递送。中部黎人世居深山，不闻外事，没有远行交通的需求，因此境内交通各项都付之阙如，也不通邮政，与世隔绝。

◆ 海口街道的人力车①

自清朝末期海禁开放以后，1876 年开辟海口为商港，海南岛的内外关系日显重要，民国初年，全岛大小商业市镇二百多处，其中最主要的市镇也是岛上最重要的商业区域。主要都市和港口状况如下：

① 图片来源：[意] 罗斯辑：《海南岛史料》第 133 册。

1.琼州府，即琼州城，在琼岛北部，为琼州首府，政治及文化中心，位于南渡江入海口，原来商业繁茂，自海口开港后逐渐衰落，人口约四万多。

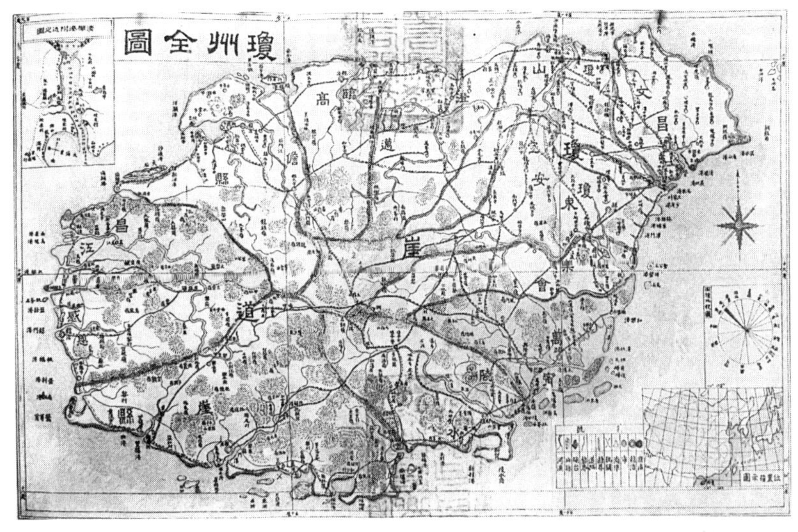

◈ 民国时期的琼州全图①

2.海口，在琼山县北，离府城10里，临琼州海峡，是琼岛唯一的贸易港，商业繁盛，人口约有5万。海口与广州湾相距约一百海里，与北海相距约120海里，与海防相距约129海里，与香港相望，英国、法国、日本皆有定期船停靠在此。距离隔海对岸的雷州半岛仅80里，帆船交通频繁。在顺风情况下，七八小时可往来其间，所以一天内即可将岛内物产运到广东省沿岸。海南岛全部货物都由此输出输入，海口亦是琼州重要的港口，但港内沙滩四布，水浅路窄，大小轮船均不能驶入，必须停泊在两英里外的海面，用小船将

① 图片来源：[意] 罗斯辑：《海南岛史料》第97册。

货物和旅客转驳上岸，顺风时可一小时到岸，逆风则需要三四小时。遇上风浪时，旅客不能下梯，必须用绳索吊下。风浪稍大时，货物是绝对不能装卸的。如果遇上台风则更有危险。尽管海口港条件恶劣，但因为接近雷州半岛，便于与大陆交通，仍然成为全岛的商业中心。

◆ 海口港，对外商业运输均集中于此①

3. 文昌，在海南岛东北部，人口约4万，初等教育很发达，小学校很多。加上该地人多有从南洋挣钱回来，具有购买力，因此商业兴盛。岛上的公路以此为总站，当时全岛已铺成公路六千多里。

4. 嘉积，在琼东线南端，嘉积河的上游，是海南岛南部万宁和陵水与海口间货物的集散地，商业次于海口，交通方便，人口约有两万。

① 图片来源：[意] 罗斯辑：《海南岛史料》第156册。

◆ 海口港载人的小船，将大船的货物和旅客驳接上岸①

◆ 海口港晚景②

① 图片来源：[意] 罗斯辑：《海南岛史料》第156册。

② 图片来源：《旅行杂志》1937年第7期，载[意] 罗斯辑：《海南岛史料》第124册。

5. 陵水，在岛的南部，人口十多万，与嘉积、海口称为海南岛的三大都市。海运便利，故商业兴盛。附近盛产甘蔗及椰子，加上陵水河流经此地，所以可以运输黎区出产的大米、牛皮、木材、药材等。

6. 崖县，即崖州城，三面濒水，距海岸约四十里，是我国最南部的一个县治，矿产丰富，有铜、铁、锑、锌、煤等。

7. 榆林港，在崖县东南部 130 里处，位于铁炉港与三亚港之间，处于海南岛最南端，分内外二港，外港港口开敞，两岸相距 5.6 里，港内水深3—8 丈。港口有乐道、独田两座山岭对峙。港身长约20 里，宽约 5 里。两岸峰峦环绕，海岸平静，少有风涛激浪。两千吨左右的轮船可自由出入，附近水质清洁。港口群山环抱，口狭内宽，港内水深且平静，是一个天然的良港。日俄战争期间，俄国波罗的海舰队曾在此停泊。孙中山先生在其《建国方略》中曾计划将此开发为中国南部军港。

◆ 三亚榆林港①

① 图片来源：[意] 罗斯辑：《海南岛史料》第 156 册。

8. 清澜港，在文昌县城以东，距城约 25 里，港口向东南，宽约 1 里，港湾优良，长约 2.5—15 里，港内最窄处为 1.5 里，最宽处约 4 里，是深水港，可容纳十多艘上千吨的轮船。但是港口有珊瑚暗礁，范围宽约一二里，礁面水身仅 9 尺至一丈二尺，如不进行开凿，500 吨以上的轮船便无法驶入。文昌江由西北注入，小船可通县城。昌江由东北注入，小船可通文教市。民国初期有汽车道路通到嘉积，所以货物聚散非常便利，港口条件远胜于商埠海口。

清朝末年民间曾有将清澜开为商埠的动议。民国元年，绅士林天岳和华侨王有渊、陈昌运等人曾组织清澜商埠有限公司，修筑基岸 100 英尺，建起货仓两间，后因“一战”影响，股金不能续缴而导致停办，未形成一个优良的贸易港口。

9. 新英港，位于琼山县西北，距县城 15 里，港口向西，港内面积颇广，过去航海事业曾非常发达，虽然积沙很多，水不太深，但是四五百吨的轮船仍然可以出入，如稍加疏浚，可成西部接近大陆的一个港口。

10. 三亚港，在崖县以东 129 里，港内多流沙，水不算深，但帆船可以进入。虽不是良港，但是因为冬令时节渔业旺盛，并且是食盐产区，每年产食盐百万担，占全岛出口额的 55%。内港细长，适于避风，北海、阳江、安浦、文昌、乐会等地的渔船和运盐的帆船，经常季节性地聚集于此。自从侨丰、源兴等公司经营盐业以来，有时雇轮船运输，该港便逐渐发达起来。但轮船只能停泊在门口，距离市区有一英里，人员货物的装卸必须依赖小艇驳接，其情形与海口港相同。

11. 籐桥港，在崖县的最东端，与陵水交界，距离县城二百里。港内常停泊往来于澳门、江门、安浦和本岛各港的帆船，数量不少，春夏渔业旺季，来此停泊的渔船尤其多，当时附近有多家新设立的橡胶、椰子公司。

八、社会经济变化的初始状态

民国初期，在海南岛的200万人口中，除黎人20万以外，汉人约占180万，农业人口占80%，其余为从事工商业者和渔盐业者，可以说，全岛是一个农业区域。岛上人民多数务农，土地肥沃，求温饱并不难。进入民国初期，政局不稳、军阀混战，虽有发展海南岛垦殖业、开发矿产以及渔业、盐业的热潮，复兴海南各县农村经济的声浪亦很高，但是多停留在计划和呼吁阶段，所以整个社会经济仍然停留在较为落后的状态，唯有矿业开发已经开始起步，呈现出发展的势头。总体而言社会经济处于发展的初级阶段，从岛民的生产情形可反映出经济状况：

第一，农业生产方式落后，粮食不能自给。在海南所有农产品中，米的产量占据第一位，每年产量约达24万担。由于耕地缺乏灌溉设施，靠天行赐，所以粮食产量处于供不应求的状态，粮食供应需要依靠洋米输入。①

第二，受交通运输和国际价格的影响，经济作物开发尚未形成稳定的规模。海南岛上原本森林茂密，但是北部地区因为山林无禁，滥伐焚毁过度，饱受摧残，异常荒芜。森林主要分布在五指山腹地，铁粘岭、思何岭也是天然林，属于黎境，如进山伐木，必须经过黎人同意，即所谓“批山”。采伐木材运输出山的办法是，在水涨时结排放

① 卢继成：《海南岛农村经济概况》，《新生路月刊》1937年第6期，载［意］罗斯辑：《海南岛史料》第185册。

流，在旱季时则用牛车拖到岭外或河边之后，再用汽车搬运，或用帆船运送到制造木材的都市。除此之外，岛上几种有经济价值的人工林，如东部琼山的荔枝林，每年出产荔枝不下 30 万元；文昌、琼东、乐会的椰子林，举目苍翠，横直成林，椰子不仅有经济价值，而且用途广泛，是海南岛最有希望的产业；嘉积共有 42600 株橡胶树，有 7 个橡胶公司，但是民国初期橡胶价格暴跌，橡胶前途一落千丈。定安、乐会栽种槟榔林，槟榔除了作嗜好品消费之外，还可作为药用。琼山、文昌的胡桐林，是榨采燃油的原料，乡村以此油作为点灯燃料，当时海口所用的海棠柴即是胡桐林的木材；在定安境内岭门一带的天料林，是岛上最高的木材，无论与任何树混生，必高出周围树种，天料是制造甲板和建筑的优良木材。总而言之，海南全岛植物茂盛，种类繁多，约有 96 属、2260 种，经济作物有 584 种，换言之，海南岛的植物四分之一有直接或间接的经济价值，与农业、工业和经济生活有莫大的关系。然而，优良的林业资源，却因交通阻碍不能顺畅销售到岛内外。海南岛北部多是荒废的山坡地带，木材运输异常困难，因为木材的生产地点与消费中心距离太远，以致供应不畅。海口、琼山、文昌等东部以及沿海港湾的建筑用材、家具和日用物品只好采用杉木和柚木，杉木由徐闻输入，而柚木则来自南洋各地。号称盛产林木的海南，却常常仰给外来木料。民国初期海口有上千家木材商，内地木材商集中在嘉积、岭门一带，收购木材然后转卖到海口、广州、江门、澳门、香港等地，每年输出木材的价值约十万元，其数额与海南的林业资源实不相配。

第三，工矿业开发处于初始状态，开采方式落后。海南岛矿产资源丰富，蕴藏金、银、铜、铁、锡、铅、锑、锌等多种资源，其中以锡矿的储藏量最为丰富。在民国初期的开发产业中，矿业要算各项产业中最引人注目的。锡矿不仅分布广，含量亦高，儋县那大附近开发的锡矿，矿床之厚令人羡慕。进入民国后，建设琼崖国防和开发琼崖产业的呼声甚高，一些华侨络绎归国，投资实业，投资于锡矿开采者大有雨后春笋之势。相对于橡胶、咖啡、椰子等热带经济作物的种植困境和林业、盐业的不景气状态，矿业独树一帜，逐渐出现长足发展的趋势，产量持续增加。接踵而起成立的锡矿公司，使琼崖实业局的努力颇见成效。但是，包括锡矿开采在内的各种矿业的开采方式，都是采用人力开采的方式，生产和组织落后，基本处于无序的状态。

◆ 岛民的农耕①

第四，水产经济幼稚，渔业方式原始。海南岛位于热带，四面环海，海岸线曲折，海流迴转，岛内河流纵横，十分适宜水产业的发展。民国初期海南岛的水产业分为渔业、盐业和海草业，渔业区域分为内河、沿岸、近海、远洋四类。内河捕捞的渔场在河川和各江口之

① 图片来源：《东方杂志》1937 年第 7 期，载［意］罗斯辑：《海南岛史料》第 145 册。

间，渔期无淡旺月之分，但是沿用旧有的方法，捕量很少，鱼获所得卖给小贩商人，或者自行到市场销售。另一种钓鱼渔业，规模很小，是用钓艇在港湾沿岸从事的渔业。还有一种地拽网的捕鱼方式，渔获物通常以杂鱼为多。近海渔业多用小型渔船，天未亮即出海，晚间归港，因捕获较多，所以急于返港出售。近海渔场及渔业地点根据季节风向及海流变化而改变。从事近海渔业的多为帆船，从五六吨至二十吨不等，鱼获的种类常因季节有所不同。渔民趁新鲜将捕获的鱼卖出，鱼商收买后，一部分发售到附近市场，其余部分则用盐腌制起来。

◆ 乘着木排去捕鱼①

规模最大的是远洋渔业。15 至 40 吨左右的渔船，由七八支船组成一队，从清澜、榆林、新林、三亚等海港出发，利用东北信风出海，到达海上小岛时留下五六名渔民，置办必需的食物，在该岛上从

① 图片来源：《东方杂志》1937 年第 7 期，［意］罗斯辑：《海南岛史料》第 145 册。

事贝类、龟、鳖、海参捕捞，母船则远航至婆罗洲，同样捕捞贝类、龟、鳖、海参等水产，等到西南信风期开始返航，到各小岛屿载回先前留下的渔民一起返航，捕获的水产由经纪人卖给市场的鱼贩。

◆ 耕海渔民①

◆ 渔民拖着大渔网到海中去②

① 图片来源：《东方杂志》1937年第7期，［意］罗斯辑：《海南岛史料》第145册。
② 图片来源：《东方杂志》1937年第7期，［意］罗斯辑：《海南岛史料》第145册。

晒盐是另一种水产业。海南岛环海海港中，盐田数量众多，一年中产值约一百多万元，贸易额占全县商业百分之七十以上。停泊于三亚港的运盐船只动辄上百艘，可见其贸易相当兴旺。制盐的方法有五种：盐田晒盐、铁锅煮盐、沙漏晒盐、漏水煮盐、晒水煮盐，其中日光晒盐的方法最方便。崖县农民多以此为生，商业也因此而繁荣。就整个海南岛的经济而言，借盐业而流通的现象不在少数。

◆ 岛上的盐田的船只①

海草业即海草采集，是一项新发展起来的水产业，比如海带、海参、海藻以及昆布，规模不大，沿海作业，每年出产二三万元。除昆布等供应日常食料外，海草植物含有大量矿物成分，可提炼出工业化工原料，有重要的经济价值。

① 图片来源：《东方杂志》1937 年第 7 期，［意］罗斯辑：《海南岛史料》第 145 册。

◆ 盐运港口的船只①

九、新式教育体系的雏形

1901 年，因八国联军入京而狼狈出逃西安的清朝当政者颁布“预约变法”的上谕，4 月，清政府设立督办政务处，议商变法条陈，在风雨飘摇的最后时期正式推行所谓“新政”。中央和各省的“新政”从此全面展开。“新政”大致可分为政治、军事、教育、经济四个部分，其中教育改革包括废科举、兴学堂、奖励游学等。

经过清末新政，传统的书院纷纷改为学堂，创办于清朝康熙年间的琼台书院，也改制为学堂。新式学堂在教学内容上，不再只限于“四书”、“五经”，增设修身、国文、数学、格致、英文等科目。在鼓

① 图片来源：[意] 罗斯辑：《海南岛史料》第 156 册。

励留学的政策推动下，海南出现一批去往国内外的求学者。新政推行约 5 年，在教育、经济上所采取的政策具有一定的积极作用。然而，新政总的结果与清政府的本意适得其反，也不能挽救清朝的危机及最后覆亡的命运。办学堂的人仍在用科举时代的意识，所以，直到民国初期，海南的教育总体仍然落后。

民国初期海南岛的教育尚不发达，如果以人口计算，学校的数量并不在少数，但教育水平不高。因地处海洋，交通不便，民众经商务农，只要能维持生活便感到自足，无向外发展的要求，因此，受过高等教育的人极少，缺乏具备良好教育的专业人士。民国初年，有一批去往国内国外的求学者，但因为基础不良，往往在学业上承受诸多困难，到学成返琼时，目睹落后的教育现状，感到整顿无方，改善不易，不愿从事教育，甚至因为环境因素，到岛外从事其他行业。即使有一两个有志者在岛上倡办教育，其成效也甚微。

在民国初期，全岛共有中等学校八所，实业学校一所，高等和初等小学校共有一千多所。但多由于缺乏执教者，办理无方，所培养的学生程度较低，中学毕业者经常不会写普通信件，只认识英文的 26 个字母。而且许多 20 岁以上的年轻人，还在初中或高小学校里读书。小学中多为八股式的教师，学识陈旧。只有几所较为优秀的中等学校，其状况尚可描述。

琼山省立第六师范学校　这所学校的前身是创办于清朝康熙年间的琼台书院，20 世纪初改制为学堂，到民国初年，成为一所规制完备的学校。学校按照民国教育规程设立组织机构，办学经费充足，学生二百多人，设有附属小学一所，学生也有近百人，是全岛唯一一所省立师范学校。

琼海中学　设在琼山县城内的一所公立学校，设施完备，经费充足，组织建制依照新式学校规程设立，学生近 400 人，还有童子军组织。学校风气优良，管理者精神和毅力令人佩服，是琼岛教育界的佼佼者。

琼山县立中学　其组织设备依照民初教育规程执行，学生300多人。

嘉积农工学校　琼东县城的一所公立学校，组织设备均完好，经费较为充足，学生近二百人，教员中颇多硕学之士。

海南公学　在海口城外，校址为前德国领事馆，依照新制组织管理，只招收初级中学三班，学生近300余人。男女合校，但校舍太小，设备不全，并且缺少常年经费，全靠向外募捐和学生学费收入所得。

除上述学校，其余还有文昌县立中学一所；教育会所立男女中学各一所，均在琼山县城，设备不完全，学生人数很少。至于各县所有的高初等小学数目，以下列二表列出。此表根据外国人1918年至1921年在海南岛的调查制成。

全岛各县高初两等小学校数目表①

县名	官立高等小学校数	官立国民小学校数	教会立高等小学校数	教会立国民小学校数
琼山	16	59	1	2
澄迈	3	14	——	——
定安	14	79	——	3
文昌	76	340		3
琼东	12	79	2	1
乐会	5	76	——	——
临高	10	7	——	——
儋县	7	10	2	——

① 蒋瘦颠：《海南岛》，《东方杂志》1925年第10期，载［意］罗斯辑：《海南岛史料》第145册。

续表

县名	官立高等小学校数	官立国民小学校数	教会立高等小学校数	教会立国民小学校数
崖县	2	2	——	——
万宁	6	6	——	2
陵水	2	18	——	1
昌江	1	1	——	——
感恩	1	1	——	——
总数	155	352	5	12

全岛各县高初两等小学校学生数表①

县名	各县人口数	官立国民小学校学生数	官立高等小学校学生数	各县官立小学校学生数	教会立国民小学校学生数	教会立高等小学校学生数	各县教会立小学校学生数
琼山	44000	2340	724	2064	142	25	167
澄迈	42480	462	134	596	…	…	…
定安	49560	3720	583	4303	62	…	62
文昌	360000	14573	2592	17165	60	…	60
琼东	85000	1423	488	1911	11	82	93
乐会	8000	3968	368	4336	…	…	…
临高	48680	462	420	882	…	29	29
儋县	160000	330	178	508	…	…	…
崖县	80000	93	164	257	…	…	…
万宁	310746	280	266	546	72	…	72
陵水	95000	582	29	701	15	…	15
昌江	35362	50	60	110	…	…	…
感恩	32680	26	51	77	…	…	…
总数	1819506	28309	6147	34456	362	136	498

由此可知，全岛中等学校仅琼山县有省立师范学校一所，县立师

① 蒋瘦颠:《海南岛》,《东方杂志》1925 年第 10 期，载［意］罗斯辑:《海南岛史料》第 145 册。

范一所，县立中学三所，琼东县有省立中学一所，文昌县有县立中学一所而已。实业学校仅一所。小学在各县多的有 300 多所，少的也有几十所，但是掌管教育者大多不懂教育原理，因此无成绩可言。仅有省立第六师范学校，自聘请北京高等师范毕业生李开定担任校长后，对教学管理进行了改良，学校状况颇有起色。

总而言之，民国初期教育体制处于新旧转型时期，教育管理机构不健全，直到 30 年代，教育行政机构仍隶属于民政局、尚有相当数量的私塾存在，如海口市有 30 余所，万宁县有 26 所，陵水县有 120 余所，学生总数不少。私塾多数采用新制小学课本，但塾师半数系旧时生童，设备简陋属于管教违章的学校，直到 30 年代才开始逐步取缔改良。

◆ 琼州会文学校校门①

① ［意］罗斯辑：《海南岛史料（海南情况）》第 80 册。

至于黎族地区的教育自古以来尤为落后，清朝末年开科取士，曾为黎族人特设两个名额。民国初期，各地黎村设有简易初等小学校十余所，进行启蒙教育。黎团总长钟启桢在万宁县所属的兴隆创立过一所四黎学校，规模很大，有大教室 4 间，寄宿宿舍几十间，可容纳学生二百多人，筹集了常年经费两千余吊，开办几年成效显著，但是因龙济光到海南时，钟启桢曾进行抵抗，被龙济光枪毙，学校被封，校址改为抚黎局，所有学校款项移为抚黎局和汉区警察分所的经费，学校便一直未能恢复原状。

同时期内，一些美国的教会组织对黎民的教育颇有热忱，曾在琼山县城、嘉积和那大三个地方各设立一所学校，每所学校为黎民设立免费生男女各 5 名，前来学校学习肄业的黎族学生有二三十人。这些学生成绩优良，能作英文书信，书法清秀。美国人同时还筹集特别款项，派出品学兼优者深入黎峒，创立简易初等小学。对于美国人的教育热忱，时人评价“其精神之勇猛，感化力之伟大，较之普通小学，实远过之”①。

① 怿庐：《琼崖调查记》，载［意］罗斯辑：《海南岛资料》第 145 册。

第六章　海南岛调查和开发热潮

对一个地区的自然资源、历史人文的调查和认识，是这个地区建设和发展的基础。列强环视之下，日本对海南的觊觎和窥视，使民国以来开发海南的设想逐渐激起更多共鸣，对海南的经营和开发将筑起一道海疆防线的观点获得共识和认可。以建设海防为目标，政府和社会机构纷纷展开对海南岛的调查，提出对海南开发的意见，长期远离国人视线的海南岛终于展示出不为人知的全貌。

一、国人对海南岛的调查和认识

对海南的调查，始于清末。清光绪十三年（1887 年），胡传授命巡查海南，之后著《游历琼州黎峒日记》，其中便有对海南各地勘察的内容，并陈述了对海南开发的意见。清末新政时期，提倡“废科举、立学堂、办实业、兴游学”，光绪三十三年（1907 年），琼崖地方官员感恩知县章献猷在清末新政时期提出《筹办琼崖地方八事条陈》，提出八项应举办事宜，即设商轮、开铁路、广种植，务垦荒、开森林、兴海业、采矿业、开黎人学堂。二者都经过一定的调查。条陈建议，章献猷的八条，几乎包括了此后海南岛调查的基本方向。当然，这些建议并未引起处于风雨飘摇之中的清政府关注。

民国时期对海南岛的调查，既有对自然资源的调查，也有对社会历史人文的调查；既有政府组织的系统调查，也有社会专业机构的专题调查，甚至还有个人游历性的考察活动，虽然出发点和考察目标有所不同，但都是在海南开发的名义下展开，其成果真实全面地反映了民国时期海南岛各方面的情况，直到今天仍然是我们认识民国时期海南岛的有价值的参考资料。

1913 年广东省政府派员到海南岛调查是民国政府组织的最早一次实地调查，负责此次调查的李寿如从 1914 年 2 月 28 日开始，“所过十三县，计程二千余里，越时七月阅有奇”，完成了给广东省政府的意见《琼崖实业》报告。受日本人在海南岛加紧调查活动的刺激，他在报告中说：“琼崖十三属之地广人稀，正合殖民兴利之宜。若不从速筹办各种实业，万一被人占据，那时悔之晚矣。”① 他分析海南实业不振的十个原因：“一因路政、邮政，交通断绝，商贾裹足。二因轮航未设，小舟输运，波海难行也。三因盐非官运，纵商垄断，坐困晒户也。四因鱼无商运，获多售贱，渔业坐困也。五因森林盈野，易采难运，只供燔柴也。六因各县矿产禁药炸采，弃利于地也。七因官荒广漠，农业水利未兴，民无承垦也。八因物品出产难于输运，商业坐困也。九因黎民不协，各划疆界，两不通商也。十因银行未设，商无汇兑，周转不灵也。总上十因琼崖商业遂致不振。”② 可以说李寿如对当时海南岛社会经济状况和阻碍商业发展的原因分析得比较清楚、透彻。

护法时期，广东军政府为了与北洋政府对抗，壮大所控制的两广和西南局的经济实力，富有资源的海南岛成为关注的地区。民国八

① 李寿如：《琼崖实业》，琼州海口书局，中华民国二十五年，第 2—3 页。

② 李寿如：《琼崖实业》，第 2—3 页。

年（1919年），护法政府政务会议委托彭程万、殷汝骊二人进行实地调查。此次调查历时五六个月，调查地区广泛、全面，其调查的结果《调查琼崖实业报告书》于1920年由广东东雅印务有限公司印行。全书共有六部分，即“交通调查报告书”、“黎情调查报告书”、“森林调查报告书”、“农产调查报告书”、“矿产调查报告书”、“盐田调查报告书”，另有“琼崖出口物产表”，各部分单独成册，内容非常丰富，是民国初期介绍海南岛最为翔实的书籍，为国人认识海南岛和广东军政府制定开发海南的措施提供了重要的参考和依据。

民国时期的海南与广东政局息息相关，1932年广东进入陈济棠统治时期，海南社会与广东整体一样进入相对稳定的发展。陈济棠有意开发海南岛热带资源。1932年，广东建设厅组织了历史上最大规模的一次海南岛调查。此次调查对象是海南岛的实业资源，参与人员皆为专业技术人员，因此，比较之前的调查更有科学性，在具体门类方面，有一些出色的调查报告。1932年广东建设厅编辑出版了这次调查报告的成果《琼崖实业调查团报告书》，内容包括农艺、土壤水利、畜牧兽医、昆虫、森林、渔盐、工商、公路建设等多方面，对20世纪30年代海南工商业的发展情况有详细的记载。

在民国时期对海南岛的调查中，一些科研学术机构也加入其中，其调查领域关注于海南岛的历史人文。民国时期，海南黎族的社会形态引起了国内外学者的关注，外国学者中德国史图博和法国萨维纳是其中考察和研究海南的代表（后有专文论述，此处从略）。1933年，由北平静生生物调查所所长胡步曾与中国科学生物研究所所长发起，会同中央研究院自然博物馆、山东大学、清华大学、北京大学等学术机关，发起组织“海南生物科学采集团”，以植物学研究学者左景烈为总领队，从北平启程长途跋涉南下，赴海南考察动植物资源和进行黎族人类学调查，参与此次考察的刘咸在考察结束后的科学游记《琼崖访黎记》，详细记录行程见闻和风物景象。此次活动，开启了国内学者对海南进行科学考察的先河。随后不久，1936 年中山大学、岭南大学组织“海南岛黎苗族考察团”赴黎苗地区进行为期四个月的调查，之后发表的《海南岛黎人调查报告》等，是对海南文化以及黎族研究最大的贡献。

这一时期，一些学者对海南岛的调查和研究表现出极大的热忱，并做出积极的贡献。出生于海南岛的学者林缵春极为关注海南的农业问题，重视实地调查，统计数据都是他亲自调查的结果。他指出：“开发琼崖，并不是一件容易的事体，开发之先，必须调查其地势、土质、物产等情形，固不待言；而对于农村经济，尤为不可忽视。因为农村经济在目前是琼崖整个社会经济底杠杆，它把握着全岛社会发展的动向。”① 他认为，欲改良农村，发展农业，以至于建设新琼崖，都必须从农业调查着手。1935 年他出版的《琼崖农村》和 1946 年出版的《海南岛之产业》，以及有关海南的多篇论文，多为实地的调查报告，至今对海南研究还有参考价值。

民国时期，当海南岛成为国人关注的目标时，其神秘的面纱激发了一些探险者的兴趣。1923 年，怿庐游历考察海南全岛，历时 5 个月，其文章《琼崖考察记》，记录了 20 世纪 20 年代初期海南岛道路、港口、邮电、黎族、农业、教育、森林、矿产、盐田等方面的基本情况。现有资料对此次记载不多，怿庐的身份亦不明确，调查尚属初浅，属于民国时期较早的个人考察活动。

1932 年，另一位国内游历爱好者田曙岚与同伴两人环游海南岛，堪称是一次冒险，其长篇游记《环游海南岛记》用生动的笔调和日志的方式，详细记录从海口沿海南岛西部到达榆林和三亚，再从南向北

---

① 林缵春：《琼崖农村》，海南出版社 2016 年版，“引言”第 1 页。

沿东线回到海口的整个旅行过程，对行程中所遇诸人诸事、人文故事，以及中途因病两次入院治疗和医院的情形都有详细的描述，对市井风情的描写读来趣味横生。该游记在《旅行杂志》连载多期，加深了国人对海南岛的认识。

二、探访海南的西方人

继清末海口开辟为通商口岸之后，相继有外交官、传教士、学者和旅行家等西方人士为了不同的目的陆续进入海南岛，并留下了许多关于海南岛的著述，从西方人的视角展示清末海南社会的状况。清末至民国初期，欧美学者出于学术研究的目的，在海南岛考察自然资源、搜集动植物标本、深入黎区对黎族进行人类学和民族学田野调查，开始了海南岛的早期研究。他们留下的著述向世人展现海南岛独特和令人向往的美丽面貌。对西方学界来说，黎族是一个“新”的民族，值得深入调查和研究，他们的考察活动和著述，成为国际学术界黎族人类学、民族学研究的奠基之作。20 世纪 20—30 年代，国际上民族学研究方兴未艾，海南岛独特的地理和动植物资源，独特的黎族文化继续吸引着西方人研究的目光。

1923 年 1 月英国博物学家马尔科姆·史密斯（Malcolm A. Smith）和他的妻子来到海南岛考察并攀登五指山，随行带了两个有经验的当地人帮助他们采摘植物标本。还有一个厨师负责烹饪。他们的主要目的是收集不同种类的动植物标本，在旅行过程中，他们详细了解黎族村庄及其生存环境。随后发表了一篇题为《海南腹地游记》的文章，文章叙述了作者一行考察攀登五指山并采集动植物标本的过程及沿途的所见所闻，包括对海南初步的印象、地理概况、村落村民，文中多次涉及黎人，并附有五指山及附近村庄的照片。

NARRATIVE OF A JOURNEY TO THE INTERIOR OF HAINAN

BY MALCOLM A. SMITH, F.Z.S.

With plates 13 and 14.

The Island of Hainan lies at the extreme north of the gulf of Tongking and is separated from the mainland of China by a shallow strait some 15 kilometres across at its narrowest part.

Roughly speaking the north-eastern part of the island is an undulating plain, while the central, southern and western portions are mountainous. Not many naturalists have been there. Swinhoe in 1868, Tetsu a Chinese collector, and Whitehead in 1889, visited it, but owing to the difficulties of travelling in the interior at the time did not remain long. Whitehead and all his party contracted malaria, while he, to judge by his symptoms as recorded in his diary, died of it. Later on Ogston of Yokohama sent a Japanese collector there. He was more successful, and penetrating to the central range of mountains made considerable additions to our knowledge of the fauna.

Quite recently Mr. F. A. McClure of the Canton Christian College visited the island and spent some months there in botanical work. He travelled across the Loi Voi range and was the first white man to reach the summit of the Five Finger mountain.[1]

Early in 1923 my wife and I made a short expedition to the country. We were accompanied by two trained native collectors and by a boy, who acting also as cook, made up a party of five. Our chief object was to obtain herpetological and botanical specimens.

Landing at Hoi-hao on January 7th, we travelled up the Ding-an river as far as Tung-ai, and from there a two days' march brought us to Ka-chek near the south-east coast. Ka-chek is one of the largest towns of the island and maintains a considerable traffic with Hoi-hao and Kiung-chao the capital. The country we passed through was undulating and almost entirely treeless and with its short grass and broad views strongly reminiscent of English downs. Small patches of cultivation occurred frequently,

1 Lingnaam Agricultural Review, Dec. 1922, Vol. 1 No. 1.

◆ 英国博物学家马尔科姆·史密斯发表题为《海南腹地游记》的文章①

与此同时，美国科学家也进入海南岛从事考察。1922 年，美国昆虫学家克利福德·浦柏在 1922 年考察海南岛之后发表了《海南》一文，该文描述了海南中部地区那大的景观，详细记录了途中搜捕及在市场搜集各种野生动物的活动，还对当地农民的捕鱼及农耕生活进行了描述，并配有沿途拍下的照片。另一位美国著名学者、植物学家莫古礼于 1922 年来到海南岛，在海南采集植物标本时了解到黎族人用木棉织布。1932 年他再次来到海南采集探险，详细了解黎族人如何采集并利用木棉织布的过程，于 1933 年完成一篇题为《科学笔记——海南的木棉织布》的文章，详细介绍海南的木棉织布技艺。

① 图片来源：[意] 罗斯辑：《海南岛史料》第 156 册。

◆ 五指山景色①

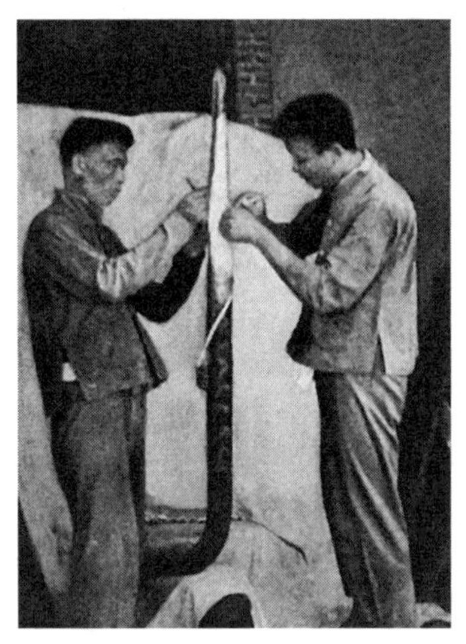

◆ 美国昆虫学家克利福德·浦柏在《海南》一文记录了在海南搜集各种野生动物的活动②

美国汉学家阿林顿（L.C.Arlington）为了拜访在海口的朋友，曾在1880年第一次到海南岛游历，他到了海口港、海口公墓等地方，记下了沿途见闻。1941年他在《东亚》杂志上发表题为《海南岛漫游》的文章。

① 图片来源：[意] 罗斯辑：《海南岛史料》第156册。
② 图片来源：[意] 罗斯辑：《海南岛史料》第156册。

◆ 海南中部的建筑①

RAMBLES
ON HAINAN ISLAND

BY L. C. ARLINGTON

[illegible]

Adventures on Hainan Island date for me from the early 80's when I visited a friend stationed in the Customs at Hoi-how. The town lies about three miles across a shallow bay, showing only a stretch of slimy mud at low tide, and access by boat is only possible at high tide. Hoi-how has but one principal street where most business is done but is a straggling thoroughfare. Part of the town is enclosed by a wall and branches extend along the streams. The principal exports then were hogs and sugar, with cocoanut ware and rattan. By far the chief import trade consisted of opium imported by foreigners, and Chinese under foreign names, of which a large quantity was smuggled by junk crews. It seemed as if the entire population indulged in the drug—the Chinese officials especially so.

The country about was full of snakes of all description. I never saw so many snakes in my life. I went once with a number of foreigners and natives on a snake hunt. Each was armed with a short piece of bamboo and the method

◆ 阿林顿 1941 年在《东亚》杂志上发表题为《海南岛漫游》的文章，记录了海南岛的自然生态和人文地理

1937 年 6 月 26 日，美国《国家地理》杂志的探险记者尼克尔·史密斯与同伴伦那德·克拉克从旧金山到达香港后再转到海口，在翻译的陪同下，途经儋州、白沙、保亭、五指山等 10 余地，对海南岛进行为期两个月的探险。克拉克生动的旅行日记《结着硕大发髻的海南

① 图片来源：[意] 罗斯辑：《海南岛史料》第 156 册。

黎人》发表在1938年9月的美国《国家地理》杂志上，记述了他们在海南探险时的所见所闻，重点考察和描述了海南岛上土著黎族人的风土人情，讲述黎人的传说，描写黎人的体格外形、服饰特点以及黎族的鬼神崇拜、婚嫁等风俗习惯，还着重强调了黎人不爱金钱，通行以物易物。作者总结黎人的外貌特征：男人在头顶结着硕大发髻，不同方言区的黎人头部发髻的位置不同；女人文身，不同方言区的女孩文身图案不一样。他们向世人宣告，海南岛是除巴厘岛、火奴鲁鲁以外的世界上第三个“天堂岛”，是“世界上最重要最美丽的地方之一”。他们摄制的纪录片《红山之外》，也成为反映海南岛的最早的影视资料。

◆ 黎族妇女

◆ 戴巨大耳环的苗族姑娘

◆ 正在纺织和刺绣的苗族妇女①

① 图片来源：[意] 罗斯辑：《海南岛史料》第156册。民国以前苗人被误认为是黎族的支系，现代研究表明，戴巨大耳环的是黎族哈（侾）方言区的妇女。

◆ 土著黎族妇女用竹筒挑水

◆ 两个白沙峒的黎族妇女

◆ 番阳地区哈部落妇女和儿童由于肠道寄生虫腹部鼓起

◆ 海南的养牛牧场①

◆ 美国探险记者的翻译，负责将英语翻译成海南话②

① 图片来源：[意] 罗斯辑：《海南岛史料》第 156 册。

② 图片来源：[意] 罗斯辑：《海南岛史料》第 156 册。

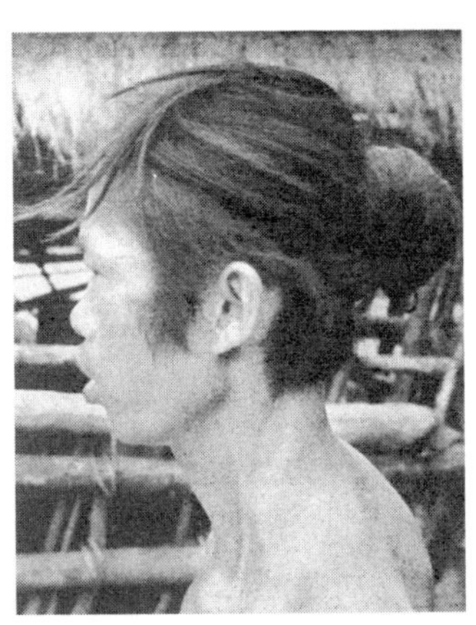

◈ 硕大的发髻表明这是个白沙峒黎族人①

1925年，法国传教士（Francois Marie Savina，1876—1941）萨维纳应国民政府之邀到海南当翻译，并受河内“法国远东学院”之托，调查海南岛的民族和语言。1928年，他到海南岛中部山区从事黎族语言和民族调查，这是西方人第一次深入到黎区内部。陪同他一同前往黎区的是海南军事首长黄强将军，时任广东省南区善后公署参谋长、海南岛警备司令及琼崖实业专员，负责雷州半岛及海南岛开发建设事务。黄强之所以会不畏艰险深入黎区，是因为他设想修建一条铁路，沿着中部山区把北部和南部连接起来。这年10月，黄强和萨维纳一行“在150名士兵的陪同下，从海口出发，经定安、屯昌，到琼中，再到五指山下的水满村，然后经南圣、保亭到陵水，从现在的新村港乘船到达文昌的清澜，再乘汽车返回到海口。历经20天，历经千辛万苦，甚至随行的几十个士兵因为疲劳过度，回来不久就死亡了”②。穿

① Leonard Clark, Amond The Big-kond Lois of Hainan，图片来源：［意］罗斯辑：《海南岛史料》第156册。

② ［法］萨维纳：《海南岛志》，辛世彪译注，漓江出版社2012年版，“前言”第8页。

越黎区之后，黄强写下《五指山问黎记》，与萨维纳的《海南岛志》可互相参照，是有关 20 世纪 20 年代海南岛地理人文的珍贵记录。

◆ 黎族人同样爱护女儿和儿子，并不重男轻女①

萨维纳在之后 4 年多的时间里，足迹遍及海南各地。1928 年 12 月他给“河内地理学会”提交了长篇论文《海南岛志》，次年论文作为《河内地理学会丛书》第 17 册正式出版。《海南岛志》分海南岛总览、穿越黎区日志和黎语—法语对照词汇三部分，还附有 12 张照片和一幅萨维纳手绘的海南岛地图。该书关于海南岛地理人文及黎区风土人情的记述都是经实地调查，为后人留下了一部民国时期海南岛地理人文的珍贵记录。例如，萨维纳目睹并记录了 20 世纪 20 年代海口兴起与府城的衰落：“琼州或琼山，……现在依然是全岛的首府，但却全然破旧，到处被虫子蛀过，一旦倒下成为废墟，再也站立不起来。海口这座位于金江口的城市，是现今岛上真正的首府。……昔日的首府

① 图片来源：[意] 罗斯辑：《海南岛史料》第 156 册。

琼州如今在它的现代邻居面前，已经彻底黯然失色。”[1] 当时的海口已开始现代化，但是港口仍相当简陋，根据萨维纳的记录，“海口港是目前岛上唯一经常有外国船出入的港口。港口这个词在这里是个纯粹的委婉语，我们顶多应该用停泊地这个词。各种大小船只事实上都被迫在大海上抛锚，暴露在琼州海峡的海流与风浪中。从抛锚处到码头还有 6—7 公里远，人们只能乘坐可以通行的舢板从金江河湾上岸，这些舢板也得等待潮起潮落来出入。”[2] 这些记述可与陈铭枢《海南岛志》中的附录“建筑海口港计划”所提供的材料相印证，是海南区域人文地理研究极为重要的资料。

◆ 黄强将军在旅途中[3]

德国人类学家、同济大学教授史图博（Hans Stübel，1885—

① ［法］萨维纳：《海南岛志》，辛世彪译注，漓江出版社 2012 年版，第 4 页。

② ［法］萨维纳：《海南岛志》，辛世彪译注，漓江出版社 2012 年版，第 7—8 页。

③ 图片来源：［法］萨维纳：《海南岛志》，辛世彪译注，漓江出版社 2012 年版，第 29 页。

1961)，在 1931 年和 1932 年先后两次深入海南岛进行文化人类学考察。他从海口出发，经儋县南丰进入西南部和中部山区黎族聚居地作田野考察，之后出版了《海南岛上的黎族》(中译本名为《海南岛民族志》)。书中将黎族分为本地黎、美孚黎、岐黎和侾黎 4 个支系。作者用民族学、民俗学、语言学和体格人类学的理论，论述了黎族的服饰、生产、经济、食物、教育、语言、艺术、宗教、风俗习惯和社会生活的各个方面，还将黎族和台湾高山族、东南亚地区的民族作比较研究，进而探讨了黎族的族源问题。直到今天它仍具有极高的学术价值，为我们了解 20 世纪上半叶的黎族留下了丰富的民族学资料。

◆ 刊登在《新生路月刊》的一幅画，说明海南岛的战略地位①

三、开发琼崖的舆论高潮和计划

民国时期，海南岛丰富资源已为国人所认识，日、法等帝国主义

① 图片来源：[意] 罗斯辑：《海南岛史料》第 185 册。

则对之垂涎已久，有鉴于此，国民政府曾多次就海南开发拟订详细计划，以图发展海岛经济、巩固南疆国防、抵御外人觊觎，而国内外实业界人士亦曾对此做过实际努力。

抗日战争爆发前，海南岛经历过几次经济开发热潮。清末民国初期，首先开始从事海南资源开发并兴办近代工商业的，是南洋一带的华侨。最初兴起的主要是橡胶等热带作物的垦殖事业。除垦殖业外，工商矿业等各种实业都逐渐起步。由于这一时期国内处于军阀混战状态，政府对海南的开发无所作为，其间曾成立作为海南各项实业发展指导机构的琼崖实业局，但在 1928 年被废除。

◆ 计划开发的海口堤岸①

1929 年至 1936 年 7 月为陈济棠踞粤时期，他对海南热带资源开发方面亦有过富有价值的构想，在地方政府及华侨实业界等各界人士的积极开发之下，海南经济有了一定发展。1936 年 6 月，陈济棠联合桂系军阀发动两广事变，企图倒蒋，两广倒蒋未成反生内战，蒋介石

① 图片来源：[意] 罗斯辑：《海南岛史料》第 135 册。

用收买和分化手段，使陈济棠内讧失败，离穗赴港，广东结束了半独立状态，还政中央，重归蒋介石控制。1936年7月，南京政府从陈济棠手中接管了海南岛，广东省撤销原来的绥靖委员公署，将全省划为九个行政督察区，琼崖设为第九区行政督察专员公署。广东还政中央后，开发海南岛的时机似臻于成熟。

在此背景之下和开发海南的舆论声浪中，1936年11、12月间，国民政府要员宋子文视察海南，并视察全岛，提出了“开发海南实业，巩固海南国防”的口号。宋氏家族祖籍海南文昌，宋子文返乡视察海南，在国内外引起相当大的轰动，使海南岛地位得到前所未有的重视。各界人士就海南开发纷纷发表意见，表示赞同。一时间，国内出版了不少有关海南开发的著述和文章，过去被国人弃如敝屣的海南岛得到国人全面的认识和重视。舆论对宋子文视察海南的评价和期待都很高，从引导国人认识海南岛的地位转向讨论如何开发海南，如潘瀛江的《对全国经济委员会常委宋子文先生返琼的希望》、王少平的《菲岛琼崖印象记》、张维汉的《海南岛》等。① 王少平在《菲岛琼崖印象记》中说：“自我国经委长宋子文氏南来，倡开发琼崖之议，而孤悬粤海之南，数千年国人认为鲸鳄獞黎之乡，犵鸟蛮花之域者，遂为中外经济实业学者之视线之所及。”张维汉在其所著《海南岛》一文中写道：“琼岛今日地位之重要，已非昔比，自宋子文先生视察以后，已引起全国人士之注意。”② 舆论对海南开发充满期待，认为“琼崖已唱出开发、建设的呼声了，而且这呼声是中国朝野一致的腔调！事实还告诉了我们：去年底全国经济界领袖宋子文氏的海南视察，而且声

① 其他文章如萧世伟：《海南岛的开发》，《社会知识》第1卷第1期；日火：《开发琼崖的总检讨》，《实践月刊》1937年第1卷第2期；林朝杰：《海南岛的展望》，《新生活月刊》1937年第5—6期；等等。

② 钟一：《1936：宋子文还乡海南的前前后后》(10)，《海南日报》2009年4月13日。

明以三千万元巨资充作开发之用，就是开发中的前奏曲。……政府开发海南的决心已具备，开发的资本也有了，相信货弃于地的海南岛，在不久的将来，必会一举而为中国复兴的一条生命线的”。① 这些评论反映了宋子文视察海南所带来影响的热烈程度，开发海南的舆论声浪由此达到最高点。

◆ 20 世纪 30 年代的海口街道 ②

◆ 1936 年宋子文赴海南岛考察，飞机绕海南岛一周环视 ③

① 萧世伟:《海南岛的开发》,《社会知识》第 1 卷第 1 期。

② 图片来源:［意］罗斯辑:《海南岛史料》第 181 册。

③ 图片来源:［意］罗斯辑:《海南岛史料》第 181 册。

1937年1月，海南文昌县清澜商会拟具《开发琼崖条陈意见书》，呈请广东省财政厅转致全国经济委员会。在致全国经济委员会的呈文中，提出开筑黎境公路，实行化黎、设护垦队等各项建议。琼农会主席林缵春亦上《开发琼崖意见书》，向中央提出建立“开发琼崖研究会”等设想。

◆ 1936年宋子文赴海南岛考察，在文昌发表演讲①

1937年2月1日，中华棉产改进会在南京举行第五届常年大会，拟具开发琼州岛植棉计划，呈送全国经济委员会。计划中分析海南岛的温度、湿度、土质等气候地理条件，为发展海南岛的植棉业提供了科学依据。不久，上海永安公司经理、永安纱厂经理郭顺在考察海南

① 图片来源：[意] 罗斯辑：《海南岛史料》第181册。

后也决定投资，在海南西北新墟购地 2 万亩，试种棉花①。

在这一片致力开发海南的热潮中，国民政府也将海南开发建设提上了议事日程，军政部次长陈诚、广东绥靖主任余汉谋积极提议：“琼崖关系两广及国防甚巨，有设特区必要。”琼崖设置特区一案从此提出。1937 年 5 月 3 日至 22 日，全国经济委员会与行政院、军委会及内政、外交、财政、实业、交通、军政等各部召开联席会议，讨论琼崖设立特区事宜。经过反复斟酌商讨，决定由内政、财政两部各就主管范围参照青海、宁夏、西康等先例，草拟琼崖设区计划方案；由行政院令实业、交通、铁道部会同经济委员会就海南设特区后的行政、铁路、公路、航运、商港、航空、水利、实业等方面商拟较为翔实可行的初步计划。

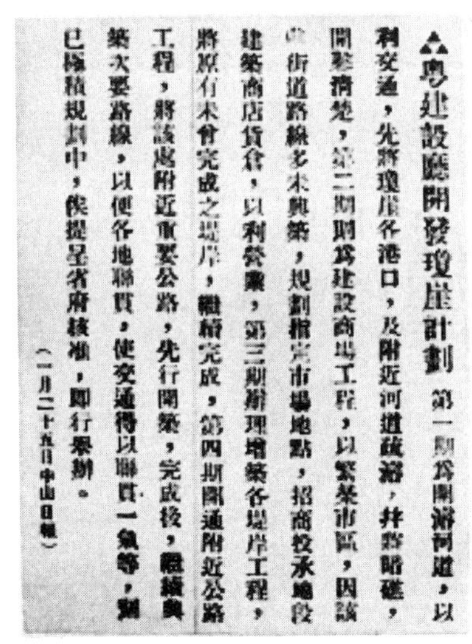
△粵建設廳開發瓊崖計劃　第一期爲開濬河道，以利交通，先將瓊崖各港口，及附近河道疏濬，幷將暗礁，開鑿清楚，第二期則爲建設商埠工程，以繁榮市區，因該處街道路線多未興築，規劃指定市場地點，招商投承地段建築商店貨倉，以利營業，第三期辦理增築各堤岸工程，將原有未曾完成之堤岸，繼續完成，第四期開通附近公路工程，將該處附近重要公路，先行開築，完成後，繼續興築次要路線，以便各地聯貫，使交通得以聯貫一氣等，刻已極積規劃中，俟提呈省府核准，即行舉辦。

（一月二十五日中山日報）

◆ 广东省建设厅开发琼崖计划②

① 《琼农》第 36 至 38 期合刊，1937 年 4 月。

② 《中国农业银行月刊》1937 年第 2 期，载［意］罗斯辑：《海南岛史料（教育、建设、公路、经济、军事活动）》第 118 册。

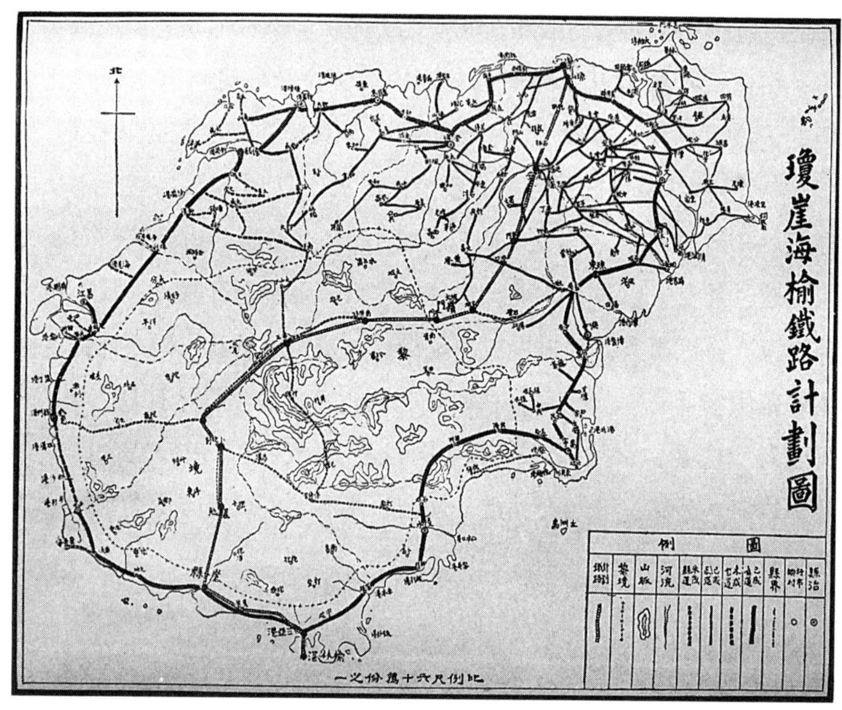

◆ 琼崖海榆铁路计划图①

关于行政问题，各方均认为琼崖设特区长官应以军事资历最深人员充任，以突出其军事位置之重要。关于海南交通建设，为巩固国防，普遍发展地方经济起见，全国经济委员会认为“宜积极促进开发西南部，构成东西南北联贯路线，联络海岸线与腹部交通”。为此，该会拟定该岛公路建设的初步计划，以增筑岛南腹部各县间的联络公路，构成东西南北联络线及腹部重要物产区与出口海港的联络为目的，并改进全岛公路行车管理、整理商营公路。另外，还拟修筑该岛环海铁路，并派测量队实地施测，“拟自那大起，经马袅港、琼山、文昌、嘉积、万宁、陵水，以达榆林港为止，共长约

① 图片来源：[意] 罗斯辑：《海南岛资料》第 94 册。

四百五十公里”，“马袅（即新兴港）、榆林两港拟与铁路同时兴筑，作为陆海吞吐港埠。”

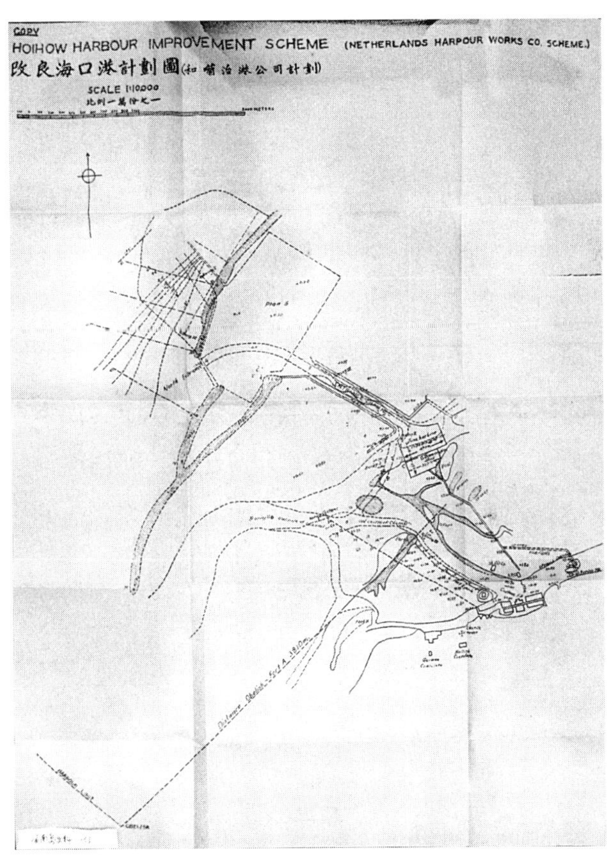

◆ 未实施的荷兰公司改良海口港计划图①

此外，实业部还提出设立广东铁路股份有限公司，“予以在琼崖境内筑路开港及开发实业之特权”，此后不久，在《国民政府特许广东铁路股份有限公司条件》中对此项业务权利进一步作了说明。其

① 资料来源：[意] 罗斯辑：《海南岛资料》第 133 册。

实业经营的具体内容为：农产品方面，以发展甘蔗、橡胶、樟脑、薄荷、除虫菊、金鸡纳霜及各种纤维为主；矿产方面，先为整个之地质调查，次为各个之探勘，最后决定开采具体办法；工业方面，以办理糖厂、橡胶及樟脑为主。至于资金筹集，“资本暂定国币五千万元，第一期先缴半数，由铁道部承担一千万元，广东省政府承担五百万元，余则招募商股，商股予以相当保息。”为加快“广梅铁路干线，开发海南岛”，国民政府还“酌发公债”，并欢迎华侨投资，“酌量借用外资”。

综观此项计划，较之以前的各种开发计划更为完备具体，也更切实可行，如能真正付诸实施，海南必将迅速发展成为具有现代工农矿等各业的经济特区。但事与愿违，不久，抗日战争全面爆发，国民政府忙于应付战事，无暇顾及海南岛的开发建设。海南改设特区及诸项开发建设事业在炮火声中遂告中止。民国海南开发的热潮在大敌当前的严峻形势下迅速退潮，成为历史上短暂的一页。

第七章　海南经济社会新形态

辛亥革命以后，中国政府及民间对海南岛的开发颇为重视，制定了一系列的计划，工矿业也有了初步发展。但较之于内地其他地区，海南岛的发展速度依然缓慢，所谓开发地区也仅限于沿海地带，黎苗族聚居的腹部地区变化极小。尽管如此，到国民政府时期，对海南的开发使传统产业发生了一系列的变化，推动着海南社会经济的进步，对今天的海南社会也有直接的影响。

一、热带垦殖业的兴起

最先倡导开发海南资源的是孙中山先生。他称海南岛为“我国太平洋大门户”，指出“海南固又甚富而未开发之地也，已耕作者仅有沿海一带地方，其中央犹为茂密之森林，黎人所居，其藏矿最富”，强调了开发海南的重要性。南京临时政府成立后，孙中山先生多次提出海南建省问题，并陈述其理由在于巩固海防；开发天然资源，振兴实业；方便行政；等等。以后，在其所著的实业计划中，还将海口港列为我国十六大港之一，榆林港列为十五大渔业港之一，以求重点开发。[①] 这可以视作民国

① 广东省社会科学院历史研究所、中国社会科学院近代史研究所中华民国史研究室、中山大学历史系孙中山研究室合编：《孙中山全集》第六卷，中华书局 2011 年版，第 332—333 页。

时期最早开发海南的书面计划，只是由于后来的政权迭变，军阀割据，这些设想未能付诸实施。

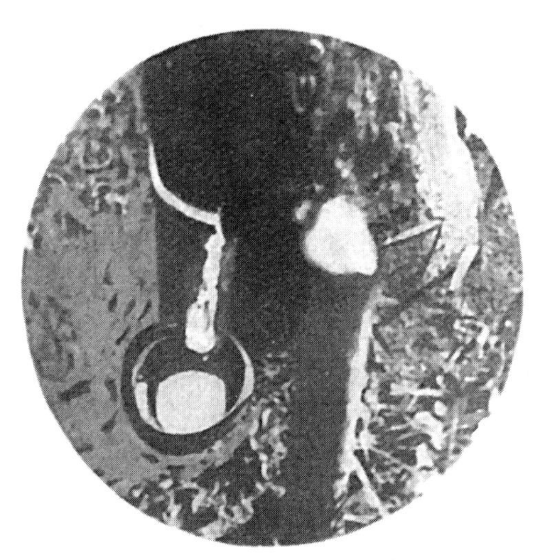

◆ 橡胶为岛中主要产品 ①

在孙中山先生的积极倡导下，海南岛丰富的自然资源逐渐引起国人的注意，海内外许多有识之士纷至沓来，特别是当地的南洋归国华侨以及中山大学和岭南大学的农学院，数次到海南进行调查和考察，并发表了许多有关开发海南的积极言论。当时的《琼崖时报》、《广东新建设杂志》、《东方杂志》、《新亚细亚月刊》等报纸杂志相继刊出介绍海南的文章，海南岛资源开发的重要性和迫切性，逐步为各界人士所认同："今之海南，吾人急起图之，因有无穷之希望也，若犹轻忽置脑后，几何其不为台湾之续也。"②

① 图片来源：《旅行杂志》1937 年第 7 期，载 [意] 罗斯辑：《海南岛史料》第 124 册。

② 许公武：《海南三市近状》，《新亚细亚月刊》1933 年第 5 卷第 1—2 期合刊。

然而，首先开始从事海南资源开发并兴办近代工商业的并非国民政府或广东地方政府，而是南洋一带的华侨，最初兴起的主要是橡胶等热带作物的垦殖事业。1910 年，乐会县华侨何麟书在定安县落河设立琼安公司，种植从南洋带回的种子及胶苗 4000 株，经过反复试验，终于在第四年成活，第八年便有 3200 株开割，成绩甚佳，引起广泛的反响，海内外华侨及实业界闻风而动，在海南广种橡胶。据林缵春著《琼崖农村》所记，到 1924 年，全岛计有大小橡胶公司 49 家，植胶 21.7 万余株，占地面积 10575 亩，资本总额 36.1 余万元。此后，其他热带作物，如咖啡、椰子、菠萝等，都有明显发展。

◆ 挂满椰子的椰树①

① 图片来源：《旅行杂志》1937 年第 7 期，载［意］罗斯辑：《海南岛史料》第 124 册。

自1929年起，军阀陈济棠利用广东军政府内部矛盾，取代李济深独揽广东大权，与广西的李宗仁分掌两广实权。1929年至1936年7月为陈济棠踞粤时期。1929年国民党第三次全国代表大会上，陈济棠当选为中央执行委员会委员，随后被任命为广东编遣区主任，对包括海南岛在内的广东进行了长达7年的统治，并从1932年以后与南京政府处于公开对峙状态。

◆ 1937年5月，实业部长程天固视察琼崖，了解橡胶生产①

陈济棠拥兵踞粤后，开始对海南热带资源开发进行构想。他上台后立即撤销善后公署，改置琼崖实业专员公署；不久，在岭南大学农

① 图片来源：《大公报》1937年5月18日，载［意］罗斯辑：《海南岛史料》第96册。

学院教授、广东省建设厅农林局局长冯锐拟定的《发展广东三年计划书》中，把广东分为五个蔗糖营造区，海南岛即为其中之一，为后来广东六大糖厂提供了充足的原料。1934 年 9 月，陈济棠在《救济广东农村计划》中提出建立“热带经济林业经营区”的设想，在琼崖种植橡胶、高根树、柚林、咖啡、金鸡纳树、椰子等，重点在橡胶，并设树胶、咖啡、椰子等加工厂。当时在海南还建立了占地数万亩的军垦农场，种植甘蔗、橡胶等作物，垦殖场除士兵外，还吸收琼崖失业农民。1936 年，广东省政府民政厅又正式于黎区中设立保亭、乐东、白沙三县，第一次将海南岛的开发由沿海推进到腹地，加强了对黎、苗等少数民族地区的统治，密切了汉黎之间的联系，对民族融合、共同开发海南，无疑是一重要步骤。

“九一八”事变爆发后，日本人对我国海南岛的野心已暴露无遗，国内要求迅速开发海南巩固国防的呼声越来越高，一度出现了民间开发海南的高潮，其中以中山大学组织的琼农会以及南洋琼籍华侨再度兴起的投资热对开发海南的贡献最为突出。1934 年 1 月 10 日于中山大学农学院成立的琼崖农业研究会是当时研究开发海南农业资源的一个重要学术团体，该会以“革新琼崖农业、科学技术及资源开发的研究，以唤起国人对海南资源及战略位置的认识，促进政府开发琼崖农业”为宗旨。该会出版了《琼农》杂志与《琼崖农业研究会丛书》，并于 1935 年 6 月组织“琼崖农业考察团”赴琼考察，着重调查农村经济、稻作、果树，兼及渔盐、森林、矿业等方面。

与此同时，南洋华侨海南投资热再度兴起。由于 1929 年爆发了世界性经济危机，各种矿业大都萎顿，南洋华侨大受打击，于是资本回流，投在国内事业上，而海南岛便成为投资较为集中的地区。同时，广东省政府也采取了一些吸引侨资返琼建立热带种植园的政策，并派侨务委员会赴琼调查，指定人员驻在当地与华侨接洽投资事宜，激发了华侨的投资热情。据统计，截至1935年，海南橡胶园已达91家、咖啡园67家、菠萝园77家，而这些种植园绝大多数是由华侨兴办的。

二、工矿业的建立

除垦殖业外，工商矿业等各种实业都逐渐起步。早在清末民初，闽籍侨商胡国廉就曾筹集华侨资本100万元，投资畜牧、垦殖，兼营矿业、金融，另集100万元设侨丰公司专办盐业。20世纪20年代全岛仅盐业公司就达120多家。1915年，华侨姚如轩等人合股兴办琼郡启明电灯公司，其设备为一部20马力的柴油机，开创了海南岛使用电力之先声。

◆ 儋县和兴锡矿公司厂房①

① 图片来源：[意] 罗斯辑：《海南岛史料》第181册。

华侨在投资海南矿产开发事业上也表现出极大的热情，从1933年至1936年的短短4年间，由海南华侨和归侨创办的以开采锡矿为主的各种矿业公司就有17家之多，请领矿区34处，约90800亩，职工总数超过一万人。自1862—1949年华侨投资海南（主要是海口、文昌、琼海、儋县）的资金总额达28990401元，成为开发海南的重要资金来源，对发展近现代海南经济起到了不可忽视的作用。

在华侨投资开发海南的热潮下，1933年，作为海南各项实业发展指导机构的琼崖实业局成立，海南实业发展纳入了统一规划指导和保护之下。以1934年为例，这年，琼崖实业局取得小矿业就地测勘开采权，调查各产矿区域，制成图表后公布，使民众了解各矿区地点和开采的手续，便相继成立采矿公司，纷纷往各地试采。当年领到矿业权者有万发锡矿公司，资本4万元，矿区四千多亩，两百多名工人；义合公司资本一万元，矿区一百九十多亩。二者都在那大附近开采，同为南洋华侨集资。万发锡矿公司原矿采完后，又呈请扩大矿区，面积达千余亩。而其他采矿公司，正在呈请领矿权的共有十余家。由于锡矿的开采，1933年下半年纯锡的出口总值为二万五千余元。广东建设厅派出矿业科技专家到海南，会同琼崖实业局技术人员，往各矿区勘查，结果勘定昌江县石碌山的铁矿，以及陵水、保亭的硫磺矿有开采价值，决定两处将由政府开采。

在广东省地方政府及华侨实业界等各界人士的积极开发之下，海南经济有了一定发展，从琼海关税收的增长情形不难看出此点。1921年的琼海关税收总数仅为27014万两，1929年增长为56376万两，到1931年已达96791万两。[①]其他如贸易、经济及岛内交通运输业等，1929年以后，也都有一定发展。

---

① 林金枝：《近代华侨投资国内企业史研究》，福建人民出版社1995年版，第65页。

◆ 儋县林兴公司采取锡矿情形①

◆ 儋县林兴公司锡矿炼炉②

① 图片来源：[意] 罗斯辑：《海南岛史料》第 181 册。

② 图片来源：[意] 罗斯辑：《海南岛史料》第 181 册。

◆ 琼崖实业局陈列所开幕式①

◆ 琼崖实业局化验室②

① 图片来源：[意] 罗斯辑：《海南岛史料》第 161 册。

② 图片来源：[意] 罗斯辑：《海南岛史料》第 161 册。

◆ 琼崖实业局工业实验室实验情形①

三、农业科研机构的设立

琼崖气候温暖，土壤肥沃，是天然热带农业的优良场所。民国初期，长期的军阀混战、田地荒芜、农村衰落的情况日甚一日。农民缺乏农业知识，种植面积不广，产量难以提高，加上农业技术落后，缺乏水利设施，农具落后，丰歉由天。进入民国以后，海南岛城市建设加快，都市人口增加，对粮食的需求越来越大，以致海南粮食不敷的状况日趋严重，只能仰给外洋。据《海南岛志》记载："……全琼所产谷米，不足自给，每年由安南、暹罗、安铺各地进口米价，其数达二百万两以上。地广而土沃，尚须仰给于外，则其田野之不辟，人事之不勤，概可知矣。"② 从下表可知民国数年粮食输入情况。

年别	担数	年别	担数
民国十四年	740078 担	民国十五年	161460 担
民国十六年	126644 担	民国十七年	84842 担

① 图片来源：[意] 罗斯辑：《海南岛史料》第 161 册。

② 陈铭枢：《海南岛志》，海南出版社 2004 年版，第 329 页。

海南属于经济落后地区，粮食的输入给地方财政造成很大压力，并引发社会的恐慌。1933年，海南连遭风灾和旱灾，造成米荒，继之发生饥馑，因此解决海南民众的粮食供应问题，改良和推广种植面积，成为一个急需解决的重大问题。当时有识之士看到海南粮食不足的一些症结所在，建议从“稻作之改良，水利之改进”着手。

◆ 人工灌溉稻田①

1928年夏天，南区善后公署废除琼崖实业局，用其经费在海口东南那梅村辟地千亩，建立海南第一个农业科学研究机构——海南农业试验场，后来又在琼山小南门处设一试验分场。试验场设场长1人，技士3人，事务员若干，试验种植各种农艺作物，培育成功橡胶树5万余株，并种植台湾、爪哇等地甘蔗良种，获得成功②。农业试验场还列入各地稻种，实地实验，从事改良和推广事宜，将试验结果和报告公布在实业局的陈列馆，公开展览，以资观摩。试验场为农户发放改良稻种，鼓励农户试种，以树立农民的信心，从而收到推广和改良的实效。

① 图片来源：[意] 罗斯辑：《海南岛史料》第161册。

② 冼子恩：《陈济棠办糖厂经过及其真相》，《广东文史资料》第11辑。

◆ 水车灌溉农田①

然而与当时政府和民间对于开发实业的热情相比较，对农业的开发显得毫无起色，政府对此无所作为，其主要原因，一方面是政府的注意力不在于此，另一方面是教育落后的环境之下，农业知识与技能教育的不足。海南岛粮食不足原因还关乎诸多政治因素，并与当时海南岛社会自身存在的许多问题相关联，仅靠农业试验所远不能改变粮食种植的复杂问题。因此，农业试验所在推广农业科学成果方面的作用并非很大，但它毕竟是近代海南农业科学研究的第一步。海南直到抗日战争胜利后，才有专门的农业学校，1952 年农民才开始使用化肥。所以，直到新中国成立前，海南的农业基本处于自然经济状态。而今天的海南，已成为全国农业育种的重要基地。

① 图片来源：[意] 罗斯辑：《海南岛史料》第 124 册。

四、公路与交通运输的改善

在海南岛开发过程中，改善交通运输状况当属最受关注。清末张之洞、冯子材在海南岛开通 12 条大路和若干小道，使黎区与汉地交通联系有所改善，但是海南的水陆交通依然不便利。海南岛中部及西南部山岭重叠，森林巍峨，黎苗杂居，少与外界往来。仅东北部地形平坦，人口茂密，与南洋各地早有贸易往来。海口辟为商埠后，海路交通轮船往来较以前更为便利，但是岛内河流港湾，因水量较浅，沙滩冲塞，航行不易。陆地交通道路荆棘满途，举步维艰，因此从改善交通考虑，疏浚河道及开凿铁路便成为当务之急。然而在海南经济不发达的情况下，筹集巨款谈何容易，而既能节省财力又能改善交通的便宜之计当属修筑公路。

◆ 那大山间的一座独木桥①

① 图片来源：[意] 罗斯辑：《海南岛史料》第 156 册。

◆ 民国初期海南岛上的马车①

◆ 金江航运，汽车通过小船摆渡过河②

① 图片来源：[意] 罗斯辑：《海南岛史料（教育、建设、公路、经济、军事活动）》第118册。

② 图片来源：[意] 罗斯辑：《海南岛史料》第124册。

辛亥革命以后，政府及民间对公路的建设都有不同程度的投入，制定过一系列的计划并部分付诸行动。琼崖各县的公路建设发轫于 1922 年，其后分为三个时期：第一时期，1922—1924 年底，为政府强制筑路时期；第二时期，1925—1928 年，为民众自动筑路时期；第三时期，1929—1936 年，为政府直接筑路时期。三个时期所筑路线情况如下：

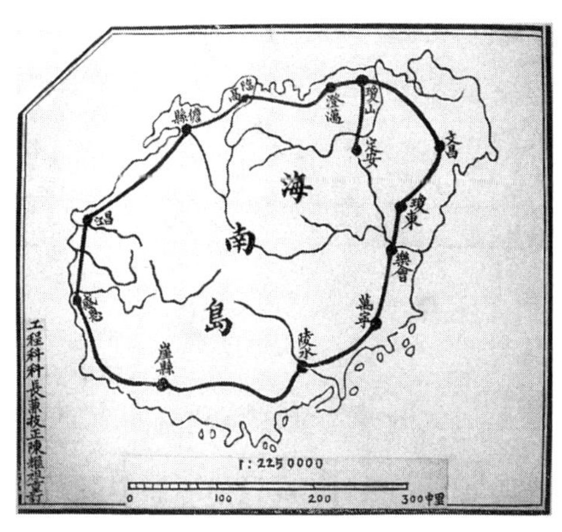

◆ 1921 年海南兴筑公路干线里数程序表①

第一时期，开筑公路，路线所经之处，涉及凿城拆屋、迁坟填地等，需要破除千百年的习俗，还要调集民力、征集民财，非一纸空文能奏效。虽然民国建立后设立军工务局和公路局，但徒有其职。从 1922 年起，各县路局厉行征工派役，分段修筑。一时间，琼山、文昌、琼东、澄迈等率先筑路，开启了琼崖交通事业的先声。首先开筑琼湾、琼文、文琼、东文路段，琼澄、澄临路段的修筑继之于后，因修路引起的纠纷时有发生，通过劝导或取缔的方式加以化解。经过三年到 1924 年，岛上 550 多里的羊肠小道修筑成为大道。

① 图片来源：[意]罗斯辑：《海南岛史料（教育、公路、经济、军事活动）》第 118 册。

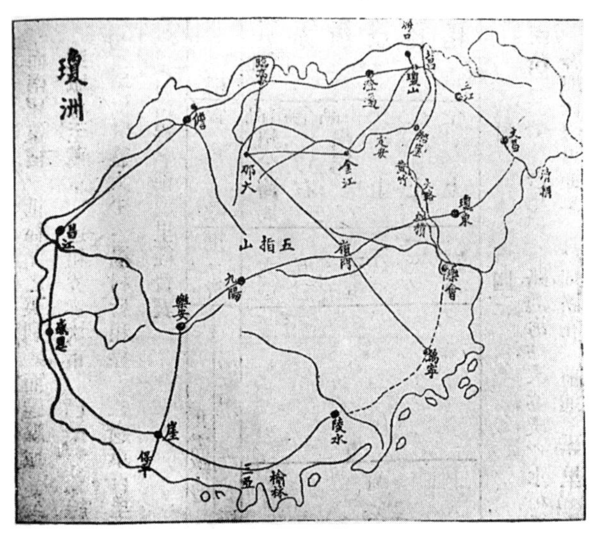

◆ 1922 年琼州公路图①

第二时期，筑路风气渐开，受修路利益的驱使，内地商贾及本岛侨民踊跃投资，甚至在两个墟市之间选定路线，故 1925—1928 年间是民众自动筑路时期。如文昌县全境、琼山县东南部道路纵横交错，形同蛛网，甚至穷乡僻壤，人迹所至，便有道路相随。向西可达儋县那大市，向南行可抵万宁龙滚市，从中部可通定安县的岭门市，与黎区接壤。四年间竣工的干线和支线共长 2209 里，工程建筑费用共 900600 余元，多数出自侨民。“路政机关不过稍尽督责之职，实无分文之补助”②。

第三时期，政府直接筑路时期，以第二时期琼崖东北部已修筑公路的运营费用，补助西南部筑路路款。从 1928 年起，琼崖公路处长梁

① 图片来源：《广东公路月刊》1922 年第 11 期，载［意］罗斯辑：《海南岛史料》第 94 册。

② 林道谦：《琼崖公路建设概况》，《广东道路月刊》第 1 卷，1933 年第 7 期，载［意］罗斯辑：《海南岛史料（政情及图片）》第 181 册。

朴园为使全岛公路贯通，将已通公路客货票价加收两成附加费，所有汽车收取牌照费 30 元，每年收入约 30 万元，作为修筑西南部干线及黎境内十字路之用，“即所谓以东北部之有余，供西南部之不足”①，总计长 1800 余里，计划 5 年竣工。修筑工程主要由琼崖公路分处直接计划，所有建筑投标承办，限期完成，但是实际每年的收入和筑路工程费用与原计划有出入，已开筑之路有时保护不周，时作时辍，如万宁县的龙兴路和陵水县的陵万路，1929 年已可通车后，全线桥梁涵洞破坏殆尽。陵藤路全线以及崖桥路三亚港至籐桥路段，于 1920 年间曾可通车，很快也被毁坏，此后陆续重新修筑。

◆ 琼文公路开工仪式②

① 林道谦：《琼崖公路建设概况》，《广东道路月刊》第 1 卷，1933 年第 7 期，载［意］罗斯辑：《海南岛史料（政情及图片）》第 181 册。

② 图片来源：《广东公路月刊》1922 年第 4 期，载［意］罗斯辑：《海南岛史料》第 94 册。

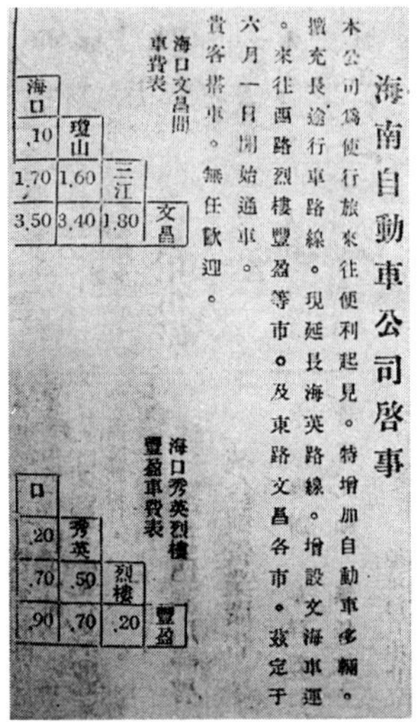

海南自動車公司啓事

本公司爲便行旅來往便利起見。特增加自動車多輛。擴充長途行車路線。現延長海英路線。增設文海車運。來往西路烈樓豐盈等市。及東路文昌各市。茲定于六月一日開始通車。貴客搭車。無任歡迎。

海口文昌間車費表

海口			
.10	瓊山		
1.70	1.60	三江	
3.50	3.40	1.80	文昌

海口秀英烈樓豐盈車費表

口			
.20	秀英		
.70	.50	烈樓	
.90	.70	.20	豐盈

◆ 海南汽车公司启事①

以上三个时期琼崖公路的修筑情形多数如此，其详细情况见下表：

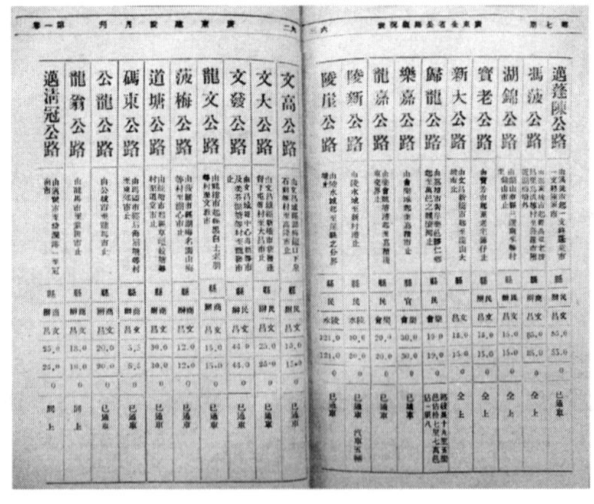

路名	起訖							
文高公路	[illegible]	縣	民辦	文昌	15.0	15.0	0	已通車
文大公路	[illegible]	縣	民辦	文昌	25.0	25.0	0	已通車
文發公路	[illegible]	縣	民辦	文昌	44.0	44.0	0	已通車
龍文公路	[illegible]	縣	商辦	文昌	15.0	15.0	0	已通車
菠梅公路	[illegible]	縣	商辦	文昌	12.0	12.0	0	已通車
道塘公路	[illegible]	縣	商辦	文昌	30.0	30.0	0	已通車
碼東公路	[illegible]	縣	[illegible]	文昌	5.5	5.5	0	已通車
公龍公路	[illegible]	縣	商辦	文昌	20.0	20.0	0	已通車
龍翁公路	[illegible]	縣	[illegible]	文昌	18.0	18.0	0	同上
邁清冠公路	[illegible]	縣	商辦	文昌	25.0	25.0	0	同上
邁蓬陳公路	[illegible]	縣	民辦	文昌	[illegible]	55.0	0	已通車
瑪菠公路	[illegible]	縣	商辦	文昌	[illegible]	[illegible]	0	仝上
湖錦公路	[illegible]	縣	民辦	文昌	15.0	15.0	0	仝上
寶老公路	[illegible]	縣	民辦	文昌	15.0	15.0	0	仝上
新大公路	[illegible]	縣		文昌	15.0	15.0	0	仝上
歸龍公路	[illegible]	縣	民	[illegible]	19.0	19.0	0	[illegible]
樂嘉公路	[illegible]	縣	官	[illegible]	30.0	30.0	0	已通車
龍嘉公路	[illegible]	縣	民	[illegible]	20.0	20.0	0	已通車
陵新公路	[illegible]	縣	民	陵水	[illegible]	20.0	0	已通車 汽車五輛
陵崖公路	[illegible]	縣	民	陵水	121.0	121.0	0	已通車

◆ 琼崖各县公路修筑情况②

① 图片来源：[意] 罗斯辑：《海南岛史料》第 94 册。

② 资料来源：《广东建设月刊》第 1 卷，载 [意] 罗斯辑：《海南岛史料》第 93 册。

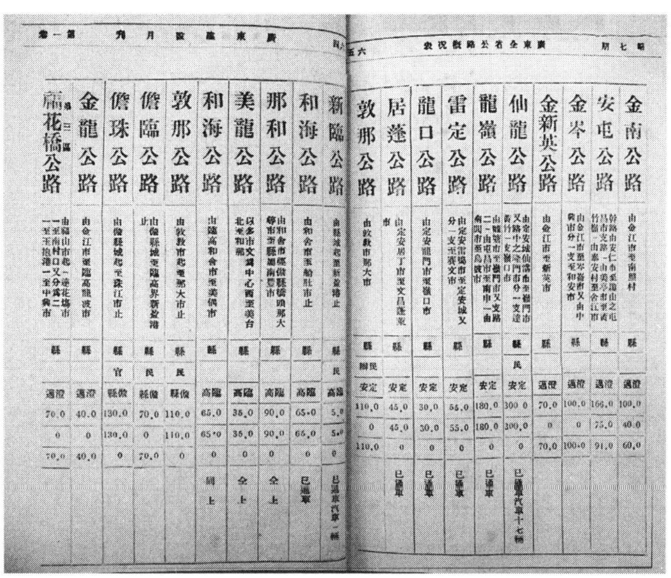

第七期 廣東全省公路概況表 六五

金南公路	由金江市至南照村	縣		澄邁	100.0	40.0	60.0	
安屯公路	幹路由安仁市至瑞山之屯昌市支路一由美亭市至黃竹嶺一由泰安村至金江市	縣		澄邁	166.0	75.0	91.0	
金岑公路	由金江市至岑崙市又由中興市分一支至和安市	縣		澄邁	100.0	0	100.0	
金新英公路	由金江市至新英市	縣		澄邁	70.0	0	70.0	
仙龍公路	由定安城仙溝市至嶺門市又路中之塗門市分一支達黃竹一支嶺口市	縣	民	定安	300.0	300.0	0	已通車汽車十七輛
龍嶺公路	由龍塘市至嶺門市又支路二一由屯昌市至南中一由南閭市至烏坡市	縣		定安	180.0	180.0	0	已通車
雷定公路	由定安雷鳴市至定安城又分一支至賽文市	縣		定安	55.0	55.0	0	已通車
龍口公路	由定安龍門市至嶺口市	縣		定安	30.0	30.0	0	已通車
居蓬公路	由定安居丁市至文昌蓬萊市	縣		定安	45.0	45.0	0	已通車
敦那公路	由敦教市至那大市	縣	民辦	定安	110.0	0	110.0	

廣東建設月刊 第一卷

新臨公路	由縣城起至新盈港止	縣	民	臨高	5.0	5.0	0	已通車汽車一輛
和海公路	由和舍市至船肚市止	縣		臨高	65.0	65.0	0	已通車
那和公路	由和舍市經儋縣橋頭那大墟市至縣屬南豐市	縣		臨高	90.0	90.0	0	仝上
美龍公路	以多市文為中心西至美台北至和舍	縣		臨高	35.0	35.0	0	仝上
和海公路	由臨高和舍市至美偶市	縣		臨高	65.0	65.0	0	同上
敦那公路	由敦教市起至那大市止	縣	民	儋縣	110.0	110.0	0	
儋臨公路	由儋縣城至臨高界新盈港止	縣	民	儋縣	70.0	0	70.0	
儋珠公路	由儋縣城起至珠江市止	縣	官	儋縣	130.0	130.0	0	
金龍公路	由金江市至臨高龍波市	縣		澄邁	40.0	0	40.0	
福花橋公路（第三區）	由福山市起一至花場市一至南村口又分為二一至抱港一至中興市	縣		澄邁	70.0	0	70.0	

◈ 续：琼崖各县公路修筑情况

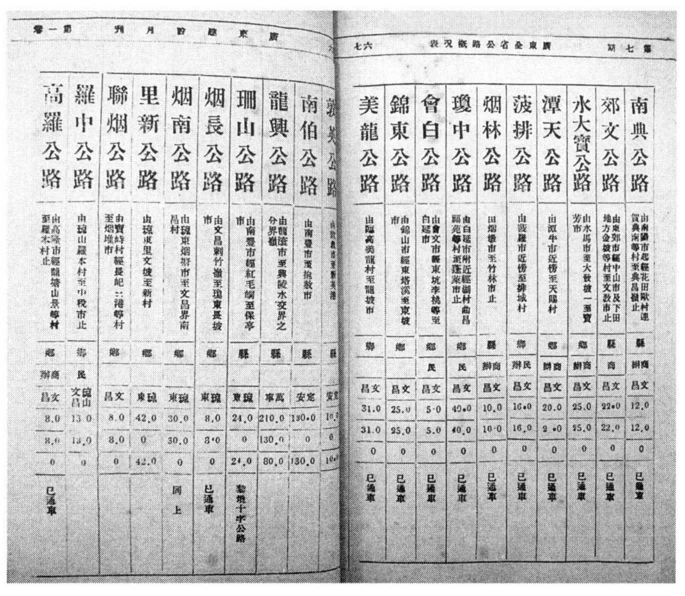

第七期 廣東全省公路概況表 六七

南典公路	由南陽市起經花田歐村達賀典南等村至典昌嶺止	縣	商辦	文昌	12.0	12.0	0	已通車
郊文公路	由東郊市經中山市及下田地方金妓等村至文教市止	縣	商	文昌	22.0	22.0	0	已通車
水大寶公路	由水馬市至大致坡一至寶芳市	鄉	商辦	文昌	25.0	25.0	0	已通車
潭天公路	由潭牛市近傍至天賜村	鄉	商辦	文昌	20.0	20.0	0	已通車
菠排公路	由菠蘿市近傍至排城村	鄉	民辦	文昌	16.0	16.0	0	已通車
烟林公路	由烟墩市至竹林市止	縣	商辦	文昌	10.0	10.0	0	已通車
瓊中公路	由白延市附近經湖村曲昌羅苑寧村至蓬萊市止	鄉	民	文昌	40.0	40.0	0	已通車
會白公路	由會文市經東坑李桃寧至白延市	鄉	民	文昌	5.0	5.0	0	已通車
錦東公路	由錦山市經東塔溪至東坡市	鄉		文昌	25.0	25.0	0	已通車
美龍公路	由臨高美龍村至龍坡市	鄉		文昌	31.0	31.0	0	已通車

廣東建設月刊 第一卷

敦英公路	由敦教市至新英港	縣		定安	10.[illegible]	0	10.[illegible]	
南伯公路	由南豐市至抱敎市	縣		定安	130.0	0	130.0	
龍興公路	由龍滾市至興陵水交界之分界嶺	縣		萬寧	210.0	130.0	80.0	
珊山公路	由南豐市經紅毛峒至保亭市	縣		瓊東	24.0	0	24.0	黎境十字公路
烟長公路	由文昌剩竹嶺至瓊東長坡市	鄉		瓊東	8.0	8.0	0	已通車
烟南公路	由瓊東烟塘市至文昌界南昌村	鄉		瓊東	30.0	30.0	0	同上
里新公路	由瓊東里文坡至新村	鄉		瓊東	42.0	0	42.0	
聯烟公路	由寶峙村經長屺港孳村至烟堆市	鄉		文昌	8.0	8.0	0	
羅中公路	由瓊山羅本村至中稅市止	鄉	民	瓊山文昌	13.0	13.0	0	
高羅公路	由高隆市經龍塘山景寧村至羅本村止	鄉	商辦	文昌	8.0	8.0	0	已通車

◈ 再续：琼崖各县公路修筑情况

比较以上图表，可以看出从1922年起，在开发海南的背景下，海南的公路建设较之铁路、港口等建设，是计划得以落实并取得较为明显成效的一项事业，到1931年琼崖东北部各县公路基本开通，虽然西南部主要干道尚未完成，但是比1922年道路里程有了大幅的增加。1933年，琼崖13县公路，有15条公路已完成通车，分别是：琼海公路、琼文公路、文致公路、文烟公路、东文公路、乐东公路、龙归公路、龙兴公路、北江公路、儋珠公路、新临公路、临桐公路、澄皇公路、迈盈公路、海丰公路，总计共865里，其中路线最短的是琼海公路，最长的路线为龙兴公路。

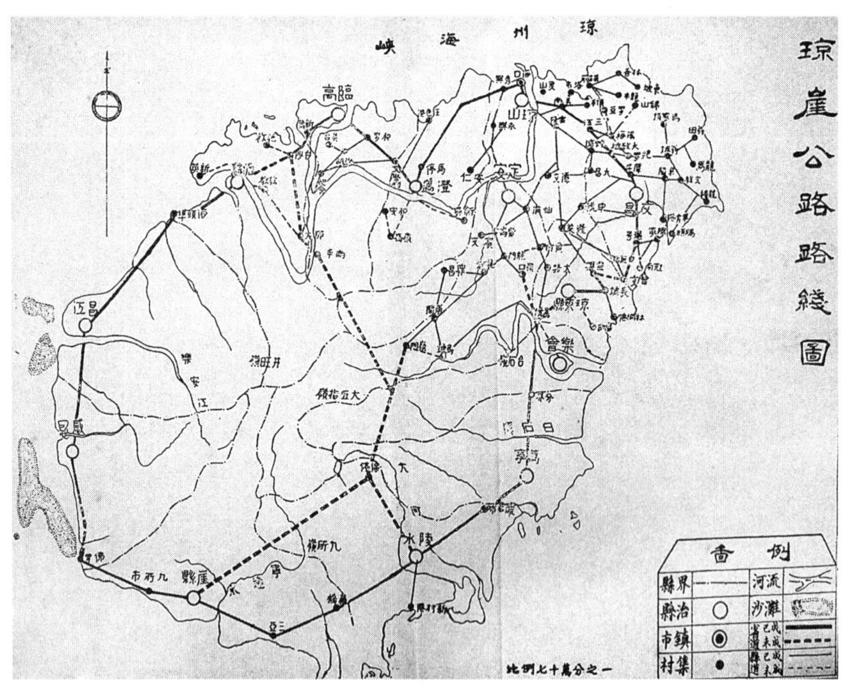

◆ 1931年琼崖公路路线图①

① ［意］罗斯辑：《海南岛史料（政情及图片）》第93册。

1929—1936 年陈济棠踞粤时期，在开发海南热带资源的同时，贸易、经济及岛内交通在 1929 年以后也有所发展。1933 年广东建设厅派胡栋朝赴琼崖实地考察，拟定详细全面的《发展琼崖全属交通计划》，就琼崖的公路、海口码头、环岛铁路和开辟清澜港制定了详细的计划方案，根据这一计划，开发海南西南部，应从公路着手，短期内完成环岛公路建设。另外，提出建设海口港计划，开发清澜港计划，但是港口、铁路建设和开发的计划远不如公路计划来得翔实可行。1937 年在宋子文考察海南的推动下，环岛铁路建设计划进入紧锣密鼓的筹划和勘察阶段，甚至计划这年 8 月环岛铁路开工建筑。然而， 7 月日本发动全面侵华战争，使民国政府进一步开发海南交通的计划戛然而止。

◆ 路况不佳，汽车抛锚①

① 图片来源：[意] 罗斯辑：《海南岛史料》第 124 册。

瓊環島鐵道測量中
八月間可興工建築

（廣州特訊）瓊崖環島鐵道，現已開始測量，限三個月完竣，八月開始動工興築。關於該路工程監督及建築費用，完全由鐵道部主持。惟關於工程上之進行及保護利便等項，則由粵省府負責。

◆ 剪报：“琼环岛铁道测量中，八月间可兴工建筑”①

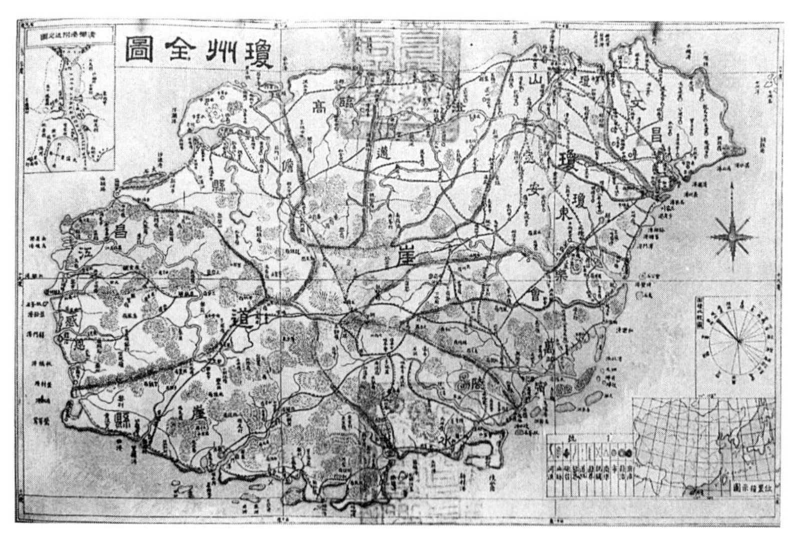

◆ 民国琼州全图②

① 图片来源：《上海广东报》1937年5月3日，载[意]罗斯辑：《海南岛史料》第96册。
② 图片来源：[意] 罗斯辑：《海南岛史料》第97册。

五、海口的繁荣与府城的衰落

1876年琼海关正式设立以后，西方资本主义势力凭借其享有的特权大肆入侵，对海南社会产生了极大影响。琼海关在海口的设立，对海南岛最重要的影响是引起海口向着海南岛的政治、经济中心转变。琼海关设立后，英国、法国、德国相继派领事海口，租借房屋，设立办事机构[①]。后来海关兼管的邮政局设于海口，无线电亦随之设在海口。随着海关所管辖的各种权力不断增加，海口的政治地位无形中提升了。琼海关设立的巨大灯塔，夜间为往来于琼州海峡的船只照明，成为海南岛北部地区和海口城市的标志性建筑。

◆ 海口市是海南主要港口[②]

① [日] 小叶田淳：《海南岛史》，中国科学院广东民族研究所1964年版，第177页。

② 图片来源：[意] 罗斯辑：《海南岛史料》第156册。

◆ 20 世纪 30 年代的海口骑楼①

海口位于海南岛北边，人口约 5 万，与雷州半岛的海安遥遥相对，不仅是一座开放的商业城市，同时也是一个商业港口。港内沙滩四布，水浅路窄，大小轮船均不能驶入，必须停泊在约 3 公里外的海面，然后换用人力小船，接应货物和旅客，沿海甸河来到长堤路、博爱北、中山路、得胜沙一带，从琼海关码头上岸。尽管海口港条件简陋，但因为接近雷州半岛，便于与大陆交通，仍然成了琼崖的商业中心。各县从前有大帆船往来于南洋、安南(越南)、暹罗(泰国) 之间，但是自从海口开港，琼海关建立后，统管了对外贸易，帆船逐渐失去其航运的重要性。岛上一切对外商业运输，均集中于海口一港，有往来于北海、海防、中国香港、新加坡以及暹罗、安南各港口航线，每年出入海口港的船只有两千余艘。

① 图片来源：[美] Leonard Clark, Among the Big knot of Hainan, In the National Geographic Magzine, September 1938.

海口市街道繁盛居全岛之冠，与对岸的雷州半岛交通频繁，当顺风时候，帆船行驶三四小时即可到达，将岛上物产运往广东省沿海各口岸，每天可往返一次。海口港为全岛提供各样的生活必需品，也把海南的物产运往外地，几乎是当时全岛唯一的命脉。从海口港输往国内其他地方的商品，以红糖、盐、植物油、槟榔、畜禽、水产品、水牛及水牛皮等为主，而对国外的出口，主要以生猪、生牛、鲜蛋、槟榔、蚕丝、锡等土产、矿产为主。可见海口对国内外贸易以提供生活、生产物资为主要手段，是以原料和初级产品为主的出口，从国外进口的商品，则以米、面粉、豆、火柴、煤油、土布等生活消费品为主，体现了都市化进程的消费特征。

海口钟楼①

① 图片来源：《新生路月刊》1937 年第 5—6 期，载［意］罗斯辑：《海南岛史料》第 185 册。

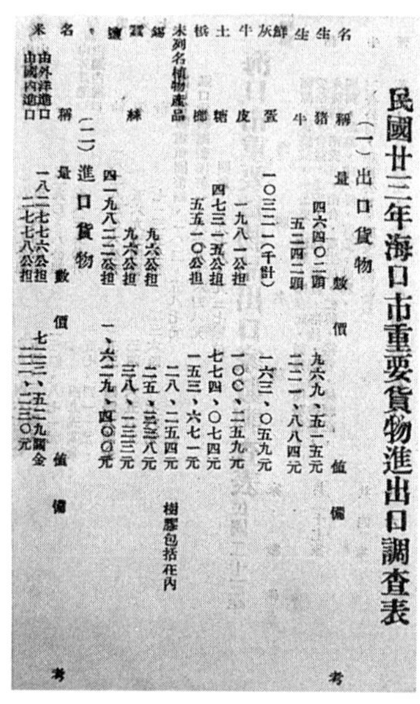

民國廿三年海口市重要貨物進出口調查表

（一）出口貨物

名稱	數量	價值	備考
生猪	四六四〇二頭	九六九、五一五元	
生牛	五二四二頭	二一一、八八四元	
鮮蛋	一〇三二一（千計）	一六三、〇五九元	
牛皮	一九八一公担	一〇〇、二五九元	
土糖	四七三一五公担	七七四、〇七四元	
檳榔	五五一〇公担	一五三、六七一元	
未列名植物產品		二八、二五四元	樹膠包括在內
錫	九六公担	二五、三三八元	
蠶絲	九六公担	三八、一二三元	
鹽	四一九八二二公担	一、六二九、四〇〇元	

（二）進口貨物

名稱	數量	價值	備考
米 由外洋進口	一八二七七六公担	七二三三、五二九關金	
米 由國內進口	二七七八公担	二三、二三〇元	

1934 年海口市重要货物进出口调查表①

民國廿二年本市全年出入口貨物統計表

食物類	單位	數額	食物類	單位	數額
米	包	一二二一四五	麻油	件	一〇
麵粉	包	一二二二七四	菜醬	包	一〇一七
粉絲	包	一〇六〇〇	凌粉	件	二二〇
豆類	包	三九九三八	浙皮	件	六六
付竹	件	二〇八〇	支油	埕	五四
冬菜	件	一六八二三	餅干	件	七
[illegible]	箱	七六三	筍干	件	五二
針冲菜	件	四四六	糖果	件	二七
茶葉	箱	三〇四	醋	埕	一五〇
木耳	件	一〇四	河口絲	包	六
生菜	籮	二五四九	罐頭	件	四六一
牛乳	箱	一一九九	花生肉	件	二
葱頭	件	一五六三	粉干	件	二二六
生粉	包	八五〇	汽水	箱	九二
付玉	埕	三一一六	合桃	件	六七
酒	件	七七五	麥皮	件	五九
烟仔	箱	三一六三	杏仁粉	件	三五
皮猪	件	一二八	其他食品	件	五一五

1933 年海口市出入口货物统计表②

① 图片来源：[意] 罗斯辑：《海南岛史料》第 169 册。

② 图片来源：[意] 罗斯辑：《海南岛史料》第 169 册。

物品	單位	數額
日用物品	單位	數額
洋鹽	件	六四
雜什	件	三
草蓆	把	四五
牛骨	包	二七四八
各項什貨	件	二八七二
建築物類	單位	數額
木料	條	三〇七一
英坭	桶	五一〇四
鐵釘	件	三九四四
什鐵	件	三八一五
藥材類	單位	數額
中藥	件	三七九九
西藥	件	一〇三
衣着類	單位	數額
洋紗	個	四二〇〇
棉花	包	二三五七
布	箱	三七一四
鞋	箱	二六
電油	箱	四二五六八
煤油	箱	九三五七二
機油	桶	一八六七
火柴	罐	一九四〇七
玻璃	件	二三三三
磁器	件	二八六七
紙料	包	三一八八五
書籍文具	箱	四七
顏料	件	二一七
蔴	把	五五九一
漆油	件	六〇九
樹皮膠	件	一三一六
石煤	包	五二七〇
田料	件	五〇四五
汽車機件	件	三三四
交椅	件	五九
銅器	件	四七
錫泊	件	二四一
[illegible]	[illegible]	一六五
石棉	件	三〇五
神香	箱	五三七
白生丸	件	二四四
漂粉	件	一七一
硫打粉	件	五九七
木油	桶	六九八
油渣	桶	一一五〇
磁油	件	七
梘	箱	六七八
炮竹	箱	三一
電器件	件	二七
烏油	桶	五〇
哥士的	件	五
釘	件	二九三
機器	件	一一
黃臘	件	三五五
夾萬井磅	件	五
水松	件	三〇

◈ 续：1933 年海口市出入口货物统计表

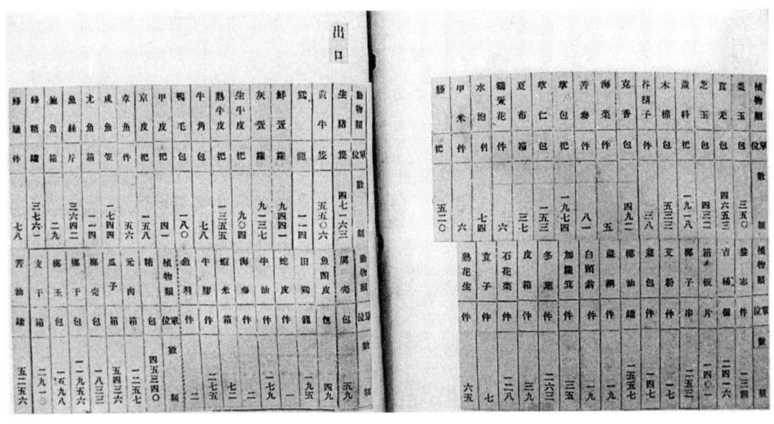

出口

物品	單位	數額
動物類	單位	數額
生豬	隻	四七一六三
黃牛	隻	五五〇六
雞	籠	一一四
鮮蛋	籮	九四四一
灰蛋	籮	九一三七
生牛皮	把	九〇四
熟牛皮	把	一三五五
牛角	包	七八
鴨毛	包	一八〇
甲皮	把	四一
京皮	把	一五八
章魚	件	五六
咸魚	簍	一七四四
尤魚	箱	一一四
魚絲	片	三六四二
鮑魚	箱	二九
蜂糖	罐	三七六一
蜂蠟	件	七八
動物類	單位	數額
螺殼	包	五九
魚鰾皮	包	四九
田雞	籠	一九五
蛇皮	件	一
牛油	件	一七九
海參	件	二
蝦米	箱	七二
牛膠	件	二七五
魚翅	件	二
植物類	單位	數額
糖	包	四五三四〇
元肉	箱	一二五七
瓜子	箱	五四三六
椰殼	包	一八三三
椰干	包	一一九五六
椰玉	包	一五九八
支干	箱	二九一〇
苦油	罐	五二二五六
植物類	單位	數額
薏玉	包	三五〇
貢光	包	四六五三
芝玉	包	四三二
菜料	把	一九一八
木棉	包	五三三
芥精子	件	三八
克香	包	四九二
海菜	件	五
苦參	件	八一
摩包	把	一九七四
摩仁	包	一五三
夏布	箱	三七
雞蛋花	件	六
水泡	件	七四
甲木	件	六
藤	把	五二〇
植物類	單位	數額
益志	件	一三四
吉橘	個	二四一六
箱板	片	一四〇一
椰子	串	二五三
艾粉	件	一七
蘿包	件	一四七
椰油	罐	一五五七
蔴網	件	一九
白頭菸	件	一九
加羅箕	件	三五
多菜	件	二六三
皮箱	件	三九
石花菜	件	一二八
立子	件	七
熟花生	件	六五

◈ 再续：1933 年海口市出入口货物统计表

在近代化的进程中，海南近代商业活动开始形成。海口市街道商铺林立，除了国内商人经营进口贸易，外国公司在海南也有活动，他们的活动范围也主要集中在海口。外国在海口设立有石油进口公司、汽船公司、零售商公司等，经营进口、航运、零售业务，据统计，1934 年，海口市从事商品进口贸易的中外商号共有 75 家，从事商品出口贸易的中外商号有 81 家。其中亚细亚公司、美孚公司、怡和洋行、太古洋行、德记洋行、胜间田洋行即是外国商业公司。

20世纪30年代海口得胜沙街，商铺林立[①]

为适应海口社会生活和生产的需要，海口有了相应的市政建设，尽管还是比较原始的状态，但仍然体现了城市发展的基本要求。从清末海口开放为通商口岸后，市内道路开始得到改善，出现了石板铺就的街道。1920年，出现第一条水泥路。1926年海口独立设市，海口开始拆毁旧城墙。此后海口街道大多是石板铺成的道路，部分是水泥路面。城市的公共设施也开始建设，公园、图书馆、戏院等娱乐场所为市民提供文化活动空间。“公园有大英山之中山公园及府城之第一公园、北门公园等三处，图书馆有琼山县图书馆、六师图书馆、琼中图书馆、琼海图书馆等四处，运动场有琼崖运动场一处。娱

① 图片来源：[意] 罗斯辑：《海南岛史料》第104册。

乐场所有幻真戏院、中华戏院、新戏院、大同戏院等四家，但俱设在海口。”①1931 年著名华侨胡文虎投资在海口南渡江白沙河口建设游泳场，并建有游泳场管理室等设施。1935 年琼崖绥靖公署对公共设施进行整修，将当时海口港的入口处椰子园改建为海口的游乐场所，其“后背海南医院，前临大海。其地广而平，种植椰子树约百棵，是以名焉。朝晨薄暮，红绿女来游览者，不绝于途。以挹海风清凉，望海水的澎湃，帆船往来，落日红霞，其乐无穷也。”②

◈ 日本胜间田洋行③

① 田曙岚：《环游海南岛记》，载［意］罗斯辑：《海南岛史料》第 145 册。

② 林缵春：《琼崖农村海南岛之产业》，海南出版社 2016 年版，第 69 页。

③ 图片来源：［意］罗斯辑：《海南岛史料》第 104 册。

伴随海口兴起的则是琼山的衰落。海口原属于琼山县，在近代以前琼山或府城是全岛首府，海南岛政治文化中心。随着海口政治经济地位的提高，1926 年海口独立设市，由于地利之便，到民国中期已经是全岛的经济中心。而府城却开始破败落后。这些变化在萨维纳的书中是这样描述的：

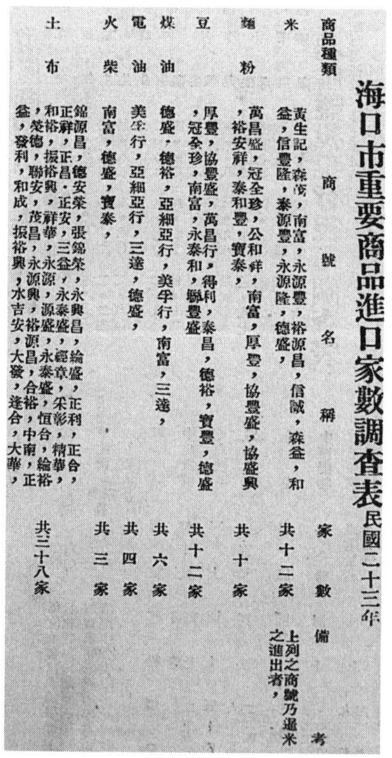

海口市重要商品進口家數調查表 民國二十三年

商品種類	商號名稱	家數	備考
米	黃生記，森茂，南富，永源豐，裕源昌，信誠，森益，和益，信豐隆，泰源豐，永源隆，德盛，	共十二家	上列之商號乃暹米之進出者，
麵粉	萬昌盛，冠全珍，公和祥，南富，厚豐，協豐盛，協盛興，裕安祥，泰和豐，寶泰，	共十家	
豆	厚豐，協豐盛，萬昌行，得利，泰昌，德裕，寶豐，德盛，冠全珍，南富，永泰和，聯豐盛	共十二家	
煤油	德盛，德裕，亞細亞行，美孚行，南富，三達，	共六家	
電油	美孚行，亞細亞行，三達，德盛，	共四家	
火柴	南富，德盛，寶泰，	共三家	
土布	錦源昌，德安榮，張錦榮，永興昌，綸盛，正利，正合，正祥，正昌·正安，三益，永泰盛，經章，采彰，精華，和裕，振裕興，祥華，永源，源盛，永泰盛，恒合，綸裕，榮德，聯安，茂昌，永源興，裕源昌，合裕，中南，正益，發利，和成，振裕興，水吉安，大發，逢合，大華，	共三十八家	

◆ 1934 年海口市重要商品进口家数调查表①

琼州或琼山，……现在依然是全岛的首府，……但却全然破旧，到处被虫子蛀过，一旦倒下成为废墟，再也站立不

① 图片来源：[意] 罗斯辑：《海南岛史料》第 169 册。

起来。海口这座位于金江口的城市，是现今岛上真正的首府。

海口作为全岛的骄傲，在不停地改变，不断地美化。它现今有了邮局、电报局、电话、无线电报、飞机、自来水井。大马路两旁有最时髦的商铺和旅馆，街上车水马龙。它与琼州旧城以及北部各地有定点班车相通，这些班车日益取代那些顶着热风、骨瘦如柴的车夫们，以及那些传说中才有的人力车。

（海口）城内狭窄的小巷在一天天消失，让位于新的林荫大道。老旧的被烟熏黑的小店铺，被拔地而起用钢筋水泥建造的大型货仓取代，里面摆满了来自世界各地的货物，尤其是日本、英国、美国和德国的货物。法国仅向这里出口精品红酒、各种烈酒和香槟，这些酒在所有的新式酒店里都有充足的供应。

从印度支那和东京（按：指越南北部）来的船几乎只运送大米和水泥，这些水泥是中国日益增多的新建筑所需要的，并与暹罗的水泥相互竞争。

昔日的首府如今在它的现代化邻居面前，已经彻底黯然失色，后者以前只不过是它的一个不起眼的外港，而且多少可以说是走私港、海盗与贼船的窝。……①

在萨维纳的笔下，20 世纪 20 年代海口的变化是惊人的，这一切变化，使海口呈现出了现代的气息。海南岛其他市镇也不同程度地开始城市建设，海口的变化是整个海南岛城市化建设的典型。

---

①　[法] 萨维纳：《海南岛志》，辛世彪译注，漓江出版社 2012 年版，第 4 页。

六、社会风俗新趋势

（一）多种宗教并存

进入民国以后，海南的社会生活方式与传统习俗相比有了新的变化，其原因来自两方面的影响，一是交通进步，与岛外交流的扩大，受中国内地各类文化的影响日益增强；二是西风东渐和受华侨带来的南洋文化的影响，海南岛社会生活增加了新的元素。

◆ 掩映在椰树林中的美国传教站建筑①

从宗教信仰来说，民国时期海南岛汉族地区的宗教大致和内地一

① 图片来源：[意] 罗斯辑：《海南岛史料》第156册。

样，儒、道、佛并存。佛教传入海南并没有得到很好的发展，自明清以来呈现逐渐衰退的状态。道教是中国的原生宗教，在中国社会有广泛影响，在各地呈现不同的特点。最明显的是道教与各地方的固有信仰相混合，在海南也存在这个现象，而且这种混合后的民间信仰，在海南发展比较广泛，是最能真正反映海南岛民众普遍生活理想的宗教，其势力超过儒、佛，相当盛行。在岛上的祠堂庙宇大多数属于道教系统。一般民众对道教信奉甚笃，凡超度死者，祈求祛病消灾，或祭祀吉凶、祸福各神祇时，十有八九请道士主持，规模盛大。据清人记载："琼州土俗多淫祀，梵宇之外，木偶、土偶、雕塑者不可胜计。其神名号亦多，迎神时，銮舆彩帐，炫耀道周。如上帝、天妃、邓天君、羊元帅等会，动聚万众，男妇喧阗，举国若狂。每会各自为群，大乡于村中，月余始罢，耗财荒业，莫此为甚。"① 直到民国，道教依然是海南岛上最为盛行的宗教。但是，由于海南岛经济文化相对落后，自身缺乏发展的动力和有力的经济、文化支撑，各种宗教机构的规模都很小，这是海南岛宗教的基本特点。

民国时期，与儒、道、佛并存的同时，西方天主教和新教在海南岛获得了较好的发展空间。基督教自明末传入海南岛，明代海南名士定安人王弘诲一家即受洗入教，此后天主教活动在海南日益扩大。17世纪，耶稣会神父们甚至应中国政府要求，绘制了第一张海南岛地图。但是到清代，清政府实行禁教政策，乾隆以后，天主教在海南岛的传播处于停滞状态，转入秘密状态。1858年清政府与西方列强签订《北京条约》和《天津条约》，允许基督教在内地传教，欧洲人在海南岛的传教活动才重新活跃起来，天主教在海南岛秘密活动的情况也随之得到改变。

---

① （清）陈徽言：《南越游记》，谭赤子点校，广东高教出版社1990年版，第172页。

◆ 海南岛上天主教传教士墓地①

清光绪二年（1876 年），罗马教廷将巴黎远东传教会在海南的三名传教士全部召回，改命澳门葡萄牙教会派出四名传教士管理海南传教事务。此后，海南天主教逐渐划归中国教区管辖，19 世纪末，在海口大英山上完整地保留着罗马天主教墓群。清宣统元年（1909 年），罗马传信部将海南传教区划归广州主教管辖，同时，法国圣心会相继派出 9 名传教士到海南岛，他们深入海南各地活动，先后建立教堂 16 座，在琼山、海口等地设立孤儿院、医院、育婴堂和小学等慈善机构。民国十四年（1925 年），法国天主教耶稣会改由北海教区管辖。到民国十八年（1929 年），法国耶稣会派宋礼钧神甫到海口主持教务，海南岛遂成为独立教区，直接受罗马教廷指挥。可见在民国时期，天主教在海南岛的影响是逐渐扩大的，以至于民国十七年（1928 年），黄强随同法国传教士萨维纳神父进入黎区考察时，在岭门找到

① 图片来源：[意] 罗斯辑：《海南岛宗教资料》第 180 册。

1850 年巴黎外方传教会的马逸飞修建的教堂，见到当地老基督徒的后代。①

◆ 明末海南天主教教徒墓碑②

基督教（新教）传入海南岛是在光绪年间，1881 年美籍丹麦人冶基善从广州来到海南岛做独立传道人，住在今海口市解放西路到得胜沙一带，开始基督教在海南的传教历史，以后陆续有基督教传教士来到海南。在 1882 年 10 月和 11 月间，冶基善与美国长老会传教士香便文一同在海南岛进行了为期 45 天的徒步考察。基督教在海南的传播以美国教士为主，1893 年成立美国长老会海南传教团，逐渐成为影响最大的西方教会。当时在海口、府城、儋州、琼海、白沙、乐

① ［法］萨维纳：《海南岛志》，辛世彪译注，漓江出版社 2012 年版，第 28 页。

② 图片来源：［意］罗斯辑：《海南岛史料》第 156 册。

东、定安、琼中等地都有教会，多为长老会所建。到20世纪初长老会在海南形成海府、那大、嘉积三个传教中心，都附设有医院和各类学校。民国时期对海南岛宗教情况的统计反映出，在定安信奉基督教的民众数量超过信奉天主教的人数，二者之和甚至超过了信奉道教的人数。

◆ 岭门早期基督教的后代，萨维纳神父在左侧①

总的来说，民国时期基督教在海南岛的传播是发展较快的，其原因之一是海南儒、佛、道总体规模不大，为基督教的传播提供了空间。基督教的传播，是西方势力以及文化进入中国的反映，在海南文

① 图片来源：[法] 萨维纳：《海南岛志》，漓江出版社2012年版，辛世彪译注，第29页。

化发展中有一定的影响。传教士的目的在于将西方的意识形态输入到中国，不可避免地遭到根深蒂固的中国传统文化的抵制，为了更好地达到传教的目的，使中国民众皈依基督教，他们往往以创办医院、学校、慈善机构作为传教的辅助手段，传播西方的科学知识，客观上影响和促进了海南社会近代发展的过程，这是不应该忽视的。

（二）市井新风尚

海南岛地处中国最南端，孤悬海中，与内地中原文化的交流有些阻隔，直到民国还保留了许多古老的习俗。但是民国以后，由于对外交往的增加，同时受到南洋华侨带来的西洋文化的影响，海南岛生活方式、民情风俗也随之有所变化。

◆ 1936 年 12 月建成的新海关大楼①

① 图片来源：[意] 罗斯辑：《海南岛史料》第 156 册。

◆ 海南南部三亚港①

◆ 籐桥伊斯兰清真寺②

① 图片来源：[意] 罗斯辑：《海南岛史料》第 156 册。

② 图片来源：[意] 罗斯辑：《海南岛史料》第 156 册。

这些变化在城市建筑和民房风格上反映出来。在城镇除了基督教教堂为西式建筑外，外国机构、洋行等均为西式建筑。街道两侧以东南亚风格的骑楼为主，外部装饰也多用东南亚的南洋风格。普通民居因地而异，一般分为三种，瓦房、茅屋、洋房，普通民居建筑格局沿袭福建广东的居住传统，一室二房，门廊四根栋柱。在一些地方，洋房是少数富裕人家的居所，外观华丽，呈西洋风格，“为少数资产阶级之华居也”①。

在服饰上，海南岛人服装非常简朴，因为气候湿热，人们通常穿着单衣薄服。传统汉人男子多穿短衣服，上衣无领，袖短口窄，裤子也很短，分两脚。普通人不穿鞋戴帽，遇大事或年节，才穿鞋着袜。妇女也穿短衣服，只是上衣向右开襟。平时穿木屐，年节时会穿上鞋袜，头发捆扎成髻。儋县、临高女子装饰衣服用细襟。处女用红花缠绕发辫。已婚妇女的发髻呈锥形，上面插饰发簪，头戴凸起的斗笠，有的盖上方巾，其装束较为独特。

◆ 海南岛上的教堂建筑群②

① 陈献荣：《琼崖之居民》，《新亚细亚》1936 年第 6 期，载［意］罗斯辑：《海南岛史料（文艺、风俗、边务、糖业）》第 98 册。

② 图片来源：《剪报（有关海南岛风土人情及传教士的文字照片等）》第 412 册。

◆ 1937 年海口街道为岛中最繁华地区 ①

进入民国以后，服饰增加了西式元素。城市男子仍多穿短褂，不过穿长衫的也不少。女子短发放足是时髦装扮，与乡下男子仍穿粗布对襟衫、女子衣服崇尚黑色、高髻大足有所不同，城市已经有人穿皮鞋。在海南岛的东部地区，“服饰多趋时髦，而琼东、乐会、万宁一带，甚至有头戴礼帽，穿着西服，足登皮鞋，从事耕樵者（当然是少数）。万宁妇女，喜著贴身之衣，曲线之美，隐约可见。”② 一般居民短衣薄衫，而在较为发达的琼山、文昌等县，“西服男子、时装女子，则亦随处可见矣。”③

① 图片来源：《旅行杂志》1937 年 7 月，［意］罗斯辑：《海南岛史料》第 124 册。

② 田曙岚：《海南岛游记》，（台北）文海出版社 2011 年版，第 180 页。

③ 陈植：《海南岛新志》，海南出版社 2004 年版，第 92 页。

受西方文化和华侨带来的南洋风气的影响，海南的饮食也有所变化。广东人以喜欢喝茶著名，然而作为广东一部分的海南岛却并没有喝茶习惯，对外交通发达以后，都市生活风尚逐渐形成，沿海各地喝茶之风随之而起，茶馆应运而生。在市镇少的有三数间茶馆，多的则有十多间，“当墟日，茶楼常座上客满，地无空隙，座无虚席，肩摩背接，熙熙攘攘。茶有时茶、龙井、菊花……之类。有西茶，如咖啡、牛乳、红茶、咯咕……之类。”①

饮食习惯中，南洋华侨带入喝咖啡的习惯，海南岛居民也受其影响，民国时期在海南岛喝咖啡成了极平常的事情。《海南岛旅行》的作者在环游海南的途中多次饮用咖啡解渴。他和同伴在潭口口渴时，“乃偕入咖啡馆，各尽一盅，计其价，不过铜元十四枚而已。回忆在北平、上海等处以吃咖啡为较有资产阶级之色彩，而在此间却极平常之至。”抵达仙沟镇时，“以口渴故，转入一咖啡馆，休息约四十分钟”②。只是这些茶店和咖啡馆，融合了海南岛原本的饮食习惯，不仅向食客提供红茶、咖啡、牛奶以及简单的西式糕点，也提供海南的各种小吃。不过馆内陈设简单，不讲究茶艺和格调品味。

海南岛经历了本地文化的成熟与发展，并接受外来文化的影响，导致旧习俗的变化，琼州各县人民性情也呈现出一些地域特征。“琼山之民朴勤守法度，重迁徙。澄迈之民性颇淳，且勤直喜事，不受斥辱。定安之民，性敏而善于词说，敦尚礼教。文昌之民冒险而骛新。琼东县之民，淳厚而重文教。乐会之民，朴野而有礼。临高之民，性耿直，俗多俚野。儋县之民，性简直而尚礼义。昌江

① 王兴瑞、岑家梧：《琼崖岛民俗志》，载［意］罗斯辑：《海南岛史料》第175册。

② 田曙岚：《环游海南岛记》，载［意］罗斯辑：《海南岛史料》第145册。

之民，勤朴而悍狭。陵水之民性敦朴而安分守法。崖县之民，质朴而重廉耻。感恩之民，性朴野而多礼。”① 这段话对民国时期海南岛各县民风的概括，颇为准确，直到今天各地还保留着这些民情遗风。

七、民国政府的抚黎政策和黎苗社会的变化

海南岛的黎族从唐代开始基本上被纳入中央政权的管辖之下，但长期以来依然保留着旧有的社会形态，直到1950年以前，还保留着刀耕火种的生产方式和原始的社会组织，其原因在于黎族是一个海岛民族，在历史发展的进程中，除了与黎汉交接地带的汉族和人数不多的苗族有所交流之外，几乎没有与外来文化接触的机会。

黎族、苗族社会发生较大变化是在民国时期，受当时国内的政治形势和广东政局变化的影响，黎族和苗族社会开始面临巨大的冲击。首先，大批汉人进入黎族中心区域。在第二次国内革命战争时期，政府军部队进入黎族地区进行“抚黎”，抗日战争时期国民政府机构迁入黎、苗聚集的山区。大量外来人员不断进入黎族的中心区域，随之而来的是外来文化的进入，黎族与外界隔绝的状态逐渐难以维持。其次，民国时期出现海南开发的热潮，引发了如何解决海南岛黎族、苗族的问题，一些学者提出开发海南岛，首先必须开发黎族地区，这些意见反映到政府层面，便导致中央加强对黎苗社会的管理。

1932年，被称为“南天王”的陈济棠为了加强对海南的统治，

① 陈献荣：《琼崖之居民》，《新亚细亚》1936年第6期，载［意］罗斯辑：《海南岛史料（文艺、风俗、边务、糖业）》第98册。

特命其侄子陈汉光为琼崖驻防军旅长，率所部3000人入驻海南，进行“剿共”、“绥靖”、“抚黎”。后陈汉光又兼任琼崖区绥靖委员公署委员和“抚黎”局专员，对琼崖革命根据地和工农红军大举进攻围剿的同时，还对红军和共产党曾经活动过的县、区、乡全力进行“绥靖”。专门召开琼崖绥靖会议，以统一围剿部署，各县警卫队协助进剿。在大规模“围剿”的同时，陈汉光进行所谓的“抚黎”，其计划有立县、划界、恢复总管制、恢复抚黎制、建筑公路、建立学校、教授手工、设立合作社、教授种植、设立治疗所、改良风俗、化黎宣传、明定法律、教授国语、黎汉通婚、勉励从军等十六个项目。应该说陈汉光抚黎之策收到实际效果，其具体的措施和效果如下：

◆ 黎族白沙峒的棚屋①

① 图片来源：[意] 罗斯辑：《海南岛史料》第156册。

第一，在黎族地区设县，加强对黎族的管理。《琼崖实业报告书》中第一次具体策划在黎苗地区设县和添设五县计划。陈汉光施行“抚黎”计划时，陈述设县的理由，说：“珠崖一岛，孤悬海外，先已分置十三县，类多环海设治，岛中腹地，黎苗杂处，估计面积，南北相距约四百三十里，东西相距约八百七十里。跨涉儋县、昌江、感恩、陵水、万宁、乐会、琼山、澄迈、临高九个县境。实居全岛之半，情形特殊，区域广大。但不另设县治，则原有各县，鞭长莫及，难收指臂之效。”按照陈汉光的计划，原本计划设立五个县，最终核定为三个县。1935 年，广东省政府批准设立保亭、乐东、白沙三县，结束了五指山腹地无设县治的历史。陈汉光把在汉区实行的团董保甲制度扩展到黎族山区和五指山腹地，将三峒或六峒组成一团，利用黎族上层担任乡、保、甲长职务，在黎族地区建立起国民党的统治。

◆ 琼崖抚黎专员公署岭门黎务局钤记①

① 图片来源：[意] 罗斯辑：《海南岛史料（民国颁发钤记公文）》第 89 册。

◈ 琼崖化黎局之关印①

第二，各地设黎务局，开化黎民，帮助黎民接受教育，改善黎族民生问题。1933 年，广东省政府颁发《通令琼崖各县抚慰黎苗》，民政厅派出抚黎专员，召集黎苗首领开会，通令琼崖各县，"对黎苗衣食住问题，当如何令其改良，农工商各业，当如何令其发展，其他一切交通、卫生等事项，当如何除其障碍，予以便利，均应随时斟酌情形，悉心妥办。并宜设法成立黎苗学校，以增进其智识，陶冶其性情，使与内地人民日渐融洽，文化日臻发达。"② 并通令在琼崖十三县，不得向黎苗人民抽取户口税。陈汉光在海南施行"军事政治并用，剿抚兼施"的方针，设立了"琼崖抚黎专员公署"，在各县相应设立黎务局、抚黎局等机构，给黎族民众施舍衣布食物，劝导习惯裸露身体的黎民穿衣外出，携带无声电影到黎村放映，修造陵水至保亭、南丰至白沙、白沙至元门的公路。陈汉光还提出苗、黎地

① 图片来源：[意] 罗斯辑：《海南岛史料（民国颁发钤记公文）》第 89 册。

② 《通令琼崖各县抚慰黎苗》，《广东省民政厅关于兴利除害之施政纪要》（1931—1935 年），载 [意] 罗斯辑：《海南岛史料》（教育、建设、公路、经济、军事活动）第 118 册。

区“自治”的口号，以培养苗、黎干部为名，大举招考苗、黎青年，1933年，选送约400多名黎、苗族青年到广州编入广东军事政治学校，名为“化育班”，施以军事政治训练。挑选黎区中各乡团的黎苗民族青年男女若干到广州观光，这些政策促进了黎汉融合，将汉族文化输入到黎族地区，黎族人逐渐走出世代居住的山区，建立了与外界的联系。

◆ 汉黎交易场所南半墟①

第三，黎族与外界交流的扩大，导致黎区贸易出现和墟市形成。

---

① 图片来源：[意] 罗斯辑：《海南岛史料》第96册。

黎族传统的贸易方式分为两种，一是黎人与汉人之间的贸易，二是黎人与黎人之间的贸易。黎汉贸易主要在黎区与汉人交界地带进行，在民国时期呈现不断发展的势头，其原因既来自黎族经济社会的发展需求，也由于汉人进入黎族中心地带后受利益所驱使，期望通过与黎人的交易获利。一些汉人深入黎区，驻村从事交易。黎族与汉商之间的贸易基本上是物物交换，而且是一种不等价的交换。汉商为黎族群众提供一些基本的生活、生产用品，如犁、锄头、铲子、钩刀、粗布、盐、陶器、碗筷、锅等，黎族则用鸡、猪、狗、藤条、烟草、藤萝等换取汉商的产品。不等价的交换使一些黎族群众走出大山，自己到汉区进行直接的物资交换。于是在黎汉交界地带，逐渐兴起一些规模不大的墟市，在乐东、白沙、保亭、琼中、崖县、陵水等地区，都出现了黎汉交易的市场，最典型的如南半墟，乐东县的南只纳村，感恩县的水头乡的老村，白沙县的番满村、牙开村，保亭县的毛盖乡，琼中县的堑对村，崖县的槟榔乡，陵水县的北光乡等均形成了黎汉交易的墟市。

至于黎族内部之间的交换，一般是黎族自身的生产品，其次是一些交换来的外来产品，是一种初级的形态。交换的物品多为牛、枪械、田地、铜锣等，牛是黎族交换的重要手段，但铜元在民国时期也被当作财富的标志，其地位逐渐取代了牛。民国时期在黎汉交界地区的黎族群众逐渐接受汉族的影响，开始从事小规模的商业活动，墟市上的小摊贩中黎族、汉族都有，有些是作为农闲时的副业，有些则全年以小贩为业。

此外，黎族的上层已经有了一些商业意识。在 20 世纪 30 年代，保亭的商铺有汉人经营也有黎人经营的，其中较大的有王义（王昭夷之父）、王勋、符学清、吴光辉、张明耀、梁世明等经营的店铺，他们都是黎族上层分子，担任团董等职务，大多以采购贩运木材为主，王昌在陵水还与汉族商人合股开办“三益”商号。

◆ 1937 年实业部长程天固视察南半墟①

◆ 黎人挑藤入市②

① 图片来源:《大公报》1937 年 5 月 18 日，载 [意] 罗斯辑:《海南岛史料》第 96 册。

② 图片来源:《时代图画半月刊》1933 年 5 月号，载 [意] 罗斯辑:《海南岛史料》第 174 册。

◆ 崖县黎人以米换盐①

伴随着黎苗社会经济形态的改变，黎族地区的教育也在缓慢地发展，加速了黎族汉化的过程。黎族没有自己的文字，所谓的教育更多的是指接受汉文化教育。自清代以来，已经有不少人倡议在黎区“开黎人学堂”，对黎族进行开化教育，但议论的成分居多，黎族地区的教育一直发展缓慢。宣统元年（1909 年）陵水宝亭设立国民学校一所，是为黎人教育嚆矢。民国二年（1913 年），在大旗设有一所国民学校，专门教育黎人，不久停办。20 世纪 20 年代，黎团总长钟启桢在万宁县兴隆创立一所四黎学校，规模颇大，可容纳学生 200 人。但是在龙济光来海南期间，钟氏因抵抗龙济光而遭枪决，学校被封。民国时期，黎区的学校数量极少，程度低下，生存困难。相形之下，美国教会组织改善黎民教育状况颇为热忱，民国时期在琼山、嘉积、那

① 图片来源：《时代图画半月刊》1933 年 5 月号，载［意］罗斯辑：《海南岛史料》第 174 册。

大各有一所教会学校，每所学校为黎人设免费生男女各 5 名。

黎族子弟在黎族地区的学校接受教育或到沿海汉族地区接受教育，也包括到教会学校接受教育。

较早接受教育的是熟黎中的上层，早在光绪二十九年（1903 年），岑春煊督粤时，“曾为黎人特设学额二名，取入黎生员二人，一名王义，一名黄云珍，皆陵属黎崗人，二人皆热心教育。王义尤为明干，任陵属黎团总长，化道黎人，颇能尽力。”① 王义不但自己接受教育，还热心黎民教育，担任黎团总长，将儿子王昭夷也送到外地读书。1922 年王昭夷回乡继承父业，担任黎团督察员，成为黎族头人。陈汉光进入海南后，王昭夷担任琼崖抚黎专员公署委员兼课长，后又进入军事政治学校学习。虽然这是黎族中的特例，但反映出教育在民国时期受到关注和黎族开始自觉地致力于提高本民族的文化水平。

陈汉光进驻海南后，在黎区设立三县，民国二十五年（1936 年）又由中央拨经费 20 万元，在三县各地设立短期小学 24 所。同时期的美国教会学校，免费招收黎族男女学生，“黎人前往肄业者有二三十人，各生成绩甚佳，能作英文书札，书法清秀，殊堪赞赏。”②

汉族文化的渗入造成黎族社会习俗的变化。在民国时期，黎族在保留本民族文化特点的同时，出现了与汉族文化融合的现象。黎族首领们房屋建筑体现了这一汉化的趋势。王昭夷的堂叔父王礼，放弃了黎族传统的低矮的茅草屋，而以砖瓦建成近代建筑，宽敞明亮。在黎族的中心地区也开始了汉化的过程，这在服饰上的变化最为典型。田曙岚在《环游海南岛记》中记述他在黎汉交界的南丰镇见到文面的黎族妇女，对其文面习俗及其服饰有清楚的描述：未抵达南丰前三四

---

① 彭程万、殷汝骊：《调查琼崖实业报告书》，广州东雅印务有限公司印制，1920 年。

② （民国）陈植：《海南岛新志》，海南出版社 2004 年版，第 383 页。

里，见两黎族妇女，“其面部刺有线形之蓝色花纹，线与线间相隔各三四分，自额至颈而止。”“黎妇则皆文面，自额至颈下S骨而止。上衣无领，惟于开口处作剪口形；下身不著裤，仅腰围一绣织之花裙，无档而空，称为桶。两耳穿孔，可容一小指，垂环如练。”显然这依然保留传统黎族妇女的习俗，但是在返回那大的车上，“座中有黎妇一，与余并坐。一切服饰，俱仿汉人，苟非文面，几不知其为黎妇女也。”① 这些情形表明，民国时期黎族的习俗正在接受汉族的影响而发生改变。

民国时期，海南岛黎族社会在激荡的形势变化中，经历着前所未有的冲击，民国以前，汉族文化以渐进的方式自沿海向内地渗透，而进入民国以后，黎族的中心区域开始直接面临冲击，原来汉人居海南岛周边，黎族居岛中腹地的状态被改变，在这一过程中，海南岛黎族、苗族的政治意识得到强化。千百年来，黎族人过着原始部落的生活，他们只知有黎首，不知有国家，这种情况在民国时期也在改变，黎苗族不再孤立于海南岛社会政治活动之外，而是参与了岛内的政治活动，成为一支重要的政治力量。

前述王昭夷的父亲王义，任陵属黎团总长。民国五年（1916年），龙济光来琼，一部分黎人发起抵抗，王义被疑有助龙嫌疑，被抗龙黎人暗杀。其胞弟继承其职位，也被人杀害。1922年王昭夷回乡继承父业，先为父报仇，后来在1927年带领黎族武装和琼崖工农革命军联合，攻打陵水县城，并多次占领县城。但是不久，王昭夷又和国民党军联合围剿琼崖红军。在土地革命战争时期，也有黎族群众或首领参与共产党领导的武装斗争。

1939年2月，日军侵入海南岛，国民政府的各县机关迁入五指

① 田曙岚：《环游海南岛记》（三），载［意］罗斯辑：《海南岛史料》第145册。

山区，造成直接对黎族的压迫。1943 年 8 月，发生黎族首领王国兴领导的黎族反对国民党地方政府和军队的暴动，遭到国民党军队的镇压。为保卫民族生存，王国兴转而寻找岛内其他政治力量联合，最终采取主动与共产党联合的政策，使琼崖纵队得以进入五指山区，并建立根据地，冯白驹领导的琼崖纵队中也有黎族战士。

可见，民国时期黎族作为一个民族整体出现在国内政治斗争的舞台上，其特点是依附于当时岛内汉族的政治活动，与此前缺乏民族意识和政治意识、被动单纯地反侵略、反压迫的暴动不同，黎族人民开始有意识地参与岛内的政治活动，争取自身的政治权力，并成为一支重要的政治力量。这体现了海南黎族民族意识和政治意识的增强，这种变化是在民国时期开始的，也是海南黎族历史上前所未有的。

第八章　日本占领下的海南岛经济与社会

1931 年 9 月 18 日，日本关东军炸毁南满铁路柳条沟附近一段路轨，反诬为中国军队所为，炮轰沈阳北大营，制造“九·一八”事变，发动侵华战争，随后占领东北三省，中国军民奋起抵抗，抗日战争从此爆发。1937 年，日本以“卢沟桥事变”为由发动全面侵华战争，日军从华北长驱直下，1938 年相继占领了武汉、广州，之后由于军事力量不足和政治上、外交上的孤立，开始转入对华的持久战。为了强化对海疆的全面封锁，切断国民党政府的西南运输通道，实现全面封锁中国华南地区交通的目标，日本需要对华南地区进行空中打击的基地，因此，强烈希望占领觊觎已久的海南岛。

一、日本人对海南岛的觊觎和野心

鸦片战争后，1858 年清政府与列强签订《天津条约》，开放海口为商埠，海南岛孤悬海外的情况发生变化。海南岛与西方列强在太平洋的利益联系十分密切。1886 年法国吞并越南后，列强无不对海南岛起窥伺之心。对英国来说，海南岛距其殖民地香港咫尺之遥，如海南岛成为他国的军事基地，不但降低香港的军事价值，而且香港与新加坡的联系也有被切断的可能，英国在南洋与香港间的海上利益所结成的链条将会顷刻瓦解；法国对海南前途最为关切，对法国而言，当时广州湾是法国租借地，安南（越南）又是法国的殖民地，海南岛与法占安南关系密切，如被他国所占，则安南与大陆的阶梯便失去作用，而且还关系到安南的防御以及法国在太平洋战略上的地位。因此，1897 年法国要求清政府允诺“海南岛不割让与他国”，借此作为法国向华南及太平洋进出的保障。日本如果侵略海南，对美国“一战”后在太平洋上确立的既得利益也形成更严重挑战。因日本占领海南岛后，将与台湾及“一战”后“委任”日本统治的群岛对菲律宾形成三面包围，一旦日本发动太平洋战争，它可夺取菲律宾和关岛，切断新加坡与菲律宾之间英美海军的联系，也就可以封锁全部亚洲的海岸，使美国在远东的一切贸易都被破坏，将打破太平洋上各国军事力量的均衡。尽管日本有田外相对各国表示，日本占领海南，意在加强完全封锁华南的海疆，没有越出军事必要范围，日本对海南岛无野心，但各国并不信任日本，都在军备上、经济上和外交上加紧准备，准备在太平洋战争爆发后，应对新的局势。

列强当中，日本觊觎海南的目的最为露骨。日本自《马关条约》攫取台湾、澎湖列岛后便谋求向南发展。华盛顿会议后一贯主张南进的日本海军省提出“新南进政策”，即以台湾为根据地向南太平洋发展，以南洋和华南为目标，此政策获得大财阀、大资本家和日本政府的支持。1936 年 9 月 3 日“北海事件”① 发生后，日本海军部即有新论，提出“海南岛应为日本南进的中心”，日本报纸和杂志纷纷讨论海南

① 即 1936 年 9 月 3 日，日本人中野顺三因被疑作为间谍而在北海被中国民众殴伤致死。事件发生后，日本海军命驻上海及青岛的多艘驱逐舰南下北海，进行武力威胁。日本驻华大使向南京政府提出严重交涉。12 月 30 日，中日双方达成中国政府付给中野遗属抚恤费 3 万元的协议，事件遂告结束。

岛的重要性及其与日本海洋政策密不可分的关系，最有代表性的是军国主义分子海军大佐石丸藤夫的论调，他直言不讳地说“海南岛是日本的生命线”，其论见认为：

> 日本所称为南进论，不外确保第三条生命线之意义。此南进论近来以非常之势，风靡朝野，余（石丸自称，以下仿此）不胜欣快之至。惟余尚有一疑问，即此等主张南进论者，曾知与海南岛有何等关系？……海南岛不仅对中国南部有重要关系，而在日本之南进论中，尤负有重大之任务。(1936年11月号日文《世界知识》)①
>
> 海南岛为对两广作战最有利的根据地，若将来日本能以榆林港为军港，使优秀舰队集中于该港，则不独可牵制中国南海的舰队，且香港的军事价值必将减少，萨伊港的法国舰队可以折服，美国优秀舰队航程亦得控制，这样一来，外南洋海权必随之而入日人之手，日本便可成为南洋的主人了。②

这段话，日本对海南岛的野心昭然若揭。事实上，日本对海南岛已不仅是讨论而已，而且是有所行动。从陆防上说，台湾和海南岛被认为是“中国东南的两只眼”，海南岛与中国西南的关系可谓唇亡齿寒，在地理上占有重要地位。因此，觊觎海南岛的日本占据台湾后，便不遗余力地建设台湾岛的军事设施。

“七七”事变之前，石丸藤夫在《军事上所见海南的重要性》一文中，从日本争霸世界的角度对海南岛的战略地位作了详尽论述。他

① 方秋苇：《日本觊觎之海南岛》，《东方杂志》1937年2月号。

② 萧世伟：《海南岛的开发》，《社会知识》1937年第1期。

认为外南洋是日本重要的生命线之一，也是20世纪争霸世界的舞台中心，英美法荷等在那里都有了根据地，而日本则连一块立脚石都没有，只有尽快占领海南，以海南作为日本的根据地，在西南太平洋上与英美法荷等争霸才有可能，且海南距华南，尤其是两广很近，以海南为根据地，可以很快占领两广，进而占领印度支那半岛各国，控制马六甲海峡，然后攻占荷属东印度、美属菲律宾和英属澳洲及新西兰，具有非常重要的战略意义。

另外，海南具有丰富的自然资源。海南是中国唯一生产热带作物的地区，在各热带作物中，有许多物产是很重要的物资，如橡胶、胡椒、椰子、甘蔗等。海南还有许多矿藏，如优质的铁矿石、锡、金、锰、钛、磷、硝石、油页岩、盐等，这些都是重要的战略资源。日本从占领区掠夺各种物资，是其“以战养战”计划的重要组成部分。

◆ 日本侵占海南岛时的典型农家①

早在1933年日本就派大批间谍化装成和尚，到海南以化缘为名进行侦察窥探，以至日军登陆海南时，连哪家有水井都一清二楚。后

① 图片来源：[意] 罗斯辑：《海南岛史料》第133册。

来，日本又派出大批特工，以经商、行医和收购旧金银器皿等身份为掩护，潜入海南收集军事、政治和经济等情报资料，以及绘制地形图，为日后入侵提供行军路线。日本投降后，在日军遗留下来的侵略海南的资料中，有日军侵略前绘制的海南各县的详细地形图，与新中国成立后我国自己所绘的地形图基本吻合，甚至有些深山峻岭人迹罕至的地方，有些特殊的地形都被他们标在地图上了。卢沟桥事变前夕，日本公然派“记者”来海南进行经济资源的调查，为侵略、掠夺海南作准备。

◆ 日本战地记者眼中可供应香港市场的生猪①

1936 年 8 月 7 日，日本首、外、藏、陆和海相召开“五相会议”，确立了日本以全面进攻中国为中间突破，北攻西伯利亚，南攻南洋群岛的侵略扩张总纲。要想占据外南洋各地，首先必须占领海南。在他们眼里，海南岛具有作为“对华南航空作战及封锁作战基地”、“切断河内和缅甸援蒋通道”、“向南方扩展的根据地”等军事价值外，该岛还是“天然资源宝库”，特别是“世界良质铁矿（含铁量 57%）”，是“建

① 图片来源：[意] 罗斯辑：《海南岛史料》第 133 册。

造舰艇用最好的钢材原料”，具有经济战略价值[①]。1939年后，日本侵占中国大部分国土，即抓紧准备结束中国战事，转向南进，为征服世界作准备。日本认为，要结束中国战事，首先要加强对中国沿海的全面封锁，即从华北、华东而扩张到华南，特别是南海北部湾海域，以根绝海外军事物资从海上输入中国；其次要掌握越南以至缅甸的制空权，以监视分别经河内、孟买循陆路向中国的物资流入。海南岛的地理位置被认为是实现上述目标的最佳地点，因而占领具有重要战略地位和具有丰富矿产、海洋及森林资源的海南岛就显得尤为迫切。

◆ 挑担到市场买卖的农家[②]

1937年10月20日，日本海军的第三舰队、第四舰队编成了“中国方面舰队”，1938年8月新成立的日军第五舰队也编入了“中国方面舰队”，实施对我国南海沿岸的封锁。1938年6月24日，日本海军18艘军舰曾抵达海南岛的海口，企图登陆，法国军舰10艘前往监视。9月，日本海军第五舰队占领了广西省北海南部的涠洲岛（广

① 中共广东省委党史资料征集委员会、中共广东省海南行政区委员会党史办公室编印：《琼崖抗日斗争史料选编》，第327页，1986年10月。

② 图片来源：[意] 罗斯辑：《海南岛史料》第133册。

西北海以南约28海里）。法国外交部发言人称："如果日本违反日法1907年条约中关于海南岛的规定，法国将进行干涉。"[①]日本不顾法国警告，1938年11月19日，日军大本营命令将日军华中方面军的坂田支队编入第21军，于12月7日抵达广州，并在1939年1月15日，开始在北部湾的涠洲岛修建航空基地。1939年1月20日，日本海军陆战队300余人在乐会登陆，被守军击退。1939年1月25日，日军大本营命令将坂田支队改为台湾混成旅团，30日命令将该旅团编入21军战斗序列，准备把这支部队投入海南岛战役。

1938年，日本占领广州、武汉后，由于战线太长，兵力分散，资源明显不足；又由于中国共产党顽强抗战和抗日根据地广泛建立，日军的后方受到严重威胁。因此，日军停止了对国民党正面战场的大规模军事进攻，抗日战争进入相持阶段。日本侵略者也随之改变侵华策略，即对国民党以政治诱降为主，以军事打击为辅；集中主要兵力进攻共产党领导的敌后抗日根据地的人民武装；加强对占领区的殖民统治，把占领区作为"以战养战"的基地。10月21日，日军攻占广州后，切断了中国的主要补给线——香港通道，使援蒋国际通道逐渐向南方转移，转移的重点是河内通道及缅甸通道。对此，日本大本营陆军部认为有必要继续切断中国的补给线，所以在1938年12月2日的第241号命令中，仍命令"第二十一军司令官继续执行现行任务"，逐步实施切断中国重要的补给线，迫使蒋介石投降。

日本大本营海军部一向重视海南岛，把它看作是日本将来发动南太平洋战争向南方扩展的根据地。自1938年12月以来，海军一直认为，要切断河内、缅甸两条援蒋通道非用航空兵攻击不可。可是，对这两条通道的航空作战基地只有台湾及本灶岛两个基地，如果在海南

① 陈之中、谭剑锋：《抗日战争纪事》，解放军出版社1990年版，第78页。

岛建筑航空作战基地，那就可足够延长切断缅甸通道航空作战的纵深。同时，为取得海上封锁基地和获得海南岛的矿产资源，海军强烈要求攻占海南岛。经与陆军协商后，以攻占海南岛的目的限于建立航空作战和封锁作战的基地，海军以不参与以后的政治和经济问题为条件，大本营同意了海军的要求。

◆ 海南沦陷前数日，日军进行登陆演习①

1939 年 1 月 13 日，日本御前会议作出侵占海南的决定，并作出陆海空军协同行动的周密作战计划。2 月 10 日由日军第五舰队司令长官近滕信竹中将率军不宣而战。接着，日本政府的陆、海、外三省以及台湾总督府等机构立即展开了紧张的活动，以“对华航空作战及封锁作战基地”、“向南方扩展的根据地”、“控制整个南太平洋”、“囊括东南亚的基地”为目的，拟定处理海南的方针政策。日本侵略者构

① 图片来源：[意] 罗斯辑：《海南岛史料》第 133 册。

想，将海南岛及东沙、西沙、南沙三群岛并成一体，置“海南厅”实行管治；再把第一次世界大战结束后国联“委托”日本管理的南太平洋一些群岛及日本拟在“南进”中占领的岛屿并成一体，置“南洋厅”实施管治；然后与台湾岛三个地区拼成“南方外地”，设“总督府”于台湾。这样就可以实现从日本本土经台湾到海南一线相连，然后向东南作扇形展开，扩张自己的殖民范围，最终达到建立起以它为霸主的所谓“东亚新秩序”——日本的大东亚帝国。所以日本侵占海南岛在日本帝国主义向外扩张的整个计划中，是深具战略意义的一个重要部分。

◆ 日军侵占海南岛前的海口，中央凸出的建筑是琼海关大楼①

二、海南沦于日本铁蹄

1939 年 2 月，日本陆海军完成了侵占海南岛的作战部署，开始实施对海南岛的进攻，2 月 9 日占领海府地区，2 月 14 日登陆三亚。为了配合日军在海口的登陆活动，从 2 月 10 日起日军对海南岛北部的若

① 图片来源：[意] 罗斯辑：《海南岛史料》第 133 册。

干城市文昌、清澜、金江、塔市等地进行轰炸。为了确保日军对海口地区的占领，占领海口、琼山的日军又攻占了文昌的文城镇、清澜港。

◆ 日军登陆海南岛①

国民党军队在日军登陆时进行了抵抗，但由于对日军大规模的登陆准备不足，海南岛北部的防御比较薄弱，在日军的步步紧逼之下，国民党军队不得不放弃了海南岛的沿海地区，撤往岛内腹地的山区，仅保留了少数力量进行游击活动和确保与外界的联络。政府机构、军队主力集中在中部的山区，“这种格局既是海南抗战的特点之一，也是海南岛内抗日力量历经七年艰苦的抗战最终也没有被日军消灭的原因。”②

日军攻占整个海南岛沿海地区的同时，鉴于海南重要的战略地位，为确保对海南岛的占领，日本制定了相当周密的占领计划和方案。按照 1939 年 4 月 21 日陆军、海军、外务三大臣决定的“处理海南岛政务的暂行纲要”规定的方针，“首先把进行作战和确保治安为重点”，日军加紧进行各项军事部署。7 月下旬，日军第 21 军编成海

① 图片来源：[意] 罗斯辑：《海南岛史料》第 133 册。

② 张兴吉：《民国时期的海南岛（1912—1949）》，海南出版社、南方出版社 2008 年版，第 42 页。

南岛派遣部队（以四个步兵大队和一个山炮大队为基干组成），替换台湾混成旅团，担负海南岛陆上警备任务。台湾混成旅团返回广州，担负佛山附近的警备任务。1939 年 11 月，日本海军中国方面舰队全面改编，海南岛的第四根据地队也随之变化，改称海南岛根据地队，隶属于日本海军中国方面舰队新改称的第二遣华舰队，成为日军在海南岛的最高军事机构。

◆ 日军对海南岛进行轰炸①

在当时整个日本海军中国方面舰队中，只有“上海方面根据地队”和“海南岛根据地队”称为“根据地队”。其他地区如厦门、青岛、广东方面，汉口方面皆称为“特别根据地队”。日本文献在解释“根据地队”和“特别根据地队”之间的差别时指出：两者“共同点都是担当特定地域的警备和部队的后方支持的任务，但是根据地队和特别根据地队比较而言，其阵容及担负任务的规模要大得多”。② 在此后海南岛根据地队所属部队没有发生多大变化，但是名称有所变化，如

① 张一平等：《海南抗日战争史》，海南出版社、南方出版社 2008 年版。

② 日本防卫厅防卫研究所战史室：《中国方面海军作战》（2），朝云新闻社 1976 年版，第 129 页。

五防改称十五防，六防改称十六防。为强化海南岛的警备力量，1940年6月10日，舞鹤镇守府第一特别陆战队被派往海南岛，列入海南岛根据地队的战斗序列。由此，日本海军三支陆战队和二支防备队，分别在五个区域担负海南岛的警备任务，此种兵力的配置一直持续到1945年8月日本投降。

◆ 逃难疏散的民众①

日军占领海南岛后，统治机构基本上是一种军政合一的机构。日军占领海南岛之初，其军政机构为“第五舰队情报部”。1939年11月15日，“第五舰队情报部”扩大规模，改为“海南岛海军特务部”。1941年4月10日，设立了“海南警备府”，海南岛的军政归海南警备府司令长官。海南岛特务部在海南警备府司令长官指挥下，担当军政事务。1942年5月25日，内令第九四七号命令，海南岛海军特务部改为“海南海军特务部”，其任务：海南特务部隶属海南警备府，

① 图片来源：[意] 罗斯辑：《海南岛史料》第133册。

负责掌管海南岛、南鹏岛及牛角山岛有关中国事变处理的特殊任务、各种调查及其他有关海军要务；其组织如下：

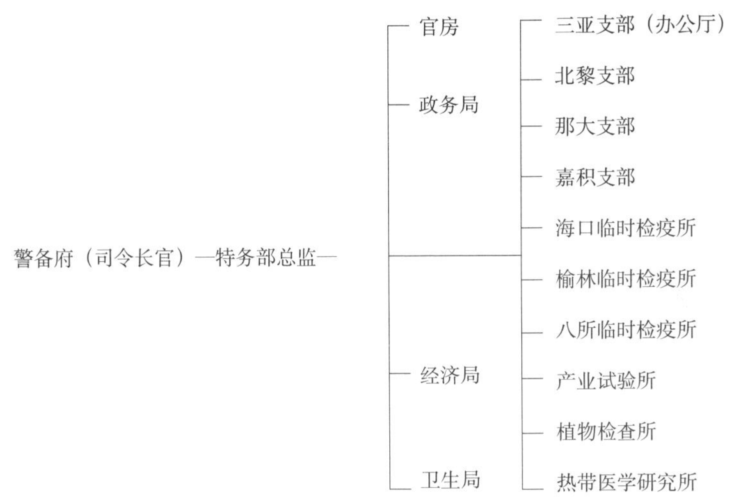

◆ 侵占海南的日军部队①

① 图片来源：[意] 罗斯辑：《海南岛史料》第133册。

◆ 日军进入海口①

◆ 日军布告占领海口②

① 图片来源：[意] 罗斯辑：《海南岛史料》第 133 册。

② 图片来源：[意] 罗斯辑：《海南岛史料》第 124 册。

◆ 日军布告占领海口①

日军为了达到使海南成为其永久殖民地和扩大侵略南太平洋基地的目的，在海南岛沿线进行军事进攻的同时，采取多种形式进行政治进攻，主要是推行分裂统一战线和诱降政策。1939 年 7 月，扶植卖国贼赵士桓、吴植夫之流在海口成立了伪琼崖临时政府，并建立了以詹松年为司令的伪军组织；还先后在琼山、文昌、定安、琼东、乐会、万宁、陵水、崖县、澄迈、临高、儋县、昌江、感恩等县建立伪维持会、伪警察局等。日军每占领一个墟集都设立一个据点，并组成伪维持会，伪维持会下面实行保甲制，还组织伪自卫军。日军还给据点控制的人民发"良民证"。证为布制，上面写着姓名、年龄、性别和住址。

据 1939 年底统计，全海南伪军组织已有 1000 多人，大部分集中在琼山和儋县，约有五六百人，其余各县数量较少，基本都是一些伪警察组织。在海口、府城等地，伪政权组织反共青年团、赴日视察团和俱乐部等组织，而建设琼崖新政权的运动，也和汪精卫中央政权

① 图片来源：[意] 罗斯辑：《海南岛史料》第 124 册。

呼应。日本侵略者利用公开的汉奸傀儡，到处做反共反独立队的宣传。他们的宣言、传单、布告、画报、小册子等，主要是强调反共。同时利用暗藏的汉奸，在各党政军机关中，挑拨国共摩擦，尤其是利用汉奸的社会关系，以私人名义将一套汉奸理论暗地里灌输给一些动摇的军政长官或绅士名流，引诱他们降敌。还有就是以汉奸谬论欺骗民众，宣称“皇军是海南岛的救星”、“皇军秋毫无犯”、“共存共荣、中日提携”、“只要不和皇军敌对行动者，就可安居乐业”、“领良民证者可得皇军绝对保护”、“勾结共匪者绝不容恕”、“军民合作杀绝共匪”等。有些地方敌人把一些抢劫来的粮食发给“顺民”，发钱给“顺民”小贩，逮捕来的民众只要乡绅出保就能释放，通过这些柔化政策来使民众归顺。但是，日军不仅奸淫掠夺一般的民众，就是“顺民”也是他们奸淫掠夺的对象。特别是做“顺民”之后，日军就要抽壮丁，收苛捐杂税，充当苦役。所以虽然当了“顺民”，但反省的人很多，甘心做“顺民”的是极少数。如果以沦陷区或领良民证来估计，全海南的“顺民”约有三十万人，大多是在中共党组织薄弱和独立队影响较小的地方。

◆ 日军占领下的海口①

① 张一平等:《海南抗日战争史》，海南出版社、南方出版社 2008 年版。

◆ 日军占领琼山后，琼山县伪政权成立治安维持会①

◆ 日伪政权汉奸作反共宣传②

① 图片来源：[意] 罗斯辑：《海南岛史料》第 133 册。

② 图片来源：[意] 罗斯辑：《海南岛史料》第 133 册。

◆ 日伪反共宣传品①

◆ 日军占领下的海口②

---

① 图片来源：[意] 罗斯辑：《海南岛史料（抗战时期日伪宣传品）》第 195 册。

② 图片来源：[意] 罗斯辑：《海南岛史料》第 133 册。

三、日本对海南岛的掠夺性开发

（一）资源调查和掠夺

海南是中国唯一生产热带作物的地区，有许多物产是很重要的物资，如橡胶、胡椒、椰子、甘蔗等。同时，海南具有丰富的矿藏资源，如优质的铁矿石、锡、金、锰、钛、磷、硝石、油页岩、盐等。日本帝国主义侵占海南岛的战略目标之一，就是掠夺海南岛的天然资源，特别是战略资源。

日军占领海南岛大部分地区后，日本报界即在国内喧嚷起来，称海南岛是他们梦寐以求的宝岛。日军侵占海南岛后，海军不顾“攻占海南岛的目的限于建立航空作战和封锁作战基地，海军不参与政治经济问题”的约定，对政治和经济问题全面进行干涉，刚占领海南，即从日本有技术实力的相关部门派遣技术人员，对占领区域中的各种资源进行调查。台湾总督府是日本人海南岛调查的主力，1939 年即在海口设置常驻事务官，1940 年根据日本海军的请求，在 1940 年 10 月之后，向海南岛派遣三批农林调查团，其后还相继组织了盐业、城市规划、铁路等调查团，直接为日本对海南进行殖民统治和资源掠夺服务。另外，日本本土一些相关的商业部门为了协助对海南岛的资源掠夺，也组织了相应的资源调查。日军还发动日本各财团，迫不及待地赶来进行所谓“经济开发”，以供日本军资之需。所谓经济开发，实为全面掠夺，把重要战略资源的铁矿作为掠夺的主要目标，“下最大力量开发石碌及田独铁矿山”。同时加速建筑岛上铁路与港口，以便把矿石尽快运回日本。从 1940 年至 1944 年的 5 年中，日军用于修筑港口、铁路投入的资本就达 1.1 亿日元。1944 年参加“有关开发的日本人”在海南岛已“增加到约三万人”。①

由于日军的侵略和掠夺，海南岛的经济发展遭受严重损失，这一点在日方资料中也不得不承认。日本人在谈及日军的军事行动对海南经济的影响时指出：“第一，在一段时间内岛内的交换经济一般在很大范围停止；第二，作战区域内在一段时间内生产活动也停止了；第三，对内、对外的正式贸易几乎处于停滞状态；反之，从非占领区开始的走私贸易急速地繁荣；第四，与交换经济停止相关联，大量的货币被隐藏，接着中外货币完全消失了；第五，对本岛的经济、政治有影响的人逃亡岛外，伴随而来的是相当数量的资金的流出；第六，华侨的出国极度减少，据去年度的调查，华侨的进出差额，反而流入超过了流出；第七，总之，由于非占领区的治安恶化，进而由于匪贼的横行而导致的各种经济的混乱是普遍的情况。”②

日军无条件投降后，国民党派四十六军来海南负责有关一切接收及处理事宜。在接收到的资料中，国民党发现日人对海南岛各项建设，有长期计划。后来有人向日军警备府司令官伍贺启次郎提出质询，日军侵占海南，其目的为何？他说：“如果当初预料中日战争结果是无条件投降时，日本不会尽全力来建设海南”，意思是说，中日战争如打到两败俱伤，日本也不会交还海南。同时从中国台湾、朝鲜移民来海南的计划来看，敌人长久占领海南的企图非常明显。

日军占领海南岛以后，逐次投入资本，对占领区的各种资源进行大体调查。准备进入的主要商社企业名称如下：

1. 矿业：石原产业株式会社（股份有限公司）、三菱矿业株式会社、旭硝子株式会社。

① 《不朽的丰碑》，中共党史出版社 1996 年版，第 386 页。

② 日本外务省通产局：《海南岛农业调查报告》，第 103 页。

2. 农林业（热带产业）：台湾拓植株式会社、南洋橡胶株式会社、南洋兴发株式会社、南国产业株式会社。

3. 渔业：株式会社林兼商店。

4. 畜产业：海南畜产公司。

5. 制水：台湾后植株式会社、株式会社林兼商店。

6. 宣抚用品进出口：三井物产株式会社。

7. 岛内交通（公共汽车）：台湾拓植株式会社。

1940 年，日军继续攫取海南经济资源，特别是对铁矿的开发更是急不可待。对田独（由石原产业）及石碌矿（由日本窒素）的开发已经开始。当时进入的主要商社数目如下：矿业方面 5 个、农林业方面 33 个、畜产业方面 3 个、渔业方面 4 个、其他各种事业方面约 30 个。为开发海南投入的资金，日本国家预算及民间资本合并一起达到极大数额。据日本方面的统计，日本国家预算中投入的直接开发海南岛的项目和资金如下：①

时间	项目	资金（日元）
昭和十五年	补修南部道路、桥梁	2064000
	补修北部道路、桥梁	1548000
	修筑秀英栈桥防波堤	498800
昭和十六年	整修榆林港	4150000
	整修榆林港预算外合同	2500000
	铁道设施	6000000
	铁道设施预算外合同	4000000
昭和十七年	整修榆林港	5000000
	榆林港疏浚	3000000
	新建三亚上水道	1380000

① 中共广东省委党史资料征集委员会、中共广东省海南行政区委员会党史办公室编印：《琼崖抗日斗争史料选编》，出版者不详，1986 年版，第 339—341 页。

续表

时间	项目	资金（日元）
昭和十八年	增设三亚上水道	1425000
	整修道路、桥梁	3079000
	新设灯塔	376000
昭和十九年	整修榆林港湾	3487000
	整修八所港湾	15000000
	整修八所港湾预算外合同	5000000
	新建榆林至北黎铁道	49305000
	道路及桥梁维修费	2700000
合计		110512800

日军对海南各经济领域掠夺情况如下：

在经济和金融方面：日军侵占海南时期，日本人对海南的商业采取了战时统制经济。1939年2月至6月日军关闭了海南对外贸易的主要管理机构琼海关，造成对外贸易的中断。此时，三井会社即在日本官方的安排下，成为垄断进出海南物资的唯一机构。日本人也承认："由于经由本岛的物资交流受到限制，进出口贸易锐减到（原来的）三分之一；另外，（本岛向国内的）输出和输入贸易在1937年时约500万元，此后超过了800万元；接着不断扩大，虽然1938年由于援蒋物资经由本岛，（贸易额）达到约1500万元，1939年则锐减，仅有20—30万元。"① 日本企业在海南岛的商业活动在1941年之后不断增加，这主要是受到了世界各国和日本关系恶化的影响，在南洋地区受到压力的日本商业企业纷纷把它们多余的物资、人力转移到海南，从中国台湾、日本、上海等地向海南岛运送大批提供给"开发者们"的生活、建设物资。这些商业活动虽然一

① ［日］饭本信之、佐藤弘：《南洋地理大系》第2卷，《海南岛·菲律宾·内南洋》，第60页。

度“繁荣”，但仍是为占领政策服务。从经营内容来看，大多数的企业是以配给为主，即为占领军及相关人员配给物资服务，同时也从事贸易及批发、零售的活动，日本人是他们的主要服务对象。在1942年8月，为协调海南内部日本商业会社之间的关系，及适应战局变化，日本内地及台湾的物资供给转为统制化，在日本官方的布置下，又成立了海南交易公社，以取代三井会社来统一岛内的物资分配。这是一个统一物资分配与流通的管理机构。1945年5月，各会社把自己的业务完全交给公社，各会社的商业活动实际上已经终止。

日军入侵海南不久，在日军占领区强制推行使用军票。在海南使用的军票面值金额，分成拾圆、伍圆、五角、二角、一角等五种。① 日军强制使用军票的同时禁止其他货币的流通，原有的中国货币，包括中国正式的法币、地方的货币都在严令禁止之内。在日军入侵之初，军票在海南的推行遭到民众的抵制，但到了1941年，法币和日本军票之间的比率已经发生了很大的变化，虽然仍能看到法币还在日军占领区流通，但已大量贬值。日军在海南岛每年投放的军票随日军统治的延续而呈上升趋势：1939年为70万日元，1940年累计达330万日元，1941年累计达659.3万日元，1942年累计达2130.4万日元，1943年累计达4909万日元，1944年累计达11180.2万日元，1945年累计达20617.7万日元（八月份止）。② 军票投放增加的过程，也就是日本军票贬值的过程，也是对海南人民无耻掠夺的过程。

农业方面：日军入侵海南之后所确立的海南岛“农业开发政策”，是和当时日本的总体战略密不可分的，受国际形势的影响极大。“日

① 梁鸿志：《日军侵占海口地区罪行记实》，《海南文史资料》第四辑，第194页。

② 日本大藏省管理局：《关于日本人在海外活动的历史调查通卷第29册——海南岛篇》，第158页。

本人海南岛‘农业开发’的目的，是力求在当时的国际形势对日本已经极为不利状况下，努力取得替代资源，这里所说的‘资源替代’是指日本人力求以海南岛的资源来替代日本人已经日益难以得到的南洋资源。”①日本在中国大陆及东亚地区的侵略扩张，引起欧美各国的警惕，从而使日本在南洋地区的资源活动日益受到限制。从日本战略及企业自身利益出发，日本在南洋地区的企业开始撤离。这些感到危险而撤离的企业，力求在日军新占领的海南找到自己事业的新起点。另外，由于日本将海南作为其南进的前哨基地，有大批的南进部队在此过境或驻留，随着海南开发的不断深入，还不断有日本侨民进入海南，这都需要必要的粮食供应。因而，日本虽然极度缺乏战略性的热带资源，并希望从海南岛得到，但其在海南的农业政策核心，依然是保证海南岛日军及南进日军以及日本侨民米、菜的保障；还将海南生产的糖向日本本土及其控制地区输出。

日本企业经营的农场在海南岛内分布得非常广，除海南中部地区没有进入以外，几乎遍布于日军控制的全部沿岸及部分内陆地区。据初步统计，当时日本参与海南农业开发的企业及相应农场有：

明治制糖会社设立有定安农场、中原农场、感恩农场。

盐水港制糖会社设有嘉积农场、琼东农场、大路农场、长坡农场、加来农场、和舍农场、白莲农场、龙塘农场、那大橡胶农场。

日糖兴业会社设有儋县制糖农场、那大农场、儋县酿酒农场、那大橡胶农场、南桥农场、新村农场、州一笠农场、英圳坡农场、马岭农场、妙山农场、六乡村农场。

厚生公司设有热烈楼农场、农盈农场、伦溪农场、澄迈农场、海口农场。

① 张兴吉：《日本侵占海南岛罪行研究》，海南出版社2004年版，第132页。

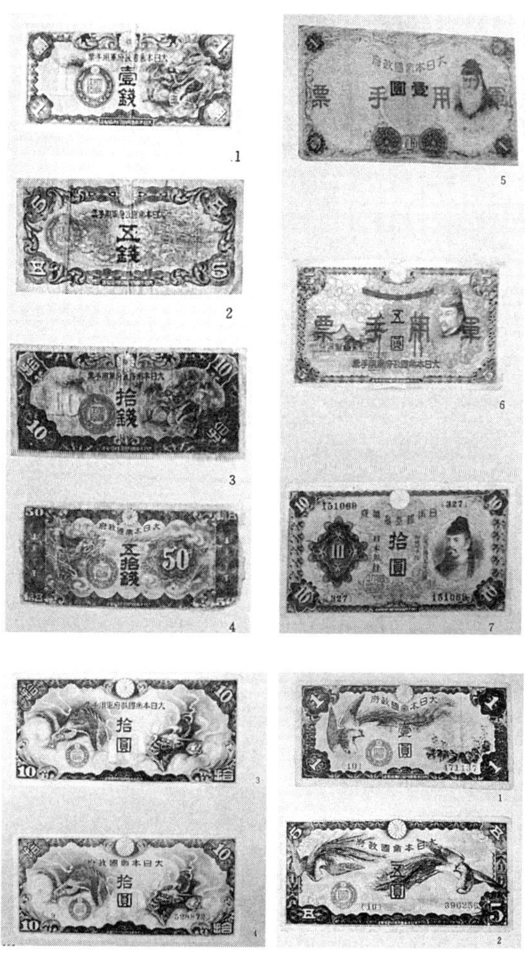

◆ 日本军票票样①

海南兴业会社设有临高农场。

海口物业会社设有澄迈农场、美亨农场、大纹农场。

海南产业会社设有琼山养猪场、福山农场。

伊藤产业会社设有文昌农场。

① 图片来源：韩海京编：《海南历史货币》，中国金融出版社 1992 年版。

资生堂设有福东农场。

东台咖啡会社设有迈号农场。

三井会社设有东山农场、高坡岭农场、流水坡农场。

南洋橡胶会社设有万宁农场。

苏门答腊拓殖会社设有嘉积农场、大路农场、文曲农场、黄竹农场、农门农场。

三井农林会社设有加茂农场、兴松岭农场。

南洋起业会社设有北黎农场、东方农场、罗带农场。

南路产业会社设有九所农场、冲坡农场、乐安农场。

武田药品式业会社设有南桥农场。

梅林商店设有佛罗农场、桶井农场。

海南拓殖会社设有御影桥农场。

所有以上农场中，以南洋兴发会社占地面积最大，自崖县至九所开辟105000亩作为稻田。其次是台拓会社，在陵水平原占地10万亩，栽种从日本运入的蓬莱稻种。

畜产品加工方面：台湾拓殖会社畜产部在海南经营牲畜、屠宰、皮革、化骨等业务，台拓会社在籐桥和新村设有牛奶业，南方畜产公司在崖县经营屠宰、皮革等业务，水垣食品公司在海口经营罐头和冷冻业。

木材加工方面：日军侵入海南之初，由于日军兵力有限，不能深入盛产木材的海南岛腹地，加之不能从中国大陆方面进口木材，日本不得不从中国台湾、朝鲜乃至从日本本土向海南岛运送大量的建筑用木材，以满足“海南岛开发”的需求。后来，日本海军确立了木材岛内自给计划，开始由一些会社自己设立小型木材加工厂，此后又组成专门的企业负责木材的生产。1940年，为支持石碌铁矿建设，专门成立了岛田合资会社，在感恩县东北部地区，从事森林资源调查，在崖县东北部地区，从事森林的采伐和木材的加工。日本海军还组织了专门的森林资源调查，在崖县尖峰岭地区及陵水县吊罗山地区发现了大面积的针叶林资源。随之，日本军方即委托日本王子造纸株式会社、台湾拓殖株式会社等着手“开发”，基本实现了岛内木材自给。当时岛田合资会社在感恩县东方和昌江县北黎设制材所，年产能力为13000 立方米，王子造纸会社在尖峰岭设制材所，年产能力为 15000 立方米，台湾拓殖株式会社在吊罗山设制材所，年产能力为 10000 立方米，大共木材会社在榆林设制材所，年产能力为 15000 立方米。

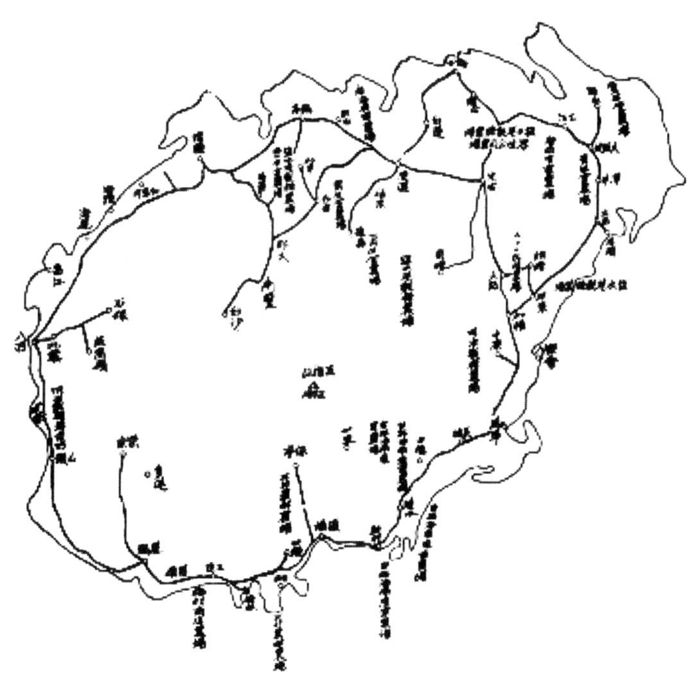

◆ 日军在海南岛的农场分布①

① 图片来源：海南抗战卅周年纪念会编：《海南抗战纪要》影印版，（台北）文海出版社 1974 年版。

水产业方面：日本在海南最大的渔业会社是林兼会社，它在榆林港经营大规模的渔业，拥有船底网渔船若干艘，每 10 日可捕鱼 2000 箱左右，每箱装鱼 10 斤，其生产的水产品除运往日本本土、提供给海南岛当时的日本驻军及日本企业之外，其他部分则以冷冻鱼的方式提供给在中国大陆以及在南方作战的日本军队。此外，在海口、新英港等海港均有日本公司经营渔业，其中以日本水产公司、北海道水产公司的业务最大。

（二）对铁矿资源的开采

在工业方面，日本侵略者在海南岛工业政策的核心实际上是一种资源掠夺政策，其中矿产品的掠夺无疑是最重要的。围绕矿产品的开发又引起了一系列的所谓建设，如铁路建设、营建八所港、开发火力发电和水力发电以及相匹配的其他设施。日本人在海南的工业项目主要包括机械工业、制铁工业、水泥工业、造船工业、烟草工业等五项，它们都是日本人投入比较大而且基本建成的工业设施。

在采矿业方面，日本早在清末八国联军入侵中国时，就从劫取的《昌化县志》中得悉（昌江）“与儋县（今属白沙县境内）交界之黎峒石碌峒，产铜铁诸矿”，其觊觎石碌铁矿之心已久。1940 年初，日军初步完成对琼的军事占领后，日方吉田郁造地质调查组开始对石碌山及昌化江地区进行地质调查。1940 年 1 月，日窒会社社长故野口遵亲自带领久保田丰等人乘飞机巡视全岛，经过海口时意外地从海军情报部得到石碌存在着铁矿山的情报。于是，故野口遵 1940 年 4 月派出了以中桥本多为队长的石碌调查队，于 4 月 7 日在石碌铜山附近发现了铁矿床。茂密的原始森林，遮掩着矿山的面目。为进一步落实石碌矿山的开发价值，1940 年 8 月，日窒会社再次派遣调查队到矿山调查，经过多次勘查，确定矿石蕴藏量为 3.2 亿吨左右，不仅藏量丰富，而且品质优良，含铁量60%以上，且易于开采。

发现石碌铁矿的消息很快传到日本，以海军为主的日本各视察要员接踵而来。铁是战争不可缺少的军用物资，石碌矿山的发现对日本简直是如获至宝。当时正是抗日战争爆发的第四个年头，战争不断扩大，日美关系也处于一触即发的紧张状态。因此，开发铁矿资源，也就成了日本最优先的国策。为了养战，日本政府确定了以海军为主体的开发计划，根据日窒海南资源调查队的有关调查报告，授命日窒素肥料株式会社（1941年12月，改名为日窒海南兴业株式会社，社长久保田丰）投资开采掠夺，并要求其在日本海军的指挥和支持下进行开采，当时，日本八幡制铁公司也向石碌矿山伸手，要求参加开采，但被日窒会社拒绝了。故野口遵决心单独开发，为此成立了以久保田丰为首的日窒会社南方部，具体从事石碌矿山的开发事宜。

在此基础上，1940年11月，日窒素肥料株式会社决定投资开采石碌铁矿，并派先遣队进入矿山筹建采矿基地，制定大规模掠夺石碌铁矿的计划。12月，日窒素肥料株式会社海南事务所负责人久保田丰一行到石碌、八所等地检查开矿计划。1941年1月，日伪海南事务所在离八所不到6公里的北黎正式成立，负责组织筹募劳工和组织实施掠夺矿计划。从1941年至1945年8月，为了实施大规模掠夺石碌铁矿的计划，日本先后劫掠劳工至石碌和八所地区服劳役，总数达4万余人。

为将石碌产出的铁矿石尽快运出，1940年秋日本人开始策划建设从石碌到八所的铁路，日本海军要求在1942年3月完成通车。1941年4月末完成全程53公里的勘测，后面的铁路工程由西松组承担；线路的铺设及以后的列车运营、调配由日窒在朝鲜北部的三家下属铁路企业中的朝鲜籍员工来担任。1941年4月，在香港招募约1000名劳工投入石碌山脚的铁路工程；9月，从上海招募到的3000名劳工也被分配到整个建设工地上。但由于生活条件艰苦，环境恶劣，有半数劳工在半年内死亡，不少劳工逃走。为了弥补劳力不足，日军横四特强行征发管区内的农民，用卡车运到施工地，用刺刀监督施工，终于在 1942 年 3 月 23 日完工。尽管石碌到八所的铁路全线开通，但由于施工仓促漏洞百出，当时昌化江的铁桥还没完成。甚至到 1942 年 4 月 7 日举行盛大的开通仪式时，石碌车站还未建成，铁轨还直接铺设在没有路渣的裸露的枕木上。

在着手开发石碌矿山的同时，日本侵略者对铁矿石从什么地方出海运回日本的问题进行过慎重而周密的研究。

石碌矿山在海南岛昌江县的中部山区，距离西海岸线有 50 多公里。就原有的港口来说，石碌矿山的西北面 100 多公里处有新英港，西南面 50 多公里处有北黎港，东南面 200 多公里处有榆林港（即现在的三亚港）。三港之中，以北黎港距离矿山最近，但航道短浅，难以扩建为可泊巨轮的大港。其余两港距离较远，修筑输送矿石用的铁路需耗费巨额资金和较长的时间。因此，日窒会社认为，三港对比之下，还是以北黎港湾南侧八所的地方较为理想。日本海军从整个战略利益考虑，力主将榆林港作为矿石输出港。但是，日窒会社南方部主要负责人久保田丰却坚持要在八所潭筑港的意见。久保田丰从企业的切身利益出发，认为石碌距离榆林 200 多公里，铺设铁路至少需要两年以上的时间，而且还要花费巨大的资金。并且，在矿山开发的过程中，需要由日本运送大量的物资和器材到矿山场地，在交通闭塞、道路不通的情况下，这么远的距离，会给运输带来极大的困难。由于久保田丰有日本内务部港湾技师铃木雅次氏和鲛岛技师等专门技术人员的支持，加之其本人态度又很强硬，日本海军部不得不同意在八所潭筑港。后来，日本海军部根据军事方面的意图，仍然修通了榆林至北黎的军用铁路（小轨铁路）。这条铁路的敷设，加强了日本侵略者对海南岛西部地区的统治，有利于他们掠夺这里的农牧业资源，同时也为石碌铁矿的运输作第二手准备。

在后来的铁路施工中，由于找不到铺路的石料，只好用铁矿石来代替，所用矿石达 1 万多吨。为了掠夺石碌的矿产资源，日本侵略者的所作所为，是世界铁路建筑史上从来没有过的先例。

从 1941 年 3 月中旬开始，以内务部技师江口辰五郎等 8 人组成的调查队对八所潭进行了两个月实地调查和测量。八所港第一期建港工程计划确定后，日本政府对建港工程技术负责人的人选问题进行研究，决定由资格老、富有港湾技术经验的北海道厅港湾课长平尾俊雄负责。1942 年 1 月，日本政府紧急命令，要求无论如何要在 1942 年 3 月中旬把铁路修好通车，输送矿石的港湾工程一定要与铁路的通车进度相适应。为了达到这个目标，平尾俊雄只好在八所潭建造一个临时应急码头工程，并由日本海南海军警备府出动了驻昌感地区的横四特日军，强迫八所、石碌一带近千名村民到工地夜以继日地干活。

日本人费尽心力建造的临时应急码头，虽然已将矿石装运出港，但其装卸方式是非常落后的，远远不能满足日本帝国主义对矿石资源的迫切需要。这样，日本人迫不及待地转入了建设现代化的永久性矿砂码头。

1942 年 5 月，八所港大规模的建港工程破土动工。其工程计划的项目有：

（一）第一号防波堤，从码头的东北端向南部略成弧形延伸，与第二号防波堤相对，A 部 40 米，混凝土结构，顶宽 3.5 米、高 7.8 米；B 部 12.25 米；C 部 45 米（宽 7 米、高 6.1 米）；D 部 495 米（宽 2 米、高 7.5 米）。

（二）第二号防波堤 150 米，A 部 30 米，混凝土结构；B 部 45 米，混凝土结构；C 部 75 米，混凝土结构。

（三）第三号防波堤 520 米，填塞水中混凝土（天端宽 3 米、高

3.97 米）。

（四）南护岸 217 米，利用日本 N 号铁箭板 7.53 米。

（五）疏浚 130 万立方米，航道 8 米，内港疏浚 9 米。

1943 年 3 月 27 日，第一号驳岸竣工。4 月 7 日，日本人举行了庆祝八所港岸壁工程和装矿机完工典礼。这是日本侵略者用中国人民的血肉换取的“果实”。5 月 13 日，日本“松江”轮从日本运来货物。随后，该轮使用装矿机，只用一天时间就装了 7250 吨铁矿。从那天起，港口船舶进进出出，石碌大量的矿石和岛上其他资源被源源不断地运往日本。

石碌铁矿的开发需要必要的能源，日窒会社最早的计划是在昌化江铁桥上游 200 米的地点建立宝桥发电站，此处正是昌化江走出山岭进入平原的地带。从 1941 年下半年开始到 1942 年夏天，堤坝工程大部完成。但 1942 年 7 月在昌化江宝桥上游 30 公里的地点发现了落差约 40 米的瀑布，8—10 月日本人很快投入调查、测量力量，10—11 月着手基本设计和详细设计，计划建立东方水力发电站。在日本海军的压力下，日本方面强行征用了原准备使用于日本国内常愿寺川水力发电站的水轮机、发电机及其他设备，转用于海南岛的东方水力发电站工程，由此建设速度加快。1942 年 12 月工程开工，1943 年 10 月完工通水，建成上游高 3.5 米、长 477.7 米的溢水型混凝土堤坝一座，以切断昌化江干流，再以明渠和压力铁管把水引入发电站，安装竖轴单轮独流式涡轮水轮机一台，功率 6500KW，带动竖轴密闭风型三相交流同步发电机一台，容量 7000KW，电压 11000V，11 月 3 日开始向八所送电，1944 年 2 月 24 日开始向石碌送电。

日军掠夺石碌铁矿，制订三期掠夺计划：第一期年产铁矿石 100 万吨；第二期年产铁矿石 200 万吨；第三期年产铁矿石 300 万吨。日军运来大批的机械设施，主要用于采矿和运矿设施，采矿电铲 5 台，穿孔机 1 台，凿岩机 93 台，运输卷扬机 5 台，运输胶带 4 条，破碎厂运输胶带 4 条，汽油牵引车 23 台及载重 20 吨矿车，并从东方县的大广坝发电厂，输电供应石碌铁矿的开采和照明，及各种机械设备用电。

从 1941 年到 1944 年，日军在石碌铁矿开采及输出情况统计如下表：

石碌铁矿生产及输出情况表 ①

项目＼年度	1941	1942	1943	1944	合计
生产量（吨）	5000	95724	393553	200997	695274
输出量（吨）	1630	51456	248012	110900	410368

日占期间矿石装船实数表 ②

时间	装矿吨数	装船数（艘次）
1942 年	12570	7
1943 年	212310	49
1944 年	126950	22
合计	354530	78

日军对石碌铁矿的掠夺是其对海南经济掠夺中最为严重的罪行，也是日本发动对琼战争的侵略本性的彻底暴露。

1939 年 2 月，日军为加速对海南的掠夺，派海军特务部北浦大佐带领工程技术人员进行资源调查，发现了田独铁矿。后又派“石原株式会社”技师杉山详加复勘查，勘查结果认为，储量虽然不多（当时估计只有 150 万吨），但质量非常优秀，矿石品位为 63%，不可多得。因此，日本政府便授命“石原株式会社”投资开发，先后分三期

① 参见日本大藏省管理局：《关于日本人在海外活动的历史调查通卷第 29 册——海南岛篇》，第 122 页。

② 符和积：《铁蹄下的腥风血雨——日军侵琼暴行实录》（下），海南出版社 1995 年版，第 671 页。

进行掠夺性开采。

第一期从1939年2月至1940年6月，原计划年产30万吨，实际年产量只有69599吨，主要原因是当时只有采矿小型凿机，运输采用10吨轨车、拉2吨的小矿卡等简单的机械设备，其余大量的工作，靠人工作业，效率低下。

第二期从1940年6月到1941年9月，计划年产量60万吨，实际产量只达到原计划的56%。这时期，虽增加了一些运输设备和矿山机械，但生产仍以人工为主。

第三期从1942年至1943年3月，由于长期侵略战争，日本政府经济衰竭而亟待补充，因而加紧了对田独铁矿资源的掠夺，计划年产增加到120万吨，但由于内外交困，而实际完成原计划的76.5%。

从1939年动工，1940年投产到1944年共采矿石2691623吨，掠走2687689吨。1944年因盟军飞机封锁海域而停产，到1945年8月日本无条件投降而告终。

日本在田独铁矿开采和外运矿石统计表①

项目＼年度	1940	1941	1942	1943	1944	合计
采矿量（吨）	169599	355921	893824	918511	353436	2691291
外运量（吨）	167991	306634	805098	832214	304120	2416057

羊角岭位于海南岛屯昌以南5公里，1942年7月日本人对这一地区进行了调查，确认了这里水晶矿藏丰富，三菱矿业株式会社开始着手正式经营。日本在海南岛的矿业经营面临着物资、劳动力贫乏的困难，而且岛内的“治安”对日本人的“开发”也极为不利，但是水

① 参见日本大藏省管理局：《关于日本人在海外活动的历史调查通卷第29册——海南岛篇》，第125—126页。

晶是重要的民用和军用物资，在太平洋战争爆发后，日本从巴西进口水晶变得越来越困难，由此日本人对羊角岭水晶矿的开采就非常重视，对羊角岭矿山的开采一直持续到1945年日本人已无法向日本本土空运为止。

羊角岭生产情况表①

年度	生产数量（吨）	对日运送数量（吨）
1941年	4.520	4.520
1943年	23.536	23.536
1944年	90 480	65.210
1945年	19.815	——
合计	138.351	93.266

（三）日军对劳动力的掠夺

日本侵略者为实现掠夺海南矿藏资源的计划，急需大量劳工来完成。他们先后从上海、广州、香港、澳门、汕头、厦门等地沦陷区的城市和乡村，欺骗和强行抓来学生、失业工人、农民和市民共68批，2.5万人，加上从海南岛各县征集强行抓来的劳工4万余人，共6万多人分别安排在矿山、电厂、码头、铁路沿线从事劳役。同时，日军还将上千名英国、印度、加拿大的战俘也投入劳役。

日伪海南事务所通过各地伪“劳工协会”，以筹募劳工为名，在各地大肆蒙骗劫掠贫民。在抓骗劳工时，日本侵略者利用大批汉奸走狗，开设各种承包公司，招骗中国的难民到海南岛。如上海的“吴淞劳动部”，香港的“合计公司”，等等，就是利用当时难民处于饥寒交迫困境，诈骗他们当劳工的。他们大贴广告，到处宣传：“到海南岛

① 参见日本大藏省管理局：《关于日本人在海外活动的历史调查通卷第29册——海南岛篇》，第126—127页。

做工好，每天三餐吃得饱。要米有米，要面有面，要鱼有鱼，要肉有肉，还有椰子、菠萝。每个月发 21 元（日币）工资，去时有 30 元的安家费，一年为期。”对青年妇女则说：“海南岛有许多医院，要很多护士，到那里不愁没有工作，不愁没有吃穿”。于是，这些处于帝国主义的屠刀下、挣扎在死亡线上的劳苦大众，怀着对生活的一线希望，背井离乡，在汉奸、把头事先准备好的文书上画押，一个个被塞进木船运到海南岛，陷进了黑暗的人间地狱。1941 年 9 月，被骗上当的第一批 3000 名上海劳工到达海南岛，此后，不断有上海劳工到达。1942 年香港的第一批劳工也来到岛上，到同年 3 月，招骗来的劳工约有 22000 人。以后每月大约有 1000 名劳工来到海南岛。

日军还通过海南西南地区的各级傀儡政权——伪维持会征募本地劳工，每月轮征每户至少一个劳工，每月共征募西南劳工 1.5 万余人次。后来，随着各主要大城市的劳力枯竭和海南石碌八所地区开发规模扩大，日伪海南事务所就通过伪“劳工协会”和日军及傀儡政权实施按地市县硬性摊派指标的强制性募集劳工政策。1942 年，被日军强制征用岛上的居民有 7000 多名。这些苦力每三个月轮换一次，视工程的需要随时增减，1943 年 10 月被强制征用的岛上居民竟达 22000 名。这正是石碌矿山开发进入主体工程的时期，被抓骗和征用的劳工共 40000 多名，其分布情况大致是：石碌矿山 18000 名；铁路沿线 3000 名；八所港工程 17000 名；东方水电工程 2000 名；其他有关地区 1500 名。共计：41500 名。日本侵略者还利用日军在各地进行“治安强化运动”和“蚕食”、“扫荡”等政治军事之机，从抗日根据地和游击区大肆抓捕抗日军民，作为“特殊劳工”进行残酷压榨。

在石碌铁矿，日本人把这些劳工以 500 名为一单位编成团组，进行集体劳动。凡是被骗被抓来的劳工，到目的地即失去了人身自由，稍有逃亡迹象即被当作“共产分子”就地处决。而繁重的劳役、恶劣的劳动环境和如猪狗般的生活待遇也导致了劳工的成批死亡，特别是遇到瘟疫，日军为了避免传染，常常是人还没咽气就抬去活埋了。日本侵略者对从抗日根据地和游击区抓来的“特殊劳工”，一律先送进“劳工教习所”进行刑讯和特别虐待，对于有不满、反抗或逃亡等迹象的劳工，都会处以令人发指的刑罚，常用的是毒打、饿饭，再就是“品粪”、跪砖头、压杆子、坐红铁、吊挂、坐电椅、烟熏、火烧、电刑、灌水、剖脚跟、狼狗咬、砍头示众等毒刑。在石碌矿山开发过程中，无数劳工由于繁重的劳动，加上炎热气候和疾病的摧残，一批批地死去。日本侵略者究竟抓骗了多少劳工，现在已无准确统计。但是，就八所港工程最紧张时期，劳工达 20000 多人，而到工程结束时，仅剩下 2000 人左右，可见劳工损失之惨重。

充当劳役的苦难矿工，吃的仅是有限的番薯、玉米、南瓜汤；住的是破顶断壁的草棚，睡的是竹皮架分成为两层通连的太平铺，穿的是破麻袋和洋灰袋。在田独铁矿开采过程中，劳工每天要干 14 个小时的重活，规定每人每天捡 8 吨矿石，完不成任务不给吃，还遭毒打。沉重的劳动使矿工经常昏倒，倒下去，永远起不来。劳累饿死的工人，就挖坑用火烧。死人天天有，每天少时 6—7 个，多则 40—50 个，有时甚至上百个之多。死人多时天天烧，少时 1—2 天烧一次，一层木柴一层尸体，有时堆上十层，近看似一小山丘，烧不完的尸体被狗抓兽咬鸟啄，尸骨遍野，臭气熏天。

据不完全统计，1944 年 5 月工人有 7940 人，到 12 月只生存 5729 人。1945 年 1 月工人为 4039 人，到 8 月仅存 1713 人，死亡人数达 2326 人。日军掠夺田独铁矿六年中，病死、饿死、打死、烧死、活埋、枪毙的矿工数以万计。现存的田独万人坑，是日军侵华时期杀害和奴役近万名矿工的罪恶遗址。它位于三亚市田独镇东南黄泥岭西北山麓田独铁矿旧址，离矿井东 50 米有一片长约 100 米、宽 50 米的坡地，掩埋着当年劳苦矿工的累累白骨。

◆ 日军残害劳工的八所港万人坑①

四、国民党统治区的社会状况

海南国民党政府在日军的全面进攻下，纷纷撤入五指山区腹地。但为了保全后方基地的安全，仍在进入腹地的咽喉要道布下重兵对敌打击，并在各市县要地进行游击，以对日军进行牵制，减轻日军对后方基地的压力。日军为彻底解决海南的抗日力量，让海南岛成为其南进的稳定基地，对国民党也实施了残酷打击，并力图攻入五指山国民党后方，摧毁国民党军事力量，实现中路贯穿全岛。国民党为了后方安全，也不得不采取积极措施，调集精锐力量与日军对抗。

---

① 图片来源：符和积：《铁蹄下的腥风血雨——日军侵琼暴行实录》（下），海南出版社 1995 年版，第 661 页。

在军事上，国民党当局进行了调整部署。由琼崖守备司令部直辖守备第一团，及游击队抽编为守备第二团一个营，保安司令部辖保安第六、七两个团，加以琼崖自卫总队，及各县游击队，人数约共六七千人，以白沙、保亭、乐东三县为抗战基地，以沿海各县为游击活动地区。基地负责支援前线行动，前线行动保卫基地安全，以达到前呼后应、军政一致的目的。在保亭县斑鸠、文堂、潮州一带设置后方基地，以备万一敌伪进扰时，作为暂时集合处所，借以坚固指挥。以保七团为右翼之东路，驻潭文、甲子，以琼山、文昌、定安、琼东、乐会为活动游击地区；保六团为左翼之西路，驻西昌、坡尾，以澄迈、临高、儋县、白沙为活动游击地区，形成向海口敌伪政治中心夹击态势，而以各县游击队策应左右两翼作战，主要目的是保全后方基地安全。

在行政上，沦陷各县市虽为敌所据，国民党各县府纷纷内撤，但机构尚称健全，并能控制沦陷地区保甲组织，推行政令。为适应环境，易于活动，国民党当局还责令各县组成巡回县府，经常在本县沦陷区督导工作。为了便于发号施令，各县自行选择较安全地区建立固定府所：琼山、文昌两县府驻于潭文、甲子；澄迈县府驻于西昌、坡尾一带；临高、儋县两县府驻于坡春、番打一带；感恩、昌江驻于白沙县境；崖县、陵水驻于保亭县境；万宁县驻于林田书村；琼东、乐会驻于保亭县境内；定安县府驻于该县第四区。

在经济上，海南国民党当局采取“战时”手段，要求遵照政府规定，实施田赋征收，实物统筹统拨，并成立琼崖粮食会议，鼓励军民协力开荒垦殖，以增粮食生产，达成自耕自给的目的。

召开维持币信会议。因日军入侵，国民党行政地区缩小，税收锐减，而军费支出日益增加，为维持海南国民党政府信誉起见，召开维持币信会议，并作相应决定：“甲、在我政府行政控制地区，对币券一律十足使用；乙、政府税捐田赋，一律以流通券收入；丙、向沦陷区推行流通券之使用，以扩大流通券之使用地区；丁、公布凡破坏币制信用者，一律以军法议处。”①

召开年度粮食配发会议。由于海南本地产粮已不敷用，再加上日军封锁，国民党决定对控制区粮食进行计划调配。因此在会议中作如下决议：“甲、各机关部队，概按实有人数配发米粮；乙、各县征收田赋米粮之原有额，概以之配拨当地驻防军政人员食用；丙、无法征收米粮之田赋，可缴代金，但须先行报备，以便筹划购储，而裕粮源；丁、不得藉故多征，一经发现，则取消应得之粮，并予以严惩。本次会议所参加者均系县团等高级干部，故会后均能一致遵行，以往征借等纷扰乃大为减少。”②

召开年度行政会议。为检讨以往得失，制定年度工作方案，确立军政及动员各项计划，借以疏通各级意见使之能合作团结一致，提高行政效率，贯彻抗战动员令，海南国民党召集各联长与保安团长、游击队长及有关单位主管，每年在后方基地的行政公署举行会议，对各县提案详加研讨决议施行外，并制定加强军政联合作战及整顿纪律，杜绝作弊，强化民运工作等办法。

成立修械所。由于多年作战，械弹损耗很多，又因受日军封锁影响，外来补充为数已不多。因而国民党为维持作战，也决定成立修械所，使各部队损坏枪械，经由熟练技术人员，利用废弃材料，进行修理，恢复使用，同时另收集必需材料，补充简单枪械配件。经过一段时间努力，修械所初具规模，对一般损坏武器都能修复，效率符合要求标准，尤其是自制地雷，用以破坏公路桥梁，及炸毁敌伪来往

① 《海南抗战纪要》，（台北）文海出版社 1998 年版，第 13 页。

② 《海南抗战纪要》，（台北）文海出版社 1998 年版，第 13 页。

车辆比较有效。由于物资紧缺，当时不论任何部队、机关，凡向该所领取子弹时，必须补缴子弹壳，按其数量多寡，依三七成或二八成甚至四六成发给，而那些子弹在三个月内，如使用不完的话，即会失效。

开展敌后工作。日军攻陷海南全岛沿海市县后，继续向内地压境，海南岛只剩内陆腹地白沙、保亭、乐东三县尚未被占。在国民党党政军纷纷内撤的情况下，国民党当局力图在这三个县建立稳定的后方根据地，以坚持长期固守。这三个县地广人稀，民众多依山岭自然之肥沃土地种植与居住，一般称为洞、集、驻。所住的房屋十之八九均为茅庐，生活极为简单，每年种稻谷收获仅能维持四个月食用，其余八个月则以野生杂粮充饥。而且内地都是高山峻岭，地形极为险要，森林茂密，易守难攻，也无公路交通，所有运输都是靠人力负担，十分困难。这种天然形势，对国民党保卫后方基地作战非常有利，但因人口太过稀少，且居住分散，无法建立起保甲组织。粮食非常缺乏，也没有市场交易，如果要购买日用品及粮食等，必须到沿海各县城市求购。当国民党军政当局转进山地后，因内地缺乏维持生存条件，不得不向沦陷区寻求补给。但因日军包围封锁非常严密，地区日渐缩小，在这种情况下，国民党不得不考虑如何去谋出路。国民党后来认为，必须展开敌后工作，派干部化装进入沦陷区活动，既可以相机探索敌情，也可以暗中运筹接济后方基地，从此国民党军政一切活动，都以此为着眼点进行。

轮调干部训练。为提高干部素质，国民党在当时非常困难的情况下，集中精力在抗战基地筹办训练基地，除招考政工队队员加以训练外，同时轮调内地三县基层干部训练，还另外附设特勤训练班训练谍报人员，以便潜入沦陷区，收集情报。也训练敌后爆破人员，用以破坏敌人交通桥梁及通讯设施，粉碎敌伪封锁政策。同时，整训团队加强外围游击作战能力，减轻后方基地压力。抽调保安第六第七两团干部，用座谈会方式进行讲习训练，加强组织各县游击力量，同时编组一个自卫大队直辖专署，加强活动力量。

国民党当局为死守后方基地，也不得不制订其反“扫荡”作战计划，反“扫荡”计划的制订，有如下几种：

（一）积极全力破坏敌之交通公路桥梁及通信设备，使敌行动无法迅速集中部队与支援，以及运输补给发生困难，同时剪断敌人所有电线及电杆，以使敌大小据点，通信瘫痪不灵，则阻滞其行动，影响扫荡作战。

（二）加强动员及宣传陷区民众，不为敌所用，并破坏敌伪军政措施，以利我长期抗战政策。

（三）灵活运用情报，侦知敌军集中行动或支援行动，则派队选定有利地形截击，或侦知敌据点兵力已抽调，则派队袭击，使敌前后都受威胁，打破其扫荡行动前或后之弱点。

（四）敌大队来我则躲开，小队来我截击，和敌作捉迷藏战。

（五）运用我情报人员及伪组织中我潜伏人员，担任联络台朝敌兵及伪军，作策反准备工作，从敌内部进攻敌人。①

为执行反“扫荡”作战计划，破坏敌交通通信工作，国民党当局成立守备第二团并特别成立一个制造所，在沦陷区收购破铜废铁，及向敌矿区密购炸药、雷管等来制造地雷，还将剪刀分发各县及保安团队积极进行破坏工作。同时，选策反情报工作人员集中训练，按计划潜入沦陷区敌据点内，联络伪军台朝籍敌官兵等，一面搜取情报，一面进行策反准备。国民党抗战力量还积极破坏日军通信设备，认为可

① 海南抗战卅周年纪念会编：《海南抗战纪要》（影印版），（台北）文海出版社1974年版，第68—69页。

以用力小收效大，各县各团队剪获日军电线，让日军通信变得瘫痪不灵，限制日军指挥作战。日军有计划的扫荡作战，进行了数个月，收获不大。

五、中国共产党抗日根据地的战时财经

（一）因地制宜的生产措施

抗战初期，中共琼崖特委根据海南的实际情况，因时因地制宜，作出了先在琼文等平原地区建立抗日游击根据地，利用这些地区历史上形成的良好基础，壮大发展共产党的武装力量，从外围到腹地，创造条件逐步进入山区，创建五指山区根据地的决策。实践证明，中共琼崖特委的这一决策是正确的，对敌斗争也取得了不少战果。

中共琼崖特委领导的抗日根据地面临日本侵略军和国民党顽固派的双重经济封锁和军事进攻，当地经济又十分落后，使海南共产党人遇到了难以想象的巨大经济困难。1941 年 2 月琼崖特委召开第三次执委会，确定了今后抗日民主建设的方针和政策，制定了战时财经政策。会议之后，在独立总队活动的海南东北部、西北部、东部、西南部地区，逐步建立了抗日民主政府。各县抗日民主政府成立以后，1941 年 10 月 10 日，成立了琼崖东北区抗日民主政府，随即颁布了《琼崖东北区政府抗战时期施政纲领》，纲领共 34 条，其中第 21—34 条，关于经济的内容有：保护全体抗日人民的私有财产及应得之利益；开垦荒地，改良耕种，加种杂粮，增加农业生产；发展手工业及兴办工业，奖励投资，发展工业生产；实行统一累进税，废除苛捐杂税，减租减息，实行合理负担；保护商人自由营业，发展商业；厉行有效之开源节流办法，在党政机构及军队中提倡生产运动，增加收

入，减少开支；改善劳动条件和劳动待遇，保护工农利益；废止高利贷，政府兴办低利贷，鼓励合作社之发展；建立银行，发行代用券，对付敌人搜取及扰敌金融；抚恤抗日牺牲人员家属，救济老弱孤寡、难民、灾民等。各级政府响应特委号召，执行施政纲领，成立生产委员会，领导农民发展农业生产，动员军队和地方人员开展农副业生产，以减轻人民负担，克服经济困难。施政纲领的颁布和实施，体现了中共的抗日民族统一战线的政策，维护了海南各民族、各阶层人民的利益，对于发展琼崖抗战力量，巩固抗日革命根据地，动员人力、物力、财力进行抗战起到了重要作用。

农副产品是人们赖以生存的生活必需品，能否迅速恢复和发展抗日根据地的农业生产，是关系到能否坚持长期抗战的大问题。当时各根据地采取的形式，一是有组织地集体开荒生产，组织青年、妇女将荒地开垦种上作物，收获的产品上市出售，得到的款项交给里、保长转交给部队；二是组织互耕或代耕的形式，帮助军烈属或孤寡病弱的家庭播种与收割。当日军蓄意破坏生产时，中共地方党组织与部队组织武装帮耕帮收，使敌人的阴谋不能得逞。这样基本保证抗日军民的吃饭问题，使根据地得以巩固和有力地支持前线的抗日斗争。

1942年冬，日军对海南抗日根据地进行“蚕食”、“扫荡”，各抗日根据地军民供给更加困难。1943年秋，日军对六连岭根据地实施“三光”政策，1944年夏，万宁县又遇上罕见的旱灾，农业严重歉收。特委领导根据地军民在与敌人进行武装斗争的同时，发动群众进行生产自救。

面对经济上的严重困难，各级抗日民主政府组织群众进行开荒种山兰稻、番薯、木薯和瓜菜，养畜禽、打猎、采野果、挖山薯、野菜等生产自救。如万宁乐塘乡政府组织40多名青年到龙滚一带山地开荒，种植粮食，他们生产的粮食除自用外，还送一部分给部队。为了解决根据地食盐困难问题，有些区、乡派人到沿海渔村，组织当地群众晒盐，由武工队掩护把盐运回来。1943 年至 1945 年间，昌感县抗日民主政府在黎族聚居的黑眉乡，发动群众开荒，种山兰稻、玉米、瓜菜，解决群众和部队的生活困难，在沿海平原游击区，发动群众犁田整地，及时播种，武装保卫秋收。由于日军封锁，根据地许多地方不仅粮食困难，而且穿衣也成问题，区乡政府就发动群众种植棉花，纺纱织布。如 1942 年崖县梅山乡发动 6 个村，800 户农民，开荒种棉 800 多亩，纺纱织布，解决了全乡人民穿衣的问题。

◆ 琼崖纵队领导人冯白驹①

在根据地里，冯白驹等领导同志亲自带领干部战士开荒种稻、种菜、养猪，组织农民发展农副业生产，帮助群众调剂种子，解决耕牛和农具不足的困难。派出党政干部领导群众，发展农副业生产，鼓励

① 图片来源：《琼岛丰碑》，南海出版公司 1997 年版。

农民多开荒、多播种。在自己动手、丰衣足食、大搞农副业生产的活动中，特委、总队部领导机关之间进行了竞赛，冯白驹、王白伦、黄魂、王业熹等领导同志与干部、战士一起开荒种菜，整个根据地的大生产运动搞得热火朝天。农忙季节，部队和机关人员，一面保卫生产，一面帮助农民抢收、抢种。各级抗日民主政府组织农民互耕协作，进行生产互助，琼山县的大坡、树德、咸来、道崇、苏寻三、云龙等乡普遍开辟了互耕协作和代耕，村里的田地统一犁耙，统一插秧，统一收割，分户收藏，劳力交换，劳力少者则付报酬。对军烈属家庭的田地则由村里包种包收给予优待。根据当地群众生产技术落后的状况，从外地请来专家，介绍和传授种植、饲养的先进技术经验。部队军械厂除了为部队生产武器弹药和修配枪械外，还生产一批农具，支援群众的农业生产。推行了三七减租的土地政策，减轻群众负担，发挥佃农的积极性。

（二）军需生产和民用生产

抗日战争时期，日本侵略者在军事上、经济上对海南采取重重封锁，海南中共党政军民坚持孤岛奋战，面临严峻的经济形势，物资极为缺乏。加上琼崖特委与中共中央的联系非常困难，很难得到中共中央和上级的物资支援。因此，根据地所需要的许多工业产品，都要靠自己设法生产。

海南抗日根据地的工业首先是在解决战争需要前提下建立和发展起来的。适应建设根据地的需要，各级民主政府积极鼓励发展简单的军用与民用工业，除解决抗战需求外，还部分解决根据地军民生产和生活的需要。当时的工业，主要是发展军需工业，创办了军械修理厂、枪榴弹厂等，民用工业办有印刷厂、造纸厂、农机修造厂、榨油厂、竹笠厂、炼盐厂等。这些工厂土法上马，土法生产，其产品不仅满足了根据地的军民需要，有的还运销外地。

为解决武器弹药供应的困难，琼文根据地在树德一带的山林中开办武器修造厂。由于敌人的严密封锁，物资极为奇缺，特别是金属物资更为奇缺，为了支持军械厂的生产与维修，根据地各区、乡的党、政、群领导机构动员群众收集铜铁锡供应军械厂。当时树德一带的青抗会、妇救会、儿童团的成员，收集铜钱、子弹壳、破旧铁锅、犁头、锡制香炉等，割剥香树皮、捡拾香树子、海棠树子送交造纸厂、军械厂，制造纸张、枪油、地雷、子弹等。1940年，中共中央派2名军械师到海南抗日根据地，特委抽调20多名战士当工人，聘请4名会造子弹的农民为技工。在美合根据地创办起独立总队军械厂人数也增加到50多人，每天能生产地雷、手榴弹40到50个，翻新子弹300发左右。1943年夏，军械厂人数发展到100多人。各支队也先后办起军械修理厂。有的县抗日民主政府办了简易的农机修理厂，既修造农具，又修造枪支，如澄迈县政府1944年在中兴区山口乡交椅岭创办的驳壳枪厂，一年多就生产了几十支驳壳枪。

为了宣传抗日，1939年春，特委办起了《抗日新闻》报社，不久便引起敌人注意，他们严格控制纸张，使《抗日新闻》报社用纸十分紧张，为此，《抗日新闻》报社在琼山县第三区苏寻三乡北合铺村土法办起了造纸厂，从琼东县雇请3名师傅，从琼山、文昌两县雇请10多名工人，生产新闻用纸，以后工厂扩大，人员增加到60多人，每天生产纸四五包（每包500张）。造纸原料树皮和坡银麻皮，由琼山、文昌两县党政机关发动青抗会、妇救会、儿童团上山采剥供给。造纸厂于1942年冬因日军“扫荡”，停止生产。

1942年7月，特委在文昌县乡黄铜村开设一间榨油厂，有工人数名，一个多月里榨出椰子油、海棠油1万多斤，除卖给当地群众吃用、点灯外，还运往湛江霞山出售。后因日军“扫荡”而停办。

抗日根据地在建立公营工业的同时，鼓励发展私营手工业。鼓励发展私营手工业是琼崖特委的一项重要经济政策。根据地政府对私营手工业给予减免税照顾，鼓励外地能工巧匠进入根据地开办手工业，生产农民急需的生活和生产用品。1941 年 2 月 15 日，琼崖特委第三次执委会提出：普遍发展农工商业，做到自给自足，奖励生产，发展手工业，号召和鼓励外地或本地的能工巧匠，利用本地资源，发展手工业。为响应特委号召，琼山县抗日民主政府在道崇、咸来、岭脚等乡鼓励和支持农村工匠，开办了榨油厂、麻绳厂、竹笠厂、渔网厂；昌感县抗日民主政府成立后，积极发动群众恢复手工业生产，各乡手工业者装起鼓风炉，翻沙生产犁头，锻打铁耙、铁抓、锄头刀具。为了促进手工业的发展，根据地抗日民主政府对手工业实行减免税。

（三）根据地的经贸措施

琼崖特委对于商业给予了高度重视。为了解决根据地军民的生活之需，抗日民主政府创办起消费合作社。合作社有公办和由群众集资合办两种形式。如 1940 年，文昌县宝芳乡的大众合作社就是由群众集股合办的，每股光洋 5 元，共集资近 500 元，经营的商品有百货、布匹、文具及副食品等，合作社采取货郎挑担走村串户、送货上门的经营方式，紧缺商品采取按股定量销售，社员有权优先购买。1940 年，特委在美合根据地兴办了消费合作社，开设商店，经营军民生活用品，还开办茶馆、饭店为军民服务。琼山县创办的消费合作社较多，1941 年，云龙、道崇、苏寻三、咸来等乡都办起了消费合作社。

日伪军在军事上对抗日根据地频繁“扫荡”的同时，在经济上也实行封锁和掠夺，造成根据地内大量的土特产无法运出销售，对人民的生产生活影响很大，因此，开展外销是根据地一项重要的商业工作。1942 年 7 月，特委派冯所鸿等负责琼文地区的贸易工作，他们在琼山到咸来、道崇、树德和文昌县的大昌、潭牛、宝芳一带，收购椰子、蜂蜜、海棠油、山桐油等运往外地如西营等地换回根据地急需的用品。各县民主政府也组织起了贸易委员会，从事对外贸易工作，收购根据地的土特产外销，进口纸张、药品、布匹及日用百货，供应军民。

◆ 日军在海南岛野蛮“扫荡”①

① 图片来源：[意] 罗斯辑：《海南岛史料》第 133 册。

发展农村集市贸易在海南抗日根据地经济发展中占有重要地位。1940年到1942年，文昌县抗日民主政府在宝芳乡宝贤坡开设市场，为了保护赶集群众的安全，防止敌人的突然袭击，政府组织群众站岗放哨，由于保卫工作做得好，前来赶集的人很多，有时可达上千人。集市交易的物品主要是农副产品，有椰子、蔬菜、猪仔、大米、花生油、猪肉等，其次是日用百货、杂货和饮食等。1943年日军对六芹山根据地实行严密封锁，严禁食盐输入抗日根据地，为了打破敌人的封锁，澄迈县民主政府在旺商乡高疆坡村开办盐市场，并想方设法保护盐商的安全，因此，临高县敦令、龙坡、仁丁的盐商，越过敌人的哨岗，挑盐前来赶集，根据地周围的仁兴、中兴、加乐、石浮、西昌的群众也前来赶集。开始每个集日上市的盐不到100担，后来增加到200多担。政府还加强了市场管理，设立公平秤，在税收上予以低税或免税优惠政策，盐市因此越办越旺，非墟日也有40多担盐上市，而且还带动了其他商品的交易。琼崖特委和总队部迁到六芹山根据地后，鼓励和保护外地商人到根据地做生意，使六芹山根据地的集市贸易活跃起来，连海口的大商人也运来布匹、火柴、煤油等必需品到根据地交换当地出产的土特产、农副产品，在一定程度上打破了敌人的经济封锁。

（四）政府的税收和捐献政策

1938年12月，海南红军改编为独立队时，经费除当地人民和华侨的支持外，主要靠国民党地方政府发给军饷。1939年6月，吴道南到海南后，奉行反共政策，扣发独立总队的军饷，使独立总队的供给发生严重困难。

为了解决独立总队及党政工作人员的供给问题，1939年冬在琼文根据地成立“琼文经济委员会”筹措抗日经费；征收来往于北冲溪

（南渡江）的商船货物税；没收反动奸商抗税、走私的物资；贩运椰油等物资到湛江出售，购买急需的药品、日用品。琼文经济委员会成立后，在抗日根据地内开展经济工作，每月有 3000 多元光洋收入，多时可达 5000 元光洋。

“美合事变”后，1941 年春，特委和总队部返抵琼文根据地，撤销琼文经济委员会，成立琼崖税务局，之后，各县城也成立税务局或稽征处，开展税收工作。当时，各级抗日民主政府尚未普遍成立，但在人民群众的支持下和税收人员不畏艰险的工作，每月每县税收上千元光洋，有力地缓解了党政军组织的经费困难。

1941 年 2 月，琼崖特委在税收上作出了“凡是一切公民须有纳税义务，纳税不要完全放在资本家和地主身上，实行合理负担”的决定。琼崖东北区抗日民主政府统一了税收的税目税率，实行单一税制。当时征收的税种主要有货物税、营业税、渔船税、运输船税、盐税、屠宰税等。货物税的税目有木材、烧柴、烟叶、槟榔、益智、红白藤、布匹、杂货、食盐、生猪等，税率一般限于销售额的 2%以下，为了计算方便，采取定额征税的办法，小商贩则不征营业税，如昌江县对商人的营业税按其经营规模分 10 元、6 元、3 元三个等级征税；渔船税和商船税则是根据本县实际情况，征收两种船税，一种是商船税，一种是渔业生产所得税，又称渔船税，税率按大中小船定税，如昌江县民主政府 1941 年到 1944 年，每月大船收光洋 15 元，中船 10 元，小船 5—7 元，受灾则适当减免。商船亦按大中小船定税，按次征收，大船（载重 600 担到 800 担）每次收 8 元光洋，中船（约 400 担）每次收 6 元，小船（200 多担）每次收 4 元；盐税的征收以盐田面积为标准，按大中小定税，100 亩以上为大盐田，每月收 40 元光洋，50 亩到 100 亩为中盐田，每月征收 30 元光洋，50 亩以下者为小盐田，每月征收 20 元光洋，每个季度或半年收一次，每年台风和雨水期免征盐税；屠宰税大部分县按猪的大小计头征税，有的县则以摊位征税。如昌江县征收屠宰税是根据猪的大小按头征收，大猪每头2元，小猪每头1.5元；东定县则是以摊位计征，每个摊位每天征收3元光洋。

由于抗日民主政府确定的税率比国民党的低，而且规定一种产品只纳一次税，沿途税卡不再重征。这种政策使商人有利可图，乐意进山来做生意，政府也有了税源。

1941年11月，琼崖东北区抗日民主政府成立后，为了加强根据地的财税管理，保障供给，撤销了各县税务局，在东北区政府和各县政府内统一设立财政科，各县配科长1人，科员、会计、出纳若干人，还配一个经济班（驳壳班）；区配备财粮助理员1人，乡配1到2名征收员，具体负责公军粮和税收征收工作。统一了根据地的财税机构。到抗战胜利时，全琼16个县都成立了财税机构。琼崖东北区抗日民主政府成立后，还开展了游击区、敌占区的税收工作。

1940年11月7日，中共中央书记处就经济问题在对海南工作的指示中强调："你们需从收救国公粮，收各种捐税及发展人民生产中去解决长期给养问题。对华侨募捐只能看作经费来源之一，必须备有（在）海道被封锁，没有捐款也仍能生存。至于对国民党政府津贴，只能看作偶然的靠不住的小部分来源。对我党中央及粤省委经济接济，更须不存此希望"。① 在两次电示中，都强调海南中共党组织必须立足于自力更生，给琼崖特委指明解决困难的根本方针。

在公军粮的征收上，民主政府规定了合理的负担政策："贫农每年收公粮六升；中农收一斗；富裕中农收二斗；富农按其全年收获数

① 中共海南区党委党史办公室编：《冯白驹研究史料》，广东人民出版社1988年版，第17页。

加一（即征收百分之十）；地主收加二；赤贫不收”。至于军粮定购的对象是侧重于富裕者。以上政策较为合理，深得人心，群众交粮情绪很高，琼崖党政军人员的粮食供给基本上得到了保障。公军粮征收的办法因地而异，一般本着“先礼后兵”的原则，主要靠各级党政干部下乡宣传动员，对于抗交公军粮的富户分别采取惩罚、打没等手段强征。

但在征收时，各地具体规定又不完全一致。如文昌县规定，田多的多征，收获多的多征，收获1石谷子以下的农户免征，1石以上的征收2升，2石以上的征收5升，3石以上的收9升，4石以上的征收1斗4升，5石以上的收2斗7升，7石以上的收3斗5升；陵水县规定一般农户自愿缴交，贫苦农民免交，对富户则规定有田200亩以上的收米10石，100亩至200亩的收米5—6石，100亩以下的收米2—3石，无粮者可用光洋代，如广坡村富户符亚龙，一次交米300石、光洋50元；万宁县的公军粮征收，规定按田地面积和产量征收，一年征收一次，最富者收70—80石谷子，一般富户收30—40石，农民每户收5升到1斗；澄迈县是根据水田面积、田地肥瘦、村庄大小和贫富而定，每个工田收4—5升大米，总的控制在收获量的10%以下。昌感县对根据地地区，规定每收获10石粮食征收1—2升，对敌占区公军粮则采用摊派办法，对少数民族群众无力交纳的则免收，有缴交能力的交1—2升，多的交1—2斗，少数民族群众交粮的热情高，每次都超额完成收购任务。

抗战时期，打没收入也是海南根据地财政收入的一部分。在组织财政收入的工作中，各级抗日民主政权还组织专业队伍，开展打没活动。打击没收的对象主要是汉奸走私抗税分子和汉奸、恶霸地主，没收他们的不法财物作为民主政府的财政收入，给通敌分子以严厉的经济制裁。如琼山县成立的经济班（后改为缉私队），先后没收国民党游击队长黎观海 30 头耕牛、奸商 100 多头山羊等物资和大批金钱款项。1942 年 1 月，李振亚带领部队，没收汉奸梁大同光洋 1200 元。琼山县相应地成立以郭贻甫、朱茂、陈育才等 6 人组成的经济班，后改为缉私队。随后，各区也成立相应机构，称稽征队或税收队或征收站，负责收税、缉私、打没奸商、征收军公粮。军公粮按耕地面积与产量定任务，各级的征收员、保甲长按其任务征收。敌占区则采取摊派，如府城、海口和各墟镇商户，按各行业资本多少给予定税并限期缴交，通过亲人或保甲长代收。在二区的南渡江椰子头渡口处设征收站收税与缉私，郭贻甫带领有三四个人的驳壳枪班在那里协助二区搞征收工作，这样，税收由原来每月千余元猛增到二三万元。

海南各抗日根据地人民的献捐也是重要的财政来源。据徐清洲回忆，1939 年上半年到 1940 年 9 月，琼山县委发动了三次献捐运动，仅和安区就献捐了 1 万余元光洋，粮食五六十石。据王月波回忆，文昌县 1940 年开展的“一元一弹”献捐运动中，群众共捐献达七千元光洋。据赵光炬回忆，1941 年昌江抗日民主政府成立后，发动群众献捐了几万光洋。特委民运部长肖焕辉在特委第九次扩大会议上作的“关于民运工作的报告”中说：全琼自 1941 年 3 月 8 日到 1942 年 7 月 7 日，人民共献捐数十万元，千余石米。

开展“一元”、“升米”、“一弹”运动，群策群力解决中共党政军的经费困难问题。这些活动先在各抗日根据地开展，逐步扩大到全县各个角落，形成全县的群众运动，有些区乡开展募捐竞赛促使募捐形成群众性的爱国运动。如四区云龙乡福隆坡村中共党员陈德光与陈世荣、丁丰英、丁成英四人竞赛，经过一场热火朝天的竞赛，以陈德光捐 300 元获第一名，丁丰英捐 200 元获第二名。岭脚乡妇救会主任林彩玉带头捐了一枚金戒指。

（五）以代用券抵制军用券

抗日战争时期，抗日根据地军民不仅要与日军在军事上展开斗争，而且要在经济战线上进行斗争，包括金融战线上的货币斗争。粉碎日敌的货币阴谋，是粉碎日本侵略者经济侵略的一个重要方面。日军侵略海南后，即大量发行日本军用券，日军侵略到哪里，日币就强制发行到哪里，通过金融控制当地的经济，并且强迫群众用银元兑换军用券，抢购物资，造成了抗日根据地军民的严重困难。为了解决战时财政困难，发展抗日根据地经济，打击敌伪币的流通掠夺，稳定抗日根据地的金融物价，琼崖特委第九次扩大会议作出对日本侵略者开展金融斗争，发行代用券，破坏敌占区市场及封锁和禁止粮食与生活必需品外流的决定。通过光银代用券的发行流通，达到驱逐日币出抗日根据地，争取把军用券使用范围压缩在日军主要据点中的目的。同时向群众宣传，教育群众提高抵制军用券，爱护代用券的思想认识，自觉拒用日军发行的军用券。

日军对海南发动侵略后，即实施海陆空封锁。海南军饷、作战费用以及行政经费等，广东省已无法接济。当时任行政院长的宋子文私人捐助海南抗战经费六百万元，由广东省银行印发海南流通券，分一角、二角、五角、一元、五元张五种，设立广东银行海南办事处办理业务，首批一百万元，于1939年10月间派员冒险偷运，其余以后陆续运往海南，流通券规定须由守备司令及行政督导专员两人盖章后，方可通行，以防偷运途中遗失。这种流通券在初期由司令王毅及专员吴道南盖章，至1941年11月以后，吴道南调职，就由司令王毅及专员丘岳宋盖章。这种流通券，不但抗战地区通行无阻，而且沦陷地区民众也都非常欢迎。

琼崖特委通过各级抗日民主政府在抗日根据地发行自己的货币。1942年，琼崖东北区抗日民主政府发行了约20万元的“琼崖东北区政府代用券”，1 元代用券兑换光洋 1 元，在根据地与光洋一样流通使用，它是中共在海南最早发行的一种货币。代用券的图案是东北区政府民政科长吴乾鹏设计并制版的。代用券面额 1 元，版面横排长方形，正面用蓝色油墨印刷，上端中间印有“琼崖东北区政府”7 个字，在“琼崖东北区政府”7 个字下面印有“代用券”3 个字，票面中央是一对黎族男女在田间劳动的图案，下边印有“凭券在琼崖区兑换国币”10 个小字及“民国三十一年印行”8 个小字，图案左侧印有“壹元”2 个大字，右侧有琼崖特委书记、琼崖独立总队总队长、琼崖东北区抗日民主政府主席冯白驹的签名，票面四角还印有“壹”字，左右两边壹字上下之间还印有稻穗花纹。钞票背面用红色油墨印刷，票面正中印有椰树风光和船舶，图案下边印有拉丁文“ONE YUAN”，意思是“壹元”，左侧印有“1”字，嵌在梅花图案之中，右侧印有冯白驹的头像，四周用波浪形线边围绕。由于条件限制，印币用纸薄而且粗糙，但画面设计工整，美观大方。

代用券印刷是在物资和技术条件极端困难与环境十分恶劣的情况下进行的，据当时东北区政府财政科长詹力回忆，先将图案刻上木板后，交给财政科负责印刷。为了避免敌人的袭击，他们买了一条木帆船，夜间把船驶出海边活动，白天把船驶进琼山县演丰区海边的红树林里隐藏，防止敌人察觉。代用券就是在这条船上印刷的。当年，抗日民主政府曾计划发行代用券 40 万张，由于受到战争环境的限制，根据地互相分割，使用流通范围不大，仅限于文昌、琼山地区。1942 年下半年，日军向中共琼文地区扫荡，实行“三光”政策，琼文等抗日根据地社会经济受到严重破坏。代用券的印刷和发行便无法继续下去。代用券的使用时间虽仅 1 年，但它对抵制日币的流通掠夺却起到了一定的作用，并获得中共党政军工作人员及根据地广大群众的喜爱，许多群众一直保存着它，直到新中国成立后拿出来兑换人民币。

◆ 琼崖东北区政府发行的代用券①

除琼崖东北区抗日政府发行的代用券外，临高县抗日民主政府也发行过“临高县人民券”。1942 年，国民党顽固派扫荡中共根据地，对中共根据地实行围攻；军事上进行清乡截击，搜山烧林，步步“蚕食”，经济上实行层层封锁。这使得港口渔船税款等都无法收上来，造成临高县抗日民主政府财政极端困难，部队和民主政府工作人员的吃饭、穿衣也成问题，大家经常吃山薯、南瓜、番薯及野菜充饥，穿的衣服也极破烂。当时驻地木排的临高县民主政府为了解决部队供给，巩固抗日政权，报经东北区民主政府批准，于 1942 年上半年印发“临高县人民券”。临高县人民券是由县政府军事科长符节民设计并用木板刻印的，面额有 1 角、2 角、5 角三种，发行量约 1000 多元，与光洋等价交易，在木排地区使用，流通的时间大约有几个月。到 1944 年，临高县新盈港等港口渔船税收入较多，县民主政府经济开

① 韩海京：《海南历史货币》，中国金融出版社 1992 年版。

始好转，便以光洋全部兑换收回。临高县人民券虽然发行数量不多，且流通时间短，但它却有效地解决了临高抗日根据地的财政困难。

六、海南岛抗日战争的胜利

1944 年世界反法西斯战争进入反攻阶段。根据抗日战争的新形势，12 月 3 日，琼崖特委发出《关于当前局势及对策的紧急指示》，指出日军为对付盟军反攻，可能采取措施作最后挣扎，国民党顽固派仍然不放弃反共反人民的反动政策，因此中共及其领导的军民要继续警惕日军和顽固派的险恶策略阴谋，做好反攻的准备工作。12 月 15 日，琼崖特委再发出指示，指出“战争在琼崖的结束，可能是明年秋季”，号召全琼党政军民要在最近几个月中，开足马力进行准备工作，以便有足够的力量驱敌出琼。

琼崖特委发出反攻准备工作的指示后，组织发动群众参军参战，捐钱捐物，发展生产，做好夺取抗日战争最后胜利的准备工作。同时，抗日军民还配合盟军对日军在海南沿海军事设施的轰炸，派出部队四面出击和开展对日军的政治瓦解工作，投入了紧张的反攻准备工作。

1945 年夏天，琼崖抗日挺进支队进入五指山区。第一支队解放了琼山、文昌、澄迈三县一半以上的土地，小部队经常进入府城、海口郊区和市区活动，袭扰敌人。第二支队在昌感地区解放了大片土地。第三支队向陵水、保亭、崖县挺进，解放了三个县三分之二的土地。第四支队在临高、儋县积极打击日伪军，扩大解放区。

1945 年 8 月 15 日，日本政府宣布无条件投降，琼崖特委当时并未得到消息。

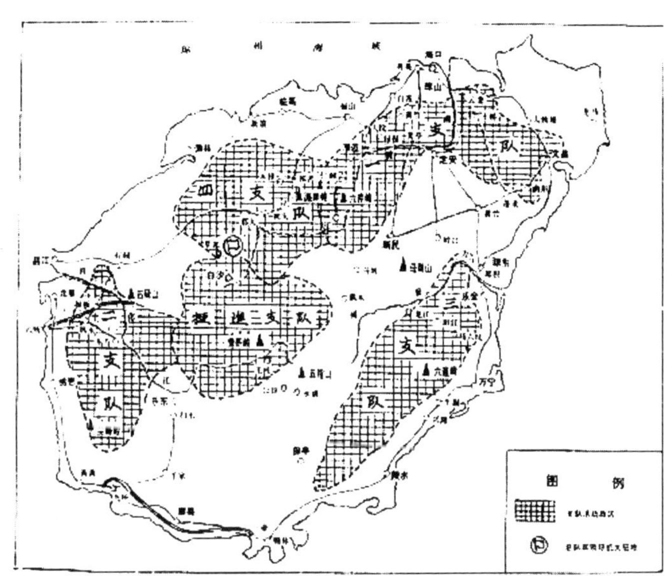

◆ 1945 年琼崖抗日战争形势图 ①

8 月 23 日，挺进支队向毛栈、毛贵进军，在什统黑击溃顽军保六团的战斗中，缴获了敌军文件，从中得悉日本侵略者已无条件投降。

琼崖特委根据当时的情况，立即向各部队发出紧急指示：（一）立即开展新的军事行动，命令驻岛日军无条件投降，如拒绝投降，凡能消灭的就坚决消灭之；（二）摧毁一切伪组织，安定民众，建立民主秩序，组织民主政府；（三）放手发动群众，保卫胜利果实；（四）把反攻后备队大批动员到纵队去，扩大部队，扩大解放区；（五）命令各支队向那大、榆林、北黎、海口前进，相机占领这些城市。②

根据特委指示，各抗日根据地军民全力向已陷入绝境而又不愿放下武器的日军发起进攻，大量收复失地。

① 图片来源：琼崖武装斗争史办公室：《琼崖纵队史》，广东人民出版社 1986 年版。

② 中共海南省委宣传部等编：《不朽的丰碑》，中共党史出版社 1996 年版，第 89 页。

◆ 海南人民庆祝抗日战争的胜利①

1945年9月2日，日本签署投降协议，广东地区（含海南）的日军投降仪式于9月16日，在广州中山纪念堂举行。中方受降人为第二方面军司令官兼委员长、广州行营主任张发奎，参谋长甘励初，广州市长陈策，新一军军长孙立人；日方有第二十二军司令官田中久一，参谋长富田及海南日军指挥官代表肥后大佐。10月11日，国民党第六十四军第八十八师、新一九师由徐闻、海安开抵海口，开始海南各地的接收工作，并强占了琼崖纵队已经解放的南冲、新洲、福来、铺前等圩镇。

10月15日，海南日军日侨开始陆续撤离，集中海口候船遣返回国。当时，在海南岛的日本官兵有39729人，其中正规部队人数为10004人，侨民约5800人。日侨撤离工作1946年3月19日开始，

① 图片来源：中国人民解放军海南军区政治部、中共海南省委党史研究室编：《琼岛丰碑》，南海出版公司1997年版。

至 1949 年 4 月 8 日结束。日本海军海南警备府的全部人员在 1946 年 4 月 6 日前完成撤离，其中 100 名战争嫌疑犯被拘送上海，残留人员 1950 年 1 月 15 日遣返日本。①

海南抗日战争以海南抗日军民的最终胜利和日本侵略者的彻底失败而宣告结束！

海南抗日战争是中共领导的海南新民主主义革命的一个重要阶段，由于中共琼崖特委坚持独立自主原则，坚持团结抗战，不仅大力发展壮大了抗日武装力量，使海南中共党组织在抗日斗争中逐步成熟，而且得到人民的拥护和支持，致使中共在抗日战争结束时实际上已处于优势的地位。这一切就为海南解放战争和新民主主义革命的完全胜利创造了十分有利的条件，打下了坚实的基础。

① 日本防卫厅防卫研究所战史室：《昭和 20 年的中国派遣军》，第 582 页。

参考文献

一、史料、档案、方志

1.［意］罗斯辑：《海南岛史料》（共447册），国立中山图书馆，（民国）活页装，粘贴本。

2. 班固：《汉书》，上海古籍出版社2003年版。

3. 陈寿：《三国志》，中华书局2006年版。

4. 贺长龄辑：《皇朝经世文编》（六），（台北）文海出版社1972年版。

5.（明）唐胄：《正德琼台志》，海南出版社2006年版。

6. 丘濬：《丘濬集》，海南出版社2006年版。

7.（清）张雟、邢定纶、赵以谦纂修，郭沫若点校：《崖州志》，广东人民出版社1983年版。

8.（民国）陈铭枢：《海南岛志》，海南出版社2004年版。

9.（民国）陈植：《海南岛新志》，海南出版社2004年版。

10.（清）张之洞：《张之洞全集》，河北人民出版社1998年版。

11.《关于发还胡弘成寄存孔士洋行书籍案》，全宗号37，民国36年，广州市国家档案馆。

12. 孔凡礼点校：《苏轼文集》（第二册），中华书局1986年版。

13. 彭程万、殷汝骊：《调查琼崖实业报告书》，广州东雅印务有限公司印行，1920年。

14. 李致忠：《中国国家图书馆馆史资料长编》，国家图书馆出版社2009年版。

15. 南满洲铁道株式会社大连图书馆：《支那地图目录》，昭和五年(1945年) 版。

16. 杜定友：《东西南沙群岛资料目录》，利达印务局1938年版。

17. 中山大学历史系孙中山研究室、广东省社会科学院历史研究所、中国社会科学院近代史研究所中华民国研究室合编：《孙中山全集》，中华书局 1981 年版。

18. 海口海关志编纂编委会：《海口海关志》，海南世知印刷工业有限公司 2006 年版。

19. 中共广东省委党史资料征集委员会、中共广东省海南行政区委员会党史办公室编：《琼崖抗日斗争史料选编》，出版者不详，1986 年版。

二、著作、论文

1. 林日举：《海南史》，吉林人民出版社 2003 年版。

2. 张兴吉：《民国时期的海南岛（1919—1949）》，海南出版社、南方出版社 2008 年版。

3. [法] 萨维纳著，辛世彪译注：《海南岛志》，漓江出版社 2012 年版。

4. [美] 香便文著，辛世彪译注：《海南岛志》，漓江出版社 2012 年版。

5. 小叶田淳：《海南岛史》，学海出版社 1979 年版。

6. 史图博：《海南岛民族志》，2016 年版（内部参考）。

7. 吴景平：《宋子文与他的时代》，复旦大学出版社 2008 年。

8. 吴景平：《宋子文生平与资料文献研究》，复旦大学出版社 2010 年版。

9. 陈诗启：《中国近代海关史》，人民出版社 2002 年版。

10. 广东省黎族社会历史调查编辑组：《黎族社会历史调查》，民族出版社 1986 年版。

11. 吴永章：《黎族史》，广东人民出版社 1997 年版。

12. 中南民族学院本书编辑组：《海南岛黎族社会调查》，广西人民出版社 1992 年版。

13. 王翔译注：《棕榈之岛——清末民初美国传教士看海南》，南海出版公司 2001 年版。

14. 丁身尊主编：《广东民国史》（上、下），广东人民出版社 2004 年版。

15. 符祖缘主编：《广东航运史》（近代部分），人民交通出版社 1989 年版。

16. 中国社会科学院近代史研究所编：《近代来华外国人名辞典》，中国社会科学出版社 1981 年版。

17. 刘中民：《中国近代海防思想史论》，中国海洋大学出版社 2006 年版。

18. 张建雄：《明清海防研究论丛》，广东人民出版社 2007 年版。

19. 广东海防史委会编：《广东海防史》，中山大学出版社 2010 年版。

20. 海南抗战卅周年纪念会编印：《海南抗战纪要》（影印版），（台北）文海出版社 1974 年版。

21. 中国人民解放军海南军区政治部、中共海南省委党史研究室编:《琼岛丰碑》，南海出版公司 1997 年版。

22. 张一平等:《海南抗日战争史》，海南出版社、南方出版社 2008 年版。

23. 苏云峰:《私立海南大学——近代中国高等教育研究》，(台湾)“中央研究院”近代史研究所 1990 年版，第 4 页。

24. 神田喜一郎:《罗斯图书馆》，载《神田喜一郎全集》第 3 卷，(日本)同朋社 1997 年版。

25. [日] 柿沼介:《回忆购书二三事》，《书香》1937 年第 101 号。

26. [日] 福田收作:《中国地图展览会及以后之事》，《书香》1931 年第 23 号。

27. 方秋苇:《日本觊觎之海南岛》，《东方杂志》1937 年 2 月。

28. 萧世伟:《海南岛的开发》，《社会知识》1937 年第 1 卷第 1 期。

29. [日] 高田时雄:《罗斯文库》，《文学》2001 年第 5—6 期。

30.[意] 图莉安:《意大利汉学研究的现况——从历史的观点》，《汉学研究通讯》2006 年第 3 期。

31. 郭明芳:《罗斯文库广州旧藏流散考述》，《古典文献与民俗艺术集刊》2013 年第 2 期。

32. 田曙岚:《环游海南岛记》，《东方杂志》1937 年版。

33. 何瑜:《清代海南开发述略》，《中国边疆史地研究》1992 年第 2 期。

34. 孟俭红、王世恩:《民国时期国民政府对海南的开发建设概述》，《档案史料与研究》1997 年第 2 期。

35. 王鹏:《抗战前的海南开发计划》，《民国春秋》1997 年第 1 期。

36. 夏军:《民国时期海南岛经济规划开发述略》，《民国档案》2001 年第 1 期。

37. 袁过客:《张之洞治理海南黎族述评》，《西北第二民族学院学报》2003 年第 1 期。

38. 赵丕强:《光绪年间清政府对海南岛道路的开辟及其成就》，《经济与社会发展》2004 年第 5 期。

39. 连心豪:《近代海南设关及其对外贸易》，《民国档案》2003 年第 3 期。

40. 王翔:《海南人民移民东南亚的历史过程》，《海南师范大学学报》2001 年第 6 期。

41. 汉霞:《清代前期海南在国内外贸易中的发展》，《广西社会科学》2004 年第 10 期。

42. 倪俊明:《广东省中山图书馆馆藏旧海南地方文献述略》，载《琼粤地方文献国际学术研讨会论文集》，海南出版社 2002 年版。

三、外文资料

1. Giuseppe Ros.Coins of the Republic of China, Journal of the North China Branch of the Royal Asiatic Society, XLVIII Shanghai, 1917.

2. Giuseppe Ros, Gli Stati Turkestan Orientale al Tampo della Dinastia Chin. Estratto dal Bessarione—Rivista Orientali. Anno XII, Serie 3a, val.III.Roma. Tipografia del Cav. V. Salviucci, 1908.

3. Giuseppe Ros.Shanghai e la Sua Colonia Italiana.Shanghai, North China Herald, 1911.

4. M. M. Moninger, Hainanese Miao. Journal of the North-China Branch of the R.A.S. Vol. LII.

5. Leonard Clark, Among the Big Knot of Hainan. The National Geographic Magazine, September 1938.

后 记

从接触罗斯文库那天起，至今已过去十个寒暑。

2007年的一个秋日午后，我浏览着海南地方文献资料，不经意间，一个陌生的意大利人名字“罗斯”以及“罗斯文库”跃入眼帘。罗斯是谁？罗斯文库都有哪些资料？这些资料现在何处？对新事物的好奇和对资料的敏感促使我开始关注和追踪调查有关的信息。十年来，为了追踪罗斯文库的下落，我先后访问了国家图书馆、北京大学图书馆、大连图书馆、中山图书馆、广州市国家档案馆、海南省档案馆、海南师范大学图书馆等，从只鳞片爪的论述到蛛丝马迹的引用，一点一滴，艰难而不懈地收集和梳理，终于认识了一个宏富的资料宝库——罗斯文库。

2015年，我专程赴意大利那不勒斯东方大学做访问学者。那不勒斯是意大利最古老的历史文化名城，碧海蓝天，到处洋溢着地中海风情；断壁残垣，随处折射着古罗马帝国的雄风。那不勒斯东方大学是欧洲最早的汉学中心，一个世纪前罗斯先生就毕业于这所学校。在那不勒斯东方大学图书馆，著名汉学家毕罗（Pietro De Laurentis）教授给我介绍了许多重要的资料；东方大学亚非学院威斯康汀（Chiara Viscontin）教授和白蒂（Patrizia Carioti）教授给我的研究工作提出了许多具体的意见和建议；东方大学博物馆和意大利国家地理协会图书馆的馆员们，随时提供查阅资料的便利和帮助，他们的无私和热忱使我在异国他乡感到无比亲切，也使我了解了更多罗斯先生的生平事迹，掌握了罗斯文库的基本情况。

追踪调查的过程常有失落，也常伴随着欣喜。罗斯先生历时三十多年苦心而集成的文库已经流散各处，令人惋惜！但是他着意收藏的海南岛资料却比较完整地保留在国内。遗憾的是，这套资料还很少被研究海南的学者使用。抚摸着这套弥足珍贵的资料，我对罗斯先生的敬意油然而起，用这套资料研究海南清末到民国的历史，实现罗斯先生的愿望，成为我写作此书的原动力。

罗斯文库藏书卷帙浩繁，本书只是从中选取了部分图片，用以图带史的方式，来展示清末至民国海南社会的变迁，有些图片经历岁月的侵蚀，已经模糊不清了，但依然能够反映出历史的沧桑巨变，让我们直观地感受到遥远的过去，在头脑中建立起近现代海南社会的立体景象。罗斯资料中尚有许多有待挖掘和利用的文献，尤其是海南清末至民国各种外文文献资料，期待更多更深入的开发和研究。本书的写作，仅仅是罗斯文库研究工作的开始。

需要特别感谢的是，意大利著名学者法蒂卡（Michele Fatic）教授在百忙之中接受我的采访；北京大学历史系李孝聪教授介绍日本学者的研究信息和意大利地理协会的收藏情况，帮我确定了调查的方向；北京语言大学刘春红博士倾力辅导我的意大利语学习，及时答疑解难；广州中山图书馆特藏部工作人员的专业和细致，让我在寒暑假感受着在图书馆里收获的喜悦。在本书付梓之际，向他们致以最真挚的感谢和敬意！

此项研究得到海南省南海区域文化研究基地的资助。我的几个研究生参与了本书图片整理和资料校对的工作，我的女儿帮我翻译了部分外文文献，他们的努力是完成本书不可或缺的一部分，在此一并表示感谢。

胡素萍

2017 年仲秋于海口

责任编辑：毕于慧
封面设计：王欢欢
版式设计：汪　莹

图书在版编目（CIP）数据

海南近现代社会图史：基于罗斯文库的研究 / 胡素萍，张一平 著 . — 北京：人民出版社，2018.9
ISBN 978－7－01－019669－5

I. ①海…　II. ①胡…②张…　III. ①海南－地方史－近现代　IV. ① K296.6

中国版本图书馆 CIP 数据核字（2018）第 190341 号

海南近现代社会图史
HAINAN JINXIANDAI SHEHUI TUSHI
——基于罗斯文库的研究

胡素萍　张一平　著

人民出版社 出版发行
（100706　北京市东城区隆福寺街 99 号）

北京汇林印务有限公司印刷　新华书店经销

2018 年 9 月第 1 版　2018 年 9 月北京第 1 次印刷
开本：710 毫米 ×1000 毫米 1/16　印张：22.75
字数：275 千字

ISBN 978－7－01－019669－5　定价：78.00 元

邮购地址 100706　北京市东城区隆福寺街 99 号
人民东方图书销售中心　电话（010）65250042　65289539